伝説の英国人記者が見た

日本の戦争・占領・復興 1935-1965

ヘッセル・ティルトマン［著］
加瀬英明［訳］

祥伝社

伝説の英国人記者が見た
日本の戦争・占領・復興
1935-1965

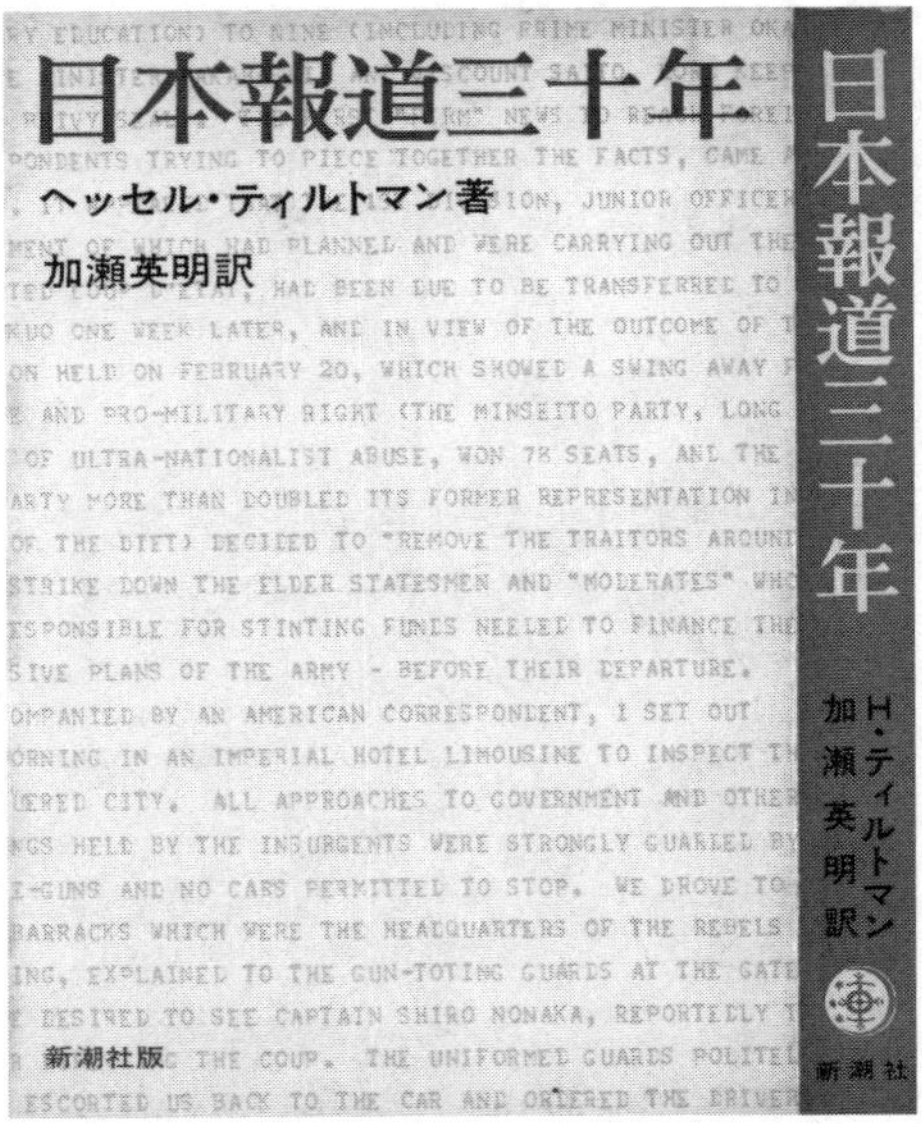

おことわり：本書は、1965年に新潮社から出版された『日本報道三十年』の全文を復刊したものです。明らかな誤字などをのぞき、原文を尊重し、そのまま掲載しましたことをご了承ください。たとえば「外人」などの表記を改めていません。文中の「西方」も、現代では「西洋」と表記されることが多いのですが、そのままにしています。また、とくに中国関連の地名の表記について、「蘆溝橋」「柳条溝」も、より一般的と思われる「盧溝橋」「柳条湖」には改めず、そのまま残しました。ただし、読者の理解の便を考えて、[　　]の注を加えた個所があります。（　　）の注は原文にあるものです。

訳者まえがき——日本人の精神の記録

ヘッセル・ティルトマン氏の『日本報道三十年』（一九六五年初版）が、半世紀以上たって復刊された。新しくつけられた書名は、『伝説の英国人記者が見た　日本の戦争・占領・復興　1935-1965』である。著者の横顔は、復刊を祝してヘンリー・S・ストークス氏から寄せられた文や巻末の解説を参照していただくことにして、ここでは本書が、日本人の精神の歴史を率直に、かつ的確に述べたものであることを強調しておきたい。

一九三五年から一九六五年の三十年間は、長い日本の歴史の中でも、もっとも劇的で、もっとも変化に満ちた三十年間であったといえる。最初の十年間は「戦争」の期間であった。その結果、すべての海外領土を失ったばかりか、国土は焼け野原となり、あらゆる産業は絶えた。この国に残された財産といえば、まさに裸一貫の国民の資質だけだった。

つづく十年間は、日本が有史以来はじめて外国の支配を受けた期間である。しかし、この屈辱的な「占領」期に、日本人はかえってその資質を開花させる。一九五二年、占領は解かれ、一九五五年には本書にも記されているとおり、輸出が輸入に追いついている。

そして、本書が出版されるまでの十年間、日本はさらに驚くべき「復興」をとげた。ティルトマン氏は、このような戦争、占領、復興という、三十年間の歴史を生きた日本人たちを間近で観察してきた。それは現代日本人が忘れようとしている大切な精神の記録でもある。

なにより本書が特筆されるべき点は、いっさいのイデオロギー的視点に偏《かたよ》ることなく、すべての事件や人物を公平に描いていることだろう。はじめから善悪や是非を決めつけて論じない。対立するいずれの側や考え方にも、それぞれ美点と欠点を認め、美点は称賛し、欠点を批判している。そのジャーナリズム精神は、満州国《まんしゆうこく》建国、軍政下の検閲、日中の戦闘、シベリア抑留、東京裁判、戦後の経済成長……などといった、すべてのことがらの記述のなかで貫かれている。

私は、イギリスから来た記者が、日本という極東の国の報道にここまで真摯《しんし》に向きあったという事実に、今さらながら驚きを禁じえない。かつて「冷酷《れいこく》で得体のしれない東洋人」として歪曲《わいきよく》宣伝された日本人観は、ティルトマン氏のペンによって、謙虚で誠意があり、しかも親切な国民像として新たに書きかえられた。

今となっては真意をたずねることはできないが、それは、ティルトマン氏自身が生身の日本人たちにふれて崇高《すうこう》な国民性を見いだした結果、それに心から敬意を表し、彼もまた崇高なジャーナリズム精神をもって応《こた》えようとしたかったからではなかったか。復刊を機会に、日本の近現代史を研究する際の基本書として、多くの国民に読まれることを願っている。

二〇一六年六月

加瀬英明《かせひであき》

©読売新聞／アフロ

本書を手にする著者

日本外国特派員協会のエンブレムの下の著者（左）。
右の人物は、やはり同協会会長をつとめたウィリアム・ジョーダン氏

©日本外国特派員協会アーカイブ写真

著者ティルトマン氏のこと

ヘンリー・スコット＝ストークス（ジャーナリスト）

ヘッセル・ティルトマン氏は日本外国特派員協会の会長を、三度にわたってつとめた大物イギリス人記者だ。

一九三五年（昭和十年）に、イギリスの「デイリー・エクスプレス」紙の特派員として来日した。私の父の世代の人で、二・二六事件や、満州事変も現場で取材している。

私は一九六四年（昭和三十九年）に、イギリスの「ファイナンシャル・タイムズ」紙の初代東京支局長として、日本にはじめて赴任してから、ヘッセルと親しく交わり、ファーストネームで呼び合うようになった。

ヘッセルは満州国を何回も訪れて、取材している。西側メディアは、満州国を「日本の傀《かい》儡《らい》」だときめつけて、「不承認」の態度をとった。しかしヘッセルは、この万里の長城とシベリアの間に位置する極寒不毛の地に、日本が多民族共生国家をつくりだそうとした努力を、高く正当に評価した。

私は経済記者だったが、満州国が短期間で目覚《めざま》しい経済発展をとげたことを知って、驚いて、首相退任後の岸信介《きしのぶすけ》氏を単独取材したことがある。岸氏は少壮官僚として、満州国の経営に深く関わった。ヘッセルは西側メディアの強い批判にもかかわらず、「公平にみれば、日本人は、満州を〝模範〟国家として建設するのに、称賛されるべき仕事をしていたし、長足《ちょうそく》の進歩をもたらしつつあった」（88ページ）と、満州国を堂々と賞讃した。反日プロパガンダによって動かされない、ジャーナリスト魂を持っていた。

ヘッセルは、第二次大戦中は従軍記者としてヨーロッパ戦線などを飛び回って取材したが、終戦と同時に「エコノミスト」誌、「マンチェスター・ガーディアン」紙特派員として、再び来日した。

戦前からヘッセルを尊敬していた、帝国《ていこく》ホテルの犬丸徹三《いぬまるてつぞう》社長の計らいによって、帝国ホテルを常宿とした。日本外国特派員協会の設立にも尽力し、一九五九年（昭和三十四年）には、日英両国の友好に尽くしたとして、外国特派員としてはじめて勲四等瑞宝章《くんよんとうずいほうしょう》を授与された。

ヘッセルは広田弘毅《ひろたこうき》、近衛文麿《このえふみまろ》などの戦前の首相経験者の知遇をえたが、戦後の吉田茂《よしだしげる》元首相とは、英国大使時代からとくに親しかった。

外国特派員協会のダイニング・ルームで、よく姿を見かけた。いつも、「アシスタント」の日本人女性を伴っていた。

ヘッセルは戦前、戦後の激動の日本、復興をとげて高度経済成長をする日本の姿を、世界に報じた大記者だった。一九七六年（昭和五十一年）に祖国へ戻ったが、「日本が恋しくてたまらない」といって、同年七月二十九日に東京へ向かって出航した。その船旅の途上、八月十日に、カイロで世を去った。「死んだら、灰を日本の空から撒《ま》いて欲しい」と語っていたという。当時、在日外国特派員として最長老で、七十九歳だった。

加瀬さんが「週刊新潮」に、ヘッセルの翻訳を連載したのは、もう五十年以上も前のことになる。当時から、ヘッセルは中国を警戒して、日本国民に愛国心を取り戻すことが必要だと、訴えていた。

ヘッセルの卓見には、敬服している。二十一世紀に入って混沌《こんとん》が深まっているいま、彼の真実と本質を見通す目の鋭さが、求められていると思う。

当時を知らない戦後世代や、日本国民にぜひヘッセルの洞察力《どうさつりょく》を、味わって欲しい。

（藤田裕行訳）

目次

目次

装丁／盛川和洋

本書に登場する中国の地名

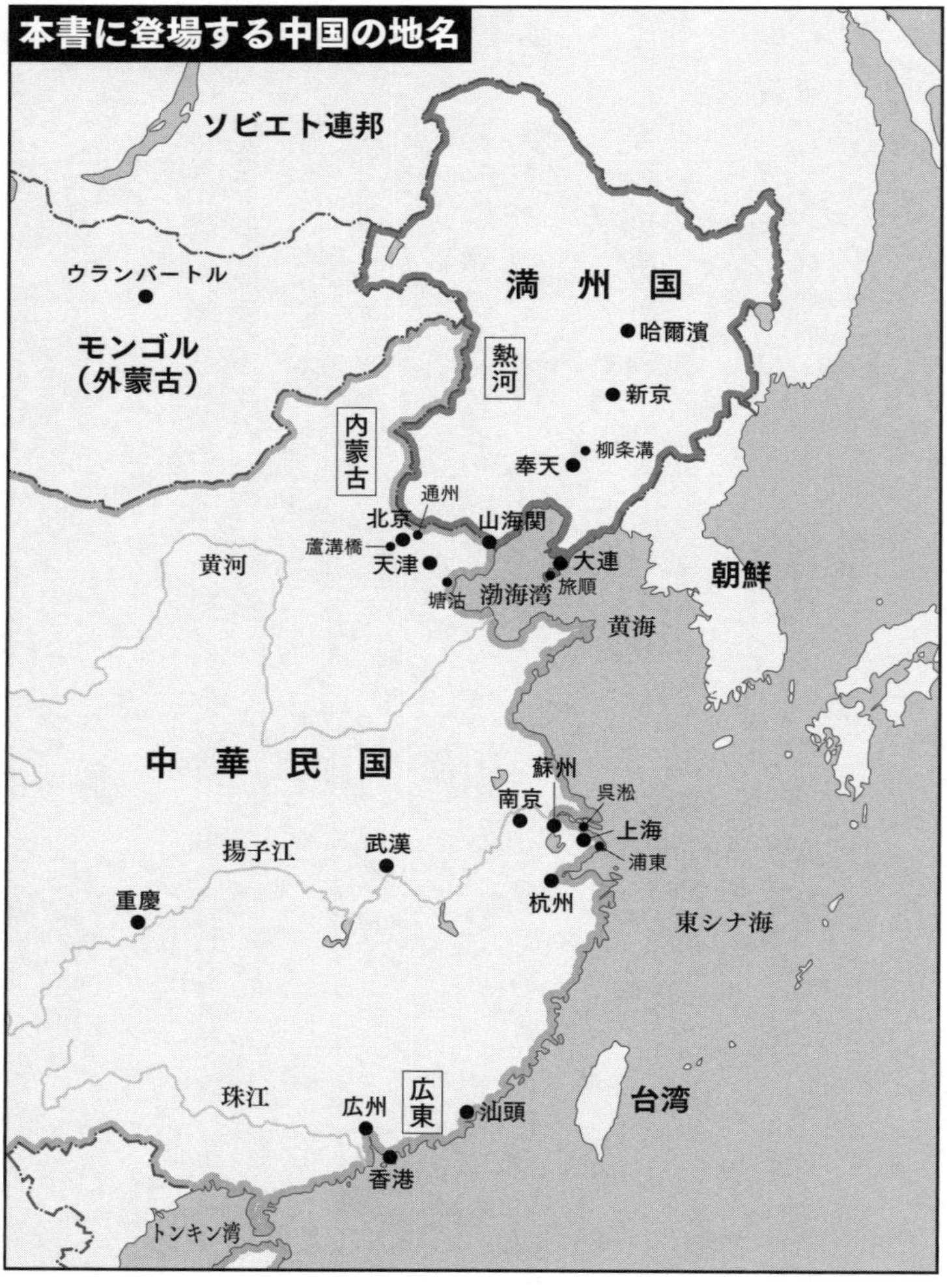

著者序

昭和十年に、私がロンドンの新聞の極東特派員として初めて東京へきてから、三十年が流れるうちに、日本は滅び、そして興隆した。私はこの本のなかで、この時代を語ろうとしている。

この波乱に満ちた歴史の一時代について、すでに多くの本が著わされてきた。かつて敵対した両陣営の多くの専門家たちが、太平洋戦争を招来した時代と、占領時代の功罪について熱心に論議をくりかえしてきたのである。

しかし、この本の目的はちがっている。私はあの暗かった時代を形どった一連の事件を裁くのが目的でもないし、また、一九四一年（昭和十六年）の悲劇をもたらした両陣営の責任を追及しようとするものでもない。私は、英米の新聞のために東京からニュースを報道した三十年間を通じ、その間に私が知ってきた日本とその国民が、よき時代と悲劇的な時代、戦争と平和の時代において、どう生きてきたか、私の個人的な見聞を語っているのである。

私はこの間、日本の一般国民とともに、希望や失意を体験してきた。私はどの外国人特派員よりも長く、日本を報道してきたのであった。満州国《まんしゆうこく》の誕生から、中国〝事変〟の緒《しよ》戦《せん》、平和が回復された苦悩に満ちた時期をへて、日本が驚異的な発展をとげ、自由諸国の先頭に復帰するまで、私は記事を送り続けてきた。

私はここで、日本の歴史的な〝つまずき〟から、独立と誇りを取り戻すまでを描こうとした。

私はこの感動的な歴史が進んでいった間に、日本のあらゆる階層の人々、皇族、歴代の首相、政治家、軍人、労働運動指導者、一般大衆とまじわり、その声に耳を傾けた。私は日本の読者がこの時代における、ある外国のオブザーバーのこうした体験に興味をもたれるものと信じている。

この本は、私が過去につづった約二十冊の著書――このうち七冊が太平洋問題を論じている――と一つの面で異なっている。それは私がこの本を日本の読者のためだけに書いたことである。そして、この本は多年にわたって多くの苦難に耐え、それを乗り越えてきた、偉大な勇気ある国民へ捧《ささ》げられている。彼らこそは深い敬意と、称賛に値する人々なのである。

ヘッセル・ティルトマン

昭和四十年八月十五日・東京にて

〝日出《い》づる国〟へ船出して

1

私が、ロンドンから神戸《こうべ》へ向けて出港する日本郵船《にほんゆうせん》の箱根丸《はこねまる》に乗ったのは、昭和十年の秋であった。当時数百万の発行部数をもつ、ある英国の新聞社の極東特派員というのが、私の新しい任務である。

それまでに私は、一九二一年（大正十年）にニューヨークで海外記者生活をしてから、ソビエト、イタリア、また、東欧諸国のほとんどをまわっていた。しかし、極東は初めてである。もちろん、ロンドンで数年をノースクリフ卿《きょう》の週刊誌のデスクの一人として過ごすうちに、極東における急速な情勢の進展に注目し、勉強してはいた。

とくに、中国と満州《まんしゆう》における情勢は、興味をよぶのに十分だった。一九三一年（昭和六年）九月に中国北東部の三つの県で発生した一連の事件（満州事変の導火線となった柳条溝《りゆうじようこう》事件）は、私に、日本こそ東洋で次に何が起こるか決定するカギをにぎっており、世界の歴史が東京によって作られるようになると確信させた。

そこで私は雑誌社を辞《や》めた。そして新聞の編集局長に、東洋で世界を動かすニュースが起こりつつあり、現地に常駐特派員が必要であることを説得するのに成功するや、遠い日本列島への船切符を予約して、日用品を荷造りし、この〝日出づる国〟へ向けて出発した。もちろん、一年か、二年のつもりで——思えば三十年以前のことである。ところが、私はまだ、この国にとどまっているではないか！

箱根丸が神戸に接岸した日は、港に霧がたちこめ、寒かった。おまけに私は未知の国へ、ただ一人の友人もなく、言葉も知らずに上陸しようというのに、高熱の風邪《かぜ》に苦しんでいた。

しかし、私は心配する必要のないことにすぐ気付いた。日本郵船の係員と、船員たちは、私を国宝のように扱ってくれたからだ。出入国管理者と税関吏《ぜいかんり》は、わざわざ私の船室まできて、すぐに手続きを終えてくれた。それから、オリエンタル・ホテルに電話がかけられ、部屋の予約が確認されるや、私はタクシーに乗せられ、数分後にはホテルのベッドの中にくるまっていた。

しばらくして私は、カバンの中にロンドンの医者に書いてもらった風邪薬の処方箋《しょほうせん》がはいっていたのを思い出し、フロア・マネジャーをよんで、神戸に英国の処方箋に従って薬を調合できる薬剤師がいるかどうかたずねた。彼は「できます」といって出てゆき、やがてビンにはいった薬が届けられた。しかし、薬は私が英国で飲んでいたものと色が違ったし、味もおかしかった。これはどこかが間違っている、中毒するに違いない。私は、ベルを押すと、作りなおしてくるようにいいつけた。

しばらくすると、フロア・マネジャーがベッドのわきに戻ってきて、薬剤師が間違いないといっているといい、おそらく英国と同じ成分が使われていても、調合法が異なっているのではないか、といった。それでも、私は危険を冒《おか》すのを避け、一滴でも飲むことを拒否した。困惑したフロア・マネジャーは数分間考えると、電話をとって、早口に何かいった。すると、ベル・ボーイがスプーンをもって現われた。

マネジャーはボーイに口を大きくあけるように命じ、薬をスプーンですくって、彼の口のなかに流し込んだ。彼は、ふりかえると微笑した。「二時間、待ちましょう。それでもこのボーイが元気なら、安心して薬を飲んでいただきます」

ボーイは、まったく元気だった。そこで、私はようやく〝メード・イン・ジャパン〟の薬を飲んだのである。二日後に、私は平熱に戻り、東京行きの汽車に乗った。

私は、この日本における第一日目の体験から、この国民が見知らぬ人に親切であることを知った。その後、私は多くのデモや、暴動や、望まない状況（ケンペイタイによる尋問も含めて）に遭遇したが、一度として身の安全について心配したことはなかった。愚《おろ》かなガイコクジンを安心させるために、ボーイに薬を飲ませてまで証明する国民は百パーセント信頼できる、と、昭和十年十月のある日に心に銘《めい》じたのである。

2

当時の日本は——少なくとも私には未知の国であった。それまで私が接触したごくわずかな日本人は、ロンドンにいた数人の日本人新聞特派員と日本大使館員に限られていた。若い大使館員であった宮崎章氏が、親しく交際したただ一人の日本人であり、旅立つ私にいろいろ有益な忠告をしてくれ、いくつかの紹介状を書いてくれた（宮崎氏はそれから程なく帰国して外務省の情報部員となった。当時、情報部長は天羽英二《あまうえいじ》氏で、彼が、世界に向かって日本の立場を説明する仕事をしていたが、同じ情報部には、松井明、土屋隼の両氏も部員として働いており、その後、私が何をし、何を考えているかについてたえず気にかけていることが宮崎氏の仕事の一つとなった。彼は、駐トルコ大使となっている）。

しかし目的地であった日本についた時、私のもっていたこの国についての知識といえば、主としてサクラ、ゲイシャ、フジサン、安い商品、それに、日本へ行ったことのない人々によって信じられていた日本人に対する評価ぐらいのものだった。その評価によれば、日本人は親切さで知られてはいるものの、ガイコクジンには絶対に理解しえない不可思議な民族であるというのだ！

私のこれら細かな予備知識はすべて正しかったことがあとでわかったが、この日本人が不可思議であるという説だけは誤っていた。その後、日本のよき時代、暗い時代を日本人とともに日本本土や旧帝国領で送ったが、日本人が他民族よりも理解しにくいというのはあたっていないし、かえって、ある国民よりは理解しやすいといえよう。

私は来日以来、三つの日本を目撃し、報道してきた。この間、日本は激変した。第一は画一化され、超国家主義テロリズムに色どられ、制服を着た政治家が台頭した戦前の軍国時代である。次には、冷たく、飢え、ほとんど崩壊した日本がきた。昭和二十年に私が帰ってきた日本には、希望をふくめて、あらゆるものが欠乏《けつぼう》していた。

そして、第三の復興した、雄々しい、豊かな日本が登場する。日本は、統一性と、技術と、血のなかに脈打つ勤労意欲からわき出る力によって、長い歴史のなかにもっとも輝かしい成功のページをしるし、西方［西洋］の先進諸国と、政治、経済、国際金融の分野において対等な地位を獲得したのである。

日本は、この三つの時代を通じて大きく変貌《へんぼう》した。はじめ、日本の国民は――それに文官による政府も――ちょうど暴走するバスに揺《ゆ》られている乗客のように、何もできないロボットだった。そういう国から、世論が抑制されることなく形成され、検閲のない自由な言論が確立し、人権が神聖な侵《おか》すことのできないものとして保障された自由な解放社会が生まれたのである。

しかし、日本国民のすぐれた素質は、〝ケンペイ〟と〝熱烈な愛国者〟と危険な思想によって象徴された時代を経て、焦土《しょうど》の瓦礫《がれき》のなかから自信にあふれた力強い国が生まれるまで、激動した年月を越えて、まったく変わっていない。この小さな、それでいて重要な、ひしめきあう人口をかかえた列島には、同じ親切心を持ち、友好的であり、忍耐強く、勤勉であり、時にはだれでもするようにイラ立つことはあるが、不平を唱えない国民が住んでいる。この輝かしい歴史をもつ国民は、現在、彼らの掲《かか》げる国家の目的と明るい明日に向かって、希望をもって、確固たる歩調で前進しつつあるのだ。

3

三十年前の日本は、戦後と比べれば、もっと色彩豊かな国であった。伝統的な生活様式や思考と、西方世界の思想習慣が対立していたが、〝日本主義〟の擁護者が優勢になりつつあった。

東京は、全国の風潮を決定した。神聖な天皇の御座所《ござしょ》である帝都では、夜の歓楽は不体裁《ふていさい》なものとして考えられ、ほとんどないに等しかった。キャバレーはなかったし、警察に登録された六百二十三人の職業ダンサーをかかえた八つのダンスホールがあるだけだった。西欧的ダンスは、すべての愛国的日本人がより重要な問題と取り組んでいなければならない時に、士気を阻喪《そそう》させ、国民意識に有害であるとして蔑視《べっし》されていた。帝国《ていこく》ホテルのロビーでさえ、夜十一時を過ぎると人影がまったくなかったのだ。

それでも歓楽を求めようとする者には、吉原《よしわら》その他の公娼《こうしょう》区域を探検するか、タクシーを拾って横浜《よこはま》まで飛ばすか、二つしか方法がなかった。横浜は国際港であったので、遅くまで店を開いていることが許されていたのである。しかし、横浜へ行くのでさえ、いくつかの規則を守らなければならなかった。警官はタクシーを止める権限をもっており、もし十二時以降にいっしょに乗っている男女を見つけたら、夫婦であることを証明するように要求した。もし証明できなければ、淑女に車から降りて歩くことを命じたのである!

この時代の当局は、公衆の風紀に深い関心をもっていた。東京警視庁は、ダンサーと喫茶店のウエートレスをきびしく監督し、もし、閉店後異性と帰るところを見つかれば、同伴者が彼女の兄弟であっても、それを証明できないかぎり、かならず留置された。もし、ダンサーが勤め先のダンスホールにいなかったとしたら、風紀係の刑事はその理由を探求すべくただちに活動にはいった。もちろん、これには労力と時間がかかる。

このような状態だったから、一九三七年(昭和十二年)三月に、東京の二万八千七百四十四軒のレストランの一つであった銀座《ぎんざ》の木造料理店が全焼して、四人の焼死者が出た時に、消防車が到着してから、だいぶ遅れて警官が現場に現われたと聞いても、私は驚かなかった。しかしこの事件は、ある東京の新聞から、警察はダンサーや〝夜遅くまで遊んでいる人〟を追っかけるより、もっと緊要な任務がある、という辛辣《しんらつ》な論評を招いたのである。

4

警察――と政府当局――は、この意見に同意しなかった。東京が一九四〇年（昭和十五年）にオリンピック主催都市となることが決定された時、私は、外人観光客が夫人や女性同伴者を連れて行けるような、食事をして踊れる高級なクラブをつくるように当局にすすめたが、「警察は東京を清潔な都市として保つ」方針をとっているので「不可能」であるという答えをえた。

ところが、不思議なことに――あるいは、日本は男性の国であるから不思議におもったほうが間違っていたかもしれないが――だれも吉原や、新宿、玉《たま》の井《い》などの〝紅灯《こうとう》区域〟を閉鎖したり、一円か二円のチップのために数時間も顧客の首にかじりつくウエートレスのいる猥雑《わいざつ》なバーが並ぶ、銀座地区を浄化しようとは考えなかった。

要約すれば、社会風紀の厳格な守護者は、娼妓《しょうぎ》、私娼《ししょう》やその業者が自由に活動するのを許すかたわら、ダンサーや喫茶店のウエートレス、それに一般大衆を悩まして成功していたわけで、これは外国人居住者や観光客、また、日本国民のためにも、無害な娯楽を少なくする結果となっていた。

警察、ケンペイ、内務省や制服を着た政治家をはじめとする統制機構は、日本人の思考があらゆる外国の主義や非日本的な思想によって汚染されないよう純潔を守ることに、もっとも大きな努力をはらっていた。検閲制度は、婉曲《えんきょく》に〝指導〟と呼ばれていたが、あらゆる書籍、新聞、雑誌、映画、レコードから、人々の行動（これについては、のちに語ろうと思う）までが、きびしく取り締まられた。自由主義や、社会主義、共産主義は同じように、陸軍の急進的将校と彼らを取り巻く超国家主義者――彼らの多くは、陰謀をたくらむ合い間に詩を詠《えい》じる魅力ある男たちだった――から、絶えず攻撃されていたのである。

5

私は〝熱烈な愛国者〟とその主張について、当然、話に聞き、読んではいたが、彼らに会うまでは、よく理解していなかった。

皇道派《こうどうは》（天皇中心の国体論《こくたい》を説いた陸軍部内の派閥の一つ）は、議会と議会主義政府をどう考えているのか、私は尋《たず》ねた。「分かりやすく説明すれば」と、一人が答えた。「あなたがたが欧米で教会へ行くのは、神を敬うためであって、神と議論するためではないでしょう？　私たちの要求も同じことです。帝国議会へ選ばれた者は、ただ一つの目的をもっています。それは銀行家や、金融業者、企業家や、労働者や、国民の利益を代表するべきではなく、天皇のご意思を実現することです」

もちろん、天皇を、超越した存在として崇《あが》め、祖国の文化を尊んでいた一般の日本人は、自国とその国家的使命に誇りを感じており、このような疑問にわずらわされはしなかった。彼らは忠良《ちゆうりよう》な愛国的市民として、どのような責任が自分たちに課せられているかを、よく承知していたのである。

当時の日本は、狂信的な少数派のテロや反政府活動のために、議会のすべての傍聴者の身体検査を必要とするほどだったが、極東におけるもっとも秩序正しい、住みやすい国だった。事実、私も議会を傍聴した際に、外務省の係員が同行していたにもかかわらず、爆薬が仕込まれている恐れがあるといって、帰る時に返されはしたが、万年筆を取り上げられたことがある。

しかし、世界で三番目に大きかった東京では、とにかく安楽な生活を送れたし、アジアの都市のなかでもっとも安く暮らせた。私は、その後十八年間にわたって第二のわが家となる帝国ホテルに着いて荷解《にと》きをすると、在京外国人特派員のよき友であり、〝政府スポークスマン〟であった天羽英二氏を訪ねて記者証明書と紹介状を提出してから、国際紛糾《ふんきゆう》の源《みなもと》である日本とその友好的な七千五百万人の国民を知るために、第一歩を踏みだしたのであった。

リムジンに乗った工作員

1

戦前の東京は、対照的な国のなかの対照的な都市であった。二十世紀のオフィス街が忙しく活動しているいっぽうでは、一つの大通りをはさんで、十六世紀の皇居が静かに呼吸していた。

かつて江戸城とよばれたこの城は、十五代にわたる徳川将軍の住まいだったが、明治維新を境にして歴代の天皇の御座所となっていた。ここから、あまり遠くない明治神宮《めいじじんぐう》の外苑《がいえん》には、静かな、美しいアヤメの庭があった。しかし、私が初めて政府の園遊会に招かれた時に、この静けさは近くの陸軍練兵場《れんぺいじょう》から聞こえる断続的な機関銃の発射音によって破られていた。

大理石と花崗岩《かこうがん》の国会議事堂――、これは当時、〝日本民主政治の墓標《ぼひょう》〟と呼ばれていたが、ここでは、礼装をまとった閣僚と洋服を着た議員が、英国の〝議会の母〟といわれるウエストミンスターと同じように議事を進めていた。しかし、首都の郊外ではワラをまとった農夫たちが三千年前と同じように小さな水田を耕《たがや》しており、一日の仕事が終わって夜には、彼らはラジオに耳をかたむけて国会での議事の模様を聞いていたのである。

フランク・ロイド・ライトが建てた帝国ホテルは、設備、サービスにおいて世界のどの近代的な一流ホテルにも、劣らなかった。しかし、夕方になると、ホテルを囲む舗道《ほどう》には、東京の市民がキモノやユカタがけで涼をとりつつ徘徊《はいかい》し、木のゲタが道路をうつ音が響いた。銀座には、百貨店や、レストラン、映画館が並び、日没とともにネオンが街行く人を照らした。

ところが、一九三七年（昭和十二年）六月に、東京のこのブロードウエーから百マイルと離れていないところで、ナンキン虫、カタツムリなどの昆虫を礼拝する新興宗教を警察が手入れするという事件があった。新聞によると手入れの理由は、このような信仰が許されれば、虫が無制限に繁殖するというのである！（この事件は、家に住みついたクジラの精《せい》が自分の婿《むこ》さがしを妨害していると信じた独身の女性が、クジラの精を追い払うためにこの新興宗教に大金を払ったにもかかわらず、いっこうに配偶者が現われないので警察に訴えでて、話題をまいた。彼女は、自尊心のある夫なら、数頭のクジラといっしょに初夜の床《とこ》には寝られないはずだ、といったのである。警察は、あきらかに彼女のこの言い分を認め、三人の幹部を投獄した）

私の心をとらえた東京の第一印象は、静かな威厳ある市街地と住宅街からなり、帝都にふさわしい優雅な、ゆったりとしたペースで生活が送られているということだった。紀元《きげん》二千六百年祭までには、まだ、五年あった。汽車やバスでは、たいていの場合にすわれたし、都市のレストランでも予約なしにテーブルがとれた。外国人観光客が少なかったことはいうまでもない。

東京の人口は六百万人であり、一万人の警官隊がいて、五万台の自動車が登録され、六十万台のラジオがあった。全国で七百万台もあった自転車の大群を除けば、交通問題はもちろんなかった。その年に銀座で行なわれた交通調査によると、平日の午前十一時から午後九時までの間に、自転車三万七千台、自動車一万六百台、バス七百台、それに二十三万七千七百九十十人の歩行者が調査地点を通行した、ということであった。

東京は、商店街の商品が豊かなことでもアジアで有名だった。銀座では、米ドル約二十五セントで男性用の麦わら帽が買えたし、役所の一つの課を三カ月維持できるほどの値段のダイヤモンドまで、あらゆるものを売っていた。

2

日本社会は、極端に形式化されていた。女性は、法律によって公民権を認められていなかった。財産を所有できず、結婚は他人によって決定され、相手に不満だからといっても離婚できなかったし、選挙権もなかった。彼女らの起居《ききよ》、ふるまい、いっさいの世界はユリカゴから墓場まで、男性によってきめられ支配され規制されていた。少なくともこのように一般では信じられていたのである。

しかし、私は日本人の家庭に招かれ、観察するうちに、これに疑いをもつようになった。世の中で、黒白をハッキリできるものは少ないのだ。ほどなく私は、あらゆる日本の女性が、多くの外国人が好んで信じるほど、かならずしも従順——少なくても家の中で——ではないとの結論に達したのである。それでなければ、「関東平野は強風とうるさい女房で有名である」という古いコトワザ（上州《じょうしゅう》名物、カカア天下にカラッ風）を、どう説明できるだろうか？

公衆の面前で接吻《せっぷん》したり、両性の間で愛情を示しあう〝恋愛行為《スイート・ハーティング》〟は悪趣味だと考えられていたし、行なわれなかった。西方世界において知られる恋愛は、まったく存在していなかった。若い男女が喫茶店で一緒にいるのをみかけることは珍しかったし、街頭で女性が男性と——三歩遅れずに——肩を並べて歩いているのに出会うことは、まれだった。しかし、一九三〇年代の中ごろ（昭和十年ごろ）から、これらの古いタブーは、モボやモガ（モダン・ボーイ、モダン・ガール）たちによってだんだんにやぶられつつあった。善良な愛国者たちの憤激《ふんげき》をよそに、異性との交際が町中で公然と行なわれることが目立つようになり、バーでは午後十一時までジャズがにぎやかだった。午後十一時までというのは、この時間になると、当局の命令で、東京全体が店を閉めなければならなかったからである。

東京では欧米では普通に考えられている多くのことが、法によって禁じられていたのである。私は、外務省のゲイシャハウス・パーティーの帰りがけに、その中のゲイシャの一人を帝国ホテルで一杯やろうと誘ったことがあった。

私は、彼女を誘ったらどういうことになるか、ためしてみたかったのである。すると、私が彼女をさそっているのを聞きつけた外務省の招待主が、すぐさま、自分もついて行きたいといいだし、結局私たちは三人で、十二時まで人影のない帝国ホテルのラウンジでテーブルを囲んで飲むこととなった。しかし十二時になると、この外務省の係官にとって、彼女を一人でホテルに置いてゆくことは、彼の生命にも替えられないことなのだということが、地上のいかなる水晶玉よりも明らかになった。私は「おやすみ」をいって握手すると、二人と別れた。

しかし、外国人記者に会って話すのを恐れなかった日本女性も、数は少なかったがいた。石本《いしもと》男爵夫人（後の加藤《かとう》シヅエ女史）は、この一人だった。私は、過去三十年間を通じて、吉《よし》田茂《だしげる》元首相を除けば、だれよりも多く彼女と政治、社会問題について議論した。

戦前の禁欲的な日本では、女性は付き添いがなければ外に出られなかったが、友好的な男性が十分にその穴埋めをしてくれた。日本に来て、ほどなくして親しくなった日本人のなかには島内敏郎（ロサンゼルス総領事）と、当時、朝日新聞記者として活躍し、現在、評論家、翻訳家として知られる中野《なかの》五郎《ごろう》氏がいた。この二人は、一九四一年（昭和十六年）の真珠湾《しんじゆわん》奇襲攻撃の前日に、私が招いてニューヨークの『ミヤコ・レストラン』で夜食を共にした。

当時米国にいた私の日本人の友人たちは、十二月七日にＦＢＩに拘留され、みなフィラデルフィアの移民局に移されたが、そのうちの多くの者が手紙で私に状況を知らせてきた。数日後に私が泊まっていたニューヨークのホテルに、ＦＢＩの係官がやって来て、ケゲンそうな顔で、どうしてあんなに多数の日本人が、フィラデルフィアの移民局に着くと、ティルトマンさんに手紙を書くために紙とペンを要求するのだろうか？　と尋ねたことがあるほどである。

3

東京に来た私は、多くの政治家、軍人、名士とも知り合うようになった。このなかには荒木貞夫《あらきさだお》大将のような閣僚から、〝キリスト者〟の賀川豊彦《かがわとよひこ》博士、帝国陸軍の参謀将校たち、尾崎行雄《おざきゆきお》をはじめとする議会の〝自由主義者〟の一団、社会大衆党の指導者である安部磯雄《あべいそお》が含まれているが、これらの人々については、後でもっとくわしく語ろう。

もう一人、日本へ来てから得た友人のなかには、日本の有名なホテルマンである犬丸徹三《いぬまるてつぞう》氏がいる。日本の傑出した民間親善外交官である犬丸氏は、長い間、帝国ホテルの暖かい屋根の下で日本の客人をもてなし、快適な生活を送らせるために努力してきた。そして、これらの多くの友人のほかに、私のような外国人特派員には〝公的な友人〟とでも呼ぶべき外務省情報部員、警察の私服刑事、陸軍情報将校などの人々がいた。彼らの任務は、われわれを懐柔《かいじゅう》し、日本の主張を宣伝し、外国人記者が何をしようとしているかをつねに知ることであった。そして、天羽英二《あまうえいじ》氏が部長であった外務省情報部では、外国人記者が愉快に毎日を過ごし、猜疑心《さいぎしん》の強い政府当局や、軍、警察と面倒を起こさないように気を配ってくれていたのである。

4

このような者のなかに、われわれの影のように帝国ホテルに出没した一人の友好的な〝工作員〟がいた。帝国ホテルには、当時、東京に常駐していた十七人の外国人特派員のうち六人が住んでいたので、われわれは大きな事件が起きるごとに集まって、情報や意見を交換することを申し合わせていたのだが、この工作員は、ある大会社の広報担当員と称して、好意にあふれ、いろいろと私たちを助けてくれたので、私たちとはじきに親しくなった。

そのうちに、彼は私を箱根《はこね》に招待したいと申し出た。私は、受諾した。その日に、彼は私がかつて東京で見たことのなかったほど大きな米国製リムジンで迎えにやって来た。

私は、この車を見ていった。「Fさん。分かりましたよ。あなたは政府の役人でしょう」

「どうして、分かりました？」

「今の日本でこんな大きな車にガソリンが買えるのは、政府だけでしょう」

この日から、私たちの間にはある協定が成立した。彼は、私に昼食をおごりにホテルへくるのをやめるかわりに、電話で私が何を書いているかを聞き、私は彼が興味をもちそうな記事の写しを郵送するというのである。このような取り決めは、外国人特派員が良心的な態度をもって活動し、ニュースを客観的に報道するかぎり、全体主義的な日本でスパイを任務とする者でもこういう特派員には友好的であったことを示していた。しかし、私の記事は、ロンドンの本社に電報で送られており、もし当局が望めば検閲できたのだから、彼はおそらく政府や外務省とは離れて活動していた陸軍の工作員だったのだろう。

しかし、陸軍省や軍部を取材するのは、きわめて困難であった。私は中国〝事変〟直前に天津《テンシン》を訪問した時、帝国陸軍が北支《ほくし》において工業の建設、拡張計画をもっており、これは現地の中国官憲の協力の有無にかかわらず行なわれるという情報を、二、三の筋から聞いたことがあった。私が東京へ帰ってから日本のある記者にこの噂を話したところ、彼は私の記事を紙上で引用する許可を求めた。私の記事は、すでにロンドンで掲載されていたので、私は承諾し、彼に記事の写しを渡した。そして数日後に、東京の新聞紙上に大胆なヘッドラインのもとに、私の記事の一部が掲載されたのである。

ところが、それから一日か二日たって、電話が鳴るのをとると、低い声が流れて、自分は陸軍と外国人記者との間の連絡将校をつとめる陸軍中佐である、と名乗った。彼は不機嫌な調子で、「私は大本営があなたの北支工業化計画に深い興味をもっていることをお知らせしたい」というと、電話を切った。

この一件のあとで、私は慎重になり、東京で陸軍に関係ある事柄を論議したり、行動について観測するのをやめたのである。もっとも、私は他では、なお、多くを書き続けていた。日本軍部の急速な台頭と野心について語った二冊の著書のうちで『近づきつつある極東』は、当時、日本でも翻訳され、出版されたものである。

もう一つ、私が来日してからほどなくして、東京のある英字紙が笑い話として載せた記事があった。ある外国人によって書かれていたこのシリーズは、内容が滑稽《こっけい》であるはずだった。しかし、陸軍省と警察は、これを少しもおかしいとは思わなかったようである。

このナンセンスな〝風刺文〟は、日本の戦争体制をテーマとしていた。著者は、門司《もじ》に上陸した架空の米国人旅行者が、当時、日本に対して憤激していた中国が日本本土を攻撃するのに備えて、街路に地雷が敷設《ふせつ》されているのを発見して驚いた、と冷やかし半分に書いたのである。

東京の外国人社会はこの笑い話に興じたが、軍部や警察はちがっていた。新聞の編集者が警視庁に出頭を求められ、「重大な軍機の漏洩《ろうえい》」について、長時間にわたって尋問された。編集者は繰り返し、一、そのような米国人旅行者は存在していない、二、門司に行ったにせよ街路に地雷が敷設されているか知りようがない、三、この記事は冗談のシリーズの一つとして掲載された笑い話である、と説明した。しかし、尋問に当たった警視庁幹部は、了解しようとしなかった。彼は、何度でも同じ質問をした。「もちろん、門司の街路には地雷が敷設されている。しかし、どうして君の寄稿者はこの秘密を知ったのだ？」

激動した、猜疑《さいぎ》に満ちた時代の日本――とアジア――では、有能な外国人記者はよい記事を書いても、熟考した後にもっとも手近な紙屑箱《かみくずばこ》にこれを投げ込んで、口を結んでいるのが良策であると結論したのである。これは、記事が滑稽なものであろうが、重大な内容をもつものであろうが、確証のあるなしにかかわらなかった。私自身にしても、当時『報道すべからず』という題で一冊の本が書けたであろうし、これは他の同僚の外国人記者の場合も、同じことがいえたのである。

当時の東京は静かであったが、日本式デモクラシー、伝統と現代的な生活様式、東と西、日本建国の神話、近代的ビジネスマンと封建的な考え方をする老人、コスモポリタンになろうとしている国民を輝かしい祖先の道に暴力をもっても復帰させようとする狂信者が混ざり合って、深く興味をひかれる世界をつくっていた。

日本は、すでに欧米に次ぐ先進工業国であり、一九三五年（昭和十年）における工業総生産量は一八九五年（明治二十八年）の十五倍に達し、まだ、増加を続けていた。しかし、東京では、わずかな人々は優雅な生活を楽しんでいたが、一般大衆には節約生活が呼びかけられるようになっていた。〝東京発外電〟は、重要さを増しつつあり、親切で、勤勉な日本国民にとっては、情勢はあらゆるギリシャ悲劇の要素をはらんでいた。舞台は、六年後に起こる歴史的な〝つまずき〟へ向かって準備されていたのである。

〝疑惑の時代〟の特派員

1

一九三一年（昭和六年）に満州における情勢が劇的な発展をとげ（満州事変の勃発《ぼっぱつ》）、翌年五・一五事件が起こると、極右主義者の活動が活発化し、政府による国家の画一化が着実に進められた。軍服をまとった〝熱烈な愛国者〟の一党は、文官政府を無視し、東アジアにおいて彼らの甘い果実を求めて、長い間夢見てきた膨張《ぼうちょう》主義計画を実施すべき舞台を準備しつつあったのである。

しかし、一般の東京市民は年ごとに増大してゆく騒乱にもかかわらず、平静を保っていた。彼らには木と紙の家にもっと身近な問題があったし、年々厳しさを増していた自分たちの節約生活と取り組まねばならなかったのである。あらゆる人は監視され、いささかでも〝危険思想〟の疑いがあれば、警察の手が迅速に動いた。それでも一九三〇年代の中期（昭和十年ごろ）を顧《かえり》みれば、後の圧迫時代よりは、まだだいぶ自由があった、といえる。

それに第一、当時の一般の日本人は、他国の人々より少しも好戦的ではなかった。中国

〝事変〟が勃発（昭和十二年）して、陸軍の予備役軍人が召集された時、私のもとに数人の知りあいの日本青年が出征のあいさつにやってきたことがある。

このとき私は、英国や米国の青年が同じような場合に口にする質問を、この日本の若者たちから聞かされたのである。「新年までには終わると思われますか?」

人間の希望とは何とはかないものであろうか。戦争の生き残りの者たちが米軍のLST船［戦車揚陸艦］で故郷に帰還するまでに、歴史はそれから九回の新年を迎えなければならなかったのである。そして、何という歴史だったろう!

しかし、当時の大多数の日本人は、軍人と文官の激化する対立を、自分たちの日常生活からは遠い問題だと考えていた。政治は、政治を理解すると思われる人々に任せるのがいちばんだと心得ていたのである。

しかし、東京にいた欧米の駐日特派員のグループにとっては、生活は必ずしも静かではなかった。当時の在日外国人特派員のなかには、米国のフランク・ヘッジェス、パーシィ・ホワイティング、W・H・チェンバレン、ジム・ミルズ、英国のビア・レッドマン、パーシィ・コックス（彼は当時の日本の官憲《かんけん》の取り調べ中、自殺（?）したと伝えられる）、ドイツのリヒアルト・ゾルゲ（後のゾルゲ事件の中心人物）、タス通信社のナジといった顔ぶれがふくまれていた。私たちは〝報道するため〟に東京へきていたのであり、何が起き、なぜ起きたか、できるかぎり完全で客観的な記事を送ろうと努力していた。

ところが、日本政府、とくに大本営と陸軍省は、この私たちの考えに必ずしも同意できなかったようである。日本政府は、世界の新聞やラジオに、日本の公式見解だけが報じられるよう、あらゆる努力をはらっていた。結果として、ひと握りの外国人記者団に日本の〝立場〟を理解させるため、未曾有《みぞう》の人数と労力、微笑にあふれる好意、そして〝円〟が費《つい》やされることになった。警官やケンペイから青年外交官にいたるまでの大軍が動員され、私たちがどこにいて、何を考え、何を書いているかを監視していたのである。

昭和六年以前の日本には、外国人記者に対するこのような完全な管理制度はなかったという。将来もまた、このような事態が再現されることはあるまい。そして、当時のこの完全な管理制度の上に立って私たちの面倒をみてくれたのが、政府の〝公式スポークスマン〟と呼ばれていた天羽英二氏であった。彼は、外国人特派員と毎週三回定例の記者会見を行ない、そのうえ一日二十四時間いつでも私たちの質問に応じた。真夜中でも連絡できるようにと、自分の寝室におかれた電話の番号まで私に教えてくれたほどだった。

2

それに外務省情報部は、私たちにあらゆるインタビューの斡旋《あっせん》をしてくれた。政府関係者のみならず、野党であった社会主義議員や政府批判者にいたるまで、インタビューの段取りをし、その日には自動車と通訳までつけてくれた。また、こういう制度の一方では、陸軍の報道部の将校たちが、私たちをさびしがらせないように、夜遅くまで監視してくれた。

結局このような制度は、政府と外国人記者の双方にとって、有益なものとなっていたのである。政府は私たちが何を話し、どのような記事を書いたかを知ることができたし、私たちは、政府の協力なしには会見できない閣僚や高官を取材し、政府から情勢について〝啓蒙〟を受けることができたからである。このようにして、当時の日本の〝主張〟は広く海外に報道されていった。

それに、悪意のない外国人記者のだれかが、警察やケンペイ、内務省、当時外国人を調べるためあらゆるところに出没した猜疑心のふかい〝私服〟と面倒を起こすようなことがあれば、外務省がただちに仲にはいって救ってくれた。

私自身、このようにして救われたことが数回ある。当時の警察やケンペイは猜疑心で固まっており、新聞記者が無害な合法的活動をしていても、しばしば不当な干渉を行なった。これは東京以外の地、とくに海外帝国領でひどかった。私は当時、大連《だいれん》から旅順《りよじゆん》におもむき、旧ロシア軍要塞《ようさい》を見物していた時、軍事制限地域内で写真をとったという容疑で警察に連行されたことがある。

私は写真機を携行していなかったので（それほど愚かではなかった）、最後には釈放されたが、それにしても、写真機なしに写真をとることはできないということを尋問にあたった刑事が納得するまでに、六時間かかったのである。その上この刑事は、私が外務省発行の身分証明書を見せてもまだ信用せず、それならば私がミスター・アマウ〔天羽英二〕に事の顚末《てんまつ》を報告するから電話を使わせてくれと要求すると、やっと私を釈放する責任を負う決意をしたのである。

しかし、外国人記者に対する監視は、こちらが一定のルールさえ守っていれば、礼節をもって行なわれた。このルールの第一は、いかなる場合にもまず私たちの行動を外務省に知らせるということ、第二に、天皇や皇族を侮辱的に論じないこと、そして第三に、自己の思想や見解を隠さないこと、であった。このような項目さえ守っていれば、一九三〇年代の日本は、私がかつて体験したスターリンのロシアや、ムソリーニのイタリア、ビルスーツキーのポーランド、ホルティのハンガリーをはじめとする専制諸国よりは、外国人記者にとってははるかに活動しやすい国であった。

もっとも、外国人記者が外務省に事前に自分の行動を知らせるのを怠《おこた》ったり、あるいは監視の目を光らせている官憲によって不審《ふしん》に思われるような行動をとったりすると、状況は一変した。あらゆる政府機構がただちに活動を開始するのである。

一九三六年（昭和十一年）に天津《テンシン》に行った私は、時間があったので、東京へ帰る前に満州国を視察しようと考え、新京《しんきよう》〔長春《ちようしゆん》を満州国都として改名〕に向かった。しかしこの時私は、日本領事館にも東京の情報部にも、何の通告もせずに出発してしまったのである。列車が満州国の国境にある山海関《さんかいかん》の駅に着くと、日本の〝新聞記者〟と称する者が一人乗り込んできて、不思議な偶然から自分も新京へ行くのだといい、同行を申し出た。この時から、私が満州を離れるまで、このケンペイは私につきまとい、片時たりとも私から離れようとはしなかったのである。

東京に帰ると、私が天津を発《た》つ前に外務省に一枚の絵葉書でも出していれば、私自身と、それに外務省やケンペイタイをはじめとする関係者全員が、不必要かつ面倒な仕事をしないですんだのだと、おだやかに注意された。

3

日本の官憲が外国人記者のいささかなりとも不可解な行動に対して、極度に神経をとがらせていたということは、次のような事件をみてもよくわかるだろう。夏に英国からやって来た私の同僚は、毎日、日暮れになると東京の街へ散歩に出かけた。ところが、彼はこの散歩の途中、検挙されてしまったのである。私も喚問《かんもん》されて意見を聞かれた。「彼は毎晩、ホテルを出て歩きまわる。われわれは彼の行動をくわしく調べたが、だれかに会って話をするわけでもない。彼はヨシワラにも行かない。女に会うわけでもない。彼はただ歩き、歩き続ける。いったいなにをしているのですか？」

この質問に対する明確な答えは、この記者が夏の夕べの涼しい新鮮な空気を吸うために散歩をするのを好んでいたということなのだが、このような説明では、当時の日本の官憲の疑惑を晴らすことはできなかった。彼は警察に拘留され、数日後、やっと告発されず日本を離れることを許されたのであった。

しかし一方では、一九三〇年代の外務省をはじめとする日本官憲は、私たち特派員が日本で快適な生活が送れるよう、まことに細やかに気をくばってくれていた。

私は病気で東京の聖路加《せいるか》病院に三週間ほど入院したことがあったが、この時外務省の情報部はたいへん親切に、私の交友範囲や食事の嗜好《しこう》を調べて、レストランのウエートレスから新聞記者にいたるまで私の日本の友人を集め、交代でカナリアや金魚といった贈り物を持参して私を見舞わせたのである。おまけに、退院して帝国ホテルへもどると、私はあの友好的な〝工作員〟の訪問をうけた。この来訪者は、私が長く入院して費用がかさんだでしょうと慰めのあいさつをすると、円の札束のはいった紙袋を差し出して、入院費を返そうと申し出たのである！　私はこの申し出に感謝はしたが、金を受け取ることだけはお断わりした。

当時の官憲主義時代の日本において、外国人記者が病気になるか事故にあえば、天羽英二氏の情報部は十五分以内に報告をうけ、次の十五分以内には部員が駆けつけて援助の手を差し伸べた。しかし、今日の民主日本では、もし外国人記者がダンプカーにはねられたとしても、外務省のなかでだれかが事故を知るまでには、少なくとも十数日はかかるのではあるまいか。

私にこのように親切にしてくれたのは、仕事のために接触した官吏《かんり》たちばかりではなかった。私が知り合った一般の日本人も、同様にたいへん親切であった。なかでも、当時、帝国ホテルの副支配人であり、今は故人となった富森長太郎《とみのもりちょうたろう》氏の好意は忘れることができない。富森氏は四十七士の一人であったスケエモン・トミノモリの子孫ということだった。

一九三七年（昭和十二年）七月二十一日の早朝、私は従軍記者として拡大しつつあった中国戦争を報道するため、神戸から天津に向けて出港する日本軍輸送船に乗り込む許可をとり、ホテルを発った。この時富森氏は、私に明治神宮のオマモリを一枚くれ、これを身につけていれば前線に出ても中国軍の弾丸が当たらないと説明してくれた。ところが中国に上陸してみると、帝国陸軍は自らひき起こした戦争に熱中していて、戦闘地域における外国人特派員の安全などにはあまり気をくばってくれず、私は、日本軍司令部のおかれていた天津で二カ月を過ごすうちに、北京《ペキン》より奥地の前線にはたった数回しか行けないというありさまだった。

〝疑惑の時代〟の特派員

そこで私は上海《シャンハイ》戦線に移動し、中国軍に従軍することにした。こうしてそのあと数カ月間、中国中部を進撃する日本軍の砲爆撃の下を、私は中国軍とともに、くぐりぬけることになったのである。この間、私はつねにオマモリを膚身《はだみ》離さず持っていた。この従軍が終わってから、私は富森氏に礼状を書いたが、彼の好意あふれる贈り物は私を中国軍の弾丸から守ってくれたばかりでなく、日本軍の砲撃からも私の安全を保障してくれたことを、彼に知らせたのである！

4

ここで、私は当時の日本官憲を公平な目でながめたい。大多数の日本人に暗い記憶をよみがえらせ、若い世代には本と記録映画でしか知られていないあの時代の日本が、はたして外国人記者にとって最も住みにくい国であったかどうかということだ。これを正しく理解するには、当時の他のアジアの国々での私の体験を語らなければならないと思う。

一九三七年（昭和十二年）に蔣介石《しょうかいせき》の中国にいた私は、西安《せいあん》で起こったセンセーショナルな総統監禁事件を取材したが、私はこの事件の背景について十以上の異なった説を聞かされた。しかしこの時、国民党の公式な説明を信じないで、事件の裏に〝裏〟があると考えた記者は、みな不快な態度をもってあつかわれ、記事はすべて削除されてしまったのである。

また、一九三六年か七年に、私は中国側が極秘裡《り》に完成させたという要塞施設についての噂を聞いたことがある。私は事実をたしかめるため、中国政府の担当官にあたったが、彼はかたく口を閉ざし、ただ、この問題に触れないように忠告した。この秘密要塞のことが活字になって日本側に知られることを、恐れていたのだろう。彼は鄭重《ていちょう》な口調で、私が東京に住んでいることを指摘したのである。

私は、数日後に上海のあるレストランで、その要塞の施工業者と噂されていた中国実業家に会った。

「あなたは、いまあの工場をすすめられていますね」と私は尋ねた。

「そうですよ。きわめて興味深い仕事です。ちょっとお時間があれば、内容をお話ししましょう」

しかし、私がこの会話の内容を記事にできなかったことはいうまでもない。私にいわせれば、この〝秘密工事〟については私が知るもっと以前から日本側が熟知していたと思うのだが、書かないという前提でうちあけられた話の秘密はまもらなければならなかったし、そんなことをすれば、南京《ナンキン》における私の評価も台なしになってしまうことは必定《ひつじょう》だったからである。

まだある。私は一九三七年に、極東における英国の最大の軍事基地シンガポールにおもむいた。英国の陸海軍合同大演習を取材するためである。

それまでに三十カ国あまりで取材活動を行ない、各国政府が〝軍機密〟についていかに神経質であるかを知っていた私は、軍事基地シンガポールを取材するにあたっては、当時のマラヤ［のちのマレーシア］方面軍総司令官であるW・G・S・ドビー中将に会うのがいちばんの早道と考えた。将軍のインタビューが終わると、私は記事の写しを二通そろえて提出した。やがて、新聞掲載を承認された記事が、副官を通じて返されてきた。

私はこれですべてがうまくいったものと思っていた。英国の太平洋地域における地位をくつがえそうとする国が、ドビー総司令官から情報を聞きだすために英国人記者をスパイとして送り込む——というような可能性など、考えてもみなかったのである。ところが、シンガポール警察の政治局はそう考えたようだった。彼らは私がシンガポールを離れた二日後に活動を開始し、私と接触した在留英人は、次々に刑事の訪問をうけて、私の素性について根ほり葉ほり質問されたのである。後になって聞かされたことだが、この調査の結果、政治局は、私が新聞記者であったかどうかもうたがわしい、と結論したということである。

5

しかし、もっと滑稽なシンガポールの〝スパイ〟騒ぎは、今日にいたるまで活字になっていない。事件は、早朝、新しく完成した英海軍基地で起こった。ここで防衛演習が行なわれることになっていたが、前日、現在でもマラヤで最大の新聞であるストレート・タイムズの編集長が、演習を上空から撮影するため飛行機にカメラマンを同乗させたいと英海軍に願い出た。

そして、厳格な条件のもとに許可がおりたので、編集長は社内でもっとも有能なカメラマンを、翌朝、飛行場へ向けるよう命じ、海軍が発行した通行証と、自分が署名した証明書を写真部へまわした。

ところが、翌朝の六時に、彼はベッドのわきの電話のベルでたたき起こされた。電話の声は、海軍飛行場の警備担当将校であるといった。

「偽造証明書をもった男を捕えましたが、いちおう確認しようと思います。日本人《ジャパニーズ》が一人、三台のカメラをもって現われましたが、演習を撮影するためにあなたから派遣されたという途方《とほう》もない話をしています。そのうえ、彼は空軍司令官とあなたによって署名されたと称する証明書を二通もっています。明らかに、巧妙なスパイ活動です。ただ、あなたの署名が偽造されていることをお知らせしたほうがよいと思って電話していますが……」。この瞬間に、編集長は突然、忘れていたことを思い出した。彼の社のもっとも有能なカメラマンは日本人《ジャパニーズ》だったのである！

この時代を支配した空気から見れば、一九三〇年代の日本は、外国人記者にとって決して、取材がもっとも困難な国とはいえなかったのである。

死神が東京をノックする

1

私が日本に着いたころ、日本の主張を海外にひろめる任にあたっていた一人の官僚がいた。彼は、洗練されたユーモアをもって的確に仕事をすすめていった。極東におけるベテランの外人記者たちは、みなこの手腕に敬意をはらい、外務省に数多くいたスポークスマンの序列のなかでも、彼は卓越した地位をかちとっていた。天羽英二氏（当時外務省情報部長）である。

天羽氏は、広東《カントン》と哈爾濱《ハルビン》の領事を歴任した後、モスクワで代理大使をつとめて東京へ帰ったわけだが、一九三五年（昭和十年）当時、外国人記者たちが書いた「東京の政府筋によれば——」を冒頭とする記事の多くは、彼の談話をもとにしたものだった。

私は東京に着いてほどなく、大日本帝国においてもっとも頻繁《ひんぱん》に発言を引用されていることの官僚に、静かに話し合える機会を持ちたいと申し入れた。日本と近隣諸国、ひいては世界各国との間に横たわるいろいろな問題について、その現状と将来の見通しに対する公式見解を聞きたかったからである。私の要望は受け入れられ、一九三六年（昭和十一年）の二月二十五日（二・二六事件の前夜にあたる）、東京会館での夕食に招かれた。

天羽氏は快活な主人役だった。彼は愛想のよい顔を輝かせ、上機嫌で、夕食の間に自分の若かった日の思い出話をしてくれた。私は、彼が語ったいくつかの思い出話のうち、こういうのを覚えている。

それは、ベルサイユ講和会議（大正八年）のころのこと、日本でマリー・ストープス女史の産児制限を主題にした本が出版されたのだが、この本を出した日本の出版社は、おもしろいアイデアを思いつき、講和会議に出席していた日本全権団（この中には日本の駐英・駐仏大使もふくまれていた）にこの本を送ったのである。全権団は、本を受け取り、深い関心をもって読んだという公式の感謝状を出した。ところが、会議を終わって日本へ帰ってきた代表たちは、彼らの大きな顔写真と、その下に日本全権団が『賢い両親』を深い興味をもって読んだという一ページ広告ののった新聞を見せられたのである。その時のこの外交官たちの顔を想像してみたまえ！

しかし、その夜天羽氏が語ったエピソードの中でもっとも秀逸だったのは、日本の外交官のグループが夜食をとった時の話だろう。その中の一人が、このなかでいちばんの美男子が今晩の勘定《かんじょう》を持つことにしようではないかと提案した。すると、なかでももっとも器量の悪かった男が、「これは困ったなあ、オレは財布を忘れてきた」といったというのである。

夕食も終わり、コーヒーを前にシガーをくゆらせていた時、私はその夜の最後の質問を出した。当時海外では、日本の外交政策をはじめとする政府の諸活動に、軍部が干渉しているのではないかと憶測《おくそく》されていたのだが、私はこの点について、ただしたのである。

「日本では、陸軍の意見を主として、陸海軍の上層部が外交政策を決定しようとしている。軍部はいまや超政府的存在であり、文官を無視している――こういう見方は正しいでしょうか？」と私は質問した。

天羽氏の答えは、あるところまでは率直だった。〝政府スポークスマン〟は口を開いた。

「日本の軍部が国家政策の決定において果たす役割について、ヨーロッパやアメリカには誤解があるのを私は知っています。これは主として、軍の統帥権《とうすい》と和戦《わせん》の決定権が英国のように議会にはなく、天皇の手にあるという日本の憲法を誤解していることからくるのです。日本では、陸海の参謀総長は、外交政策の決定にあたってなんら発言しませんし、ましてこれを決定するというようなことはありえない。外交政策の決定にあたって、陸海軍が協議に参加することはないわけです。もちろん、日本では陸海軍の両大臣はそれぞれの将官があたることになってはいます。軍の意見や意向は彼らを通じて閣議の席上で表明されますが、理論的にいえば、彼らは国務大臣として発言するのであって、軍の立場をとるわけではありません。陸軍と海軍が組織の力をもって、国の内外の問題について政府の決定に干渉することはありえないし、そのような権限もないわけです」

©共同通信社

巣鴨拘置所に入る天羽英二氏。1945年12月12日

日本政府のスポークスマンは、さらにつけくわえた。「日本は、外部からの不当な圧力が加えられないかぎり、太平洋地域における現在の勢力分野を変更するような行動に出ることは絶対にありません」

2

その夜、十一時十五分に東京会館の石段で天羽氏に、愉快で有益な夕べを過ごさせてくれた礼をのべると、私は足早に帝国ホテルへもどった。二月の夜は寒く、おまけに風が強く、朝には雪が降りそうな空模様だった。街頭には人っ子一人いなかった。

しかし、私が天羽氏と別れて四十五分後には、帝国陸軍は外交や国内政治に干渉しないという彼の言葉に対して、もっとも皮肉な、そして宿命的な注釈をつけくわえねばならないような事件が起こったのである。野中四郎《のなかしろう》大尉を中心とする青年将校たちに率いられた東京第一師団などの一千名あまりの部隊が、岡田《おかだ》［啓介《けいすけ》］内閣の政策に反対して、行動を起こしたのだ。彼らは兵営から出動するや、東京の中心部を占領し、彼らが〝玉座《ぎょくざ》をとりまく裏切り者〟と呼んだ元老や閣僚、政府高官、軍幹部をすべて殺そうとしたのである。反乱軍が襲撃したなかには、岡田首相、高橋《たかはし》［是清《これきよ》］蔵相、斎藤《さいとう》［実《まこと》］内府《ないふ》［内大臣］、それに陸軍の〝穏健派〟（統制派《とうせいは》をさす）として知られた渡辺《わたなべ》［錠太郎《じょうたろう》］陸軍教育総監、侍従長《じじゅうちょう》であった鈴木《すずき》

［貫太郎《かんたろう》］提督がふくまれていた。

翌二月二十六日の朝、東京の一部の市民がすでにこの劇的な事件を知っていたころに、私はまだ眠っていた。ところが、七時、私の部屋のドアが激しくたたかれ、駆け込んできた同僚が大声で叫んだ。「日本陸軍の反乱部隊が東京を占領した。閣僚の半分が殺されたゾ！」このようにして、私はみんなよりいくらか遅れて、この日本に来てからはじめての〝大〟ニュースを知ったのだ。これは、十三年前に起こった関東大震災以来、この国で起こったもっとも大きなニュースとなったのである。

二月の夜に起こったこの事件は、文民政治家と軍服をまとった〝熱烈な愛国者〟の抗争の頂点となり、終局的には、日本が海外における絶え間ない武力膨張による大戦争への破滅的な道をたどる岐路《きろ》となった。この抗争の起源は、今世紀の初頭——明治憲法下の天皇の諮問《しもん》機関である枢密院《すうみついん》における軍人の影響力の増大を阻止するため、日本ではじめて政党が組織された時にさかのぼることができるものである。

3

日本では、一九三二年（昭和七年）以前に数人の指導的な政治家が暗殺されていたが、その年まで、暗殺は孤立的な行動であり、散発的に起こっていた。しかし、満州〝事変〟が勃発すると事情は違ってきた。一九三二年二月に若い熱狂的な国家主義者のグループが、当時日本の指導的な政治家であった井上準之助《いのうえじゅんのすけ》を射殺し、同じ日に団琢磨《だんたくま》をたおしたが、これは、三カ月後に起こった五・一五事件——文官支配に対するはじめての重大な組織的挑戦を意味していた——の舞台を準備するようなものであった。

その後、一九三五年（昭和十年）八月十二日に、新たな〝愛国的〟殺人が行なわれた。軍服を着た〝熱烈な愛国者〟である相沢三郎《あいざわさぶろう》中佐が、陸軍軍務局長であり軍の〝穏健派〟として知られた永田鉄山《ながたてつざん》少将を暗殺したこの事件は、その後の歴史の発展に深い傷跡を残した。永田は、軍の枢要な地位を穏健思想をもった軍人でかためることにより、軍服をまとった過激主義者たちを抑制しようとしていた。これによって、軍と文官政府の間に何らかの形で妥協を見いだし、政策の上でも協調できると考えていたのである。

相沢は逮捕され、軍事裁判にかけられた。この軍事法廷の審理は、それほどくわしく日本の新聞には報じられなかったものの、とにかく帝国陸軍の威信を傷つけるに十分な事件だったわけである。

ところで、二・二六事件の起こる前日、一九三六年（昭和十一年）二月二十五日の午後開かれたこの相沢公判において、相沢の弁護人は、帝国陸軍の政策と方針に反対するあらゆる者を激しく攻撃する扇動的な演説を長時間にわたって行なった（相沢の特別弁護人は、相沢の同期生で当時陸大教官をしていた満井佐吉《みついさきち》中佐。当日は、皇道派の中心人物で、二・二六事件の反乱将校たちの信望あつかった真崎甚三郎《まさきじんざぶろう》大将も出廷している)。

相沢の弁護人はいった。

「金権主義者と官僚主義者たちは、農民階級の貧窮を過大な軍事予算のせいにしている。しかし、ここできわめて遺憾であるのは、軍の高官までが、彼らのこういう言い分を事実として信じ込んでいることだ!」

「国防は危機にヒンしている。もし戦争が起こることがあれば、日本はできるかぎりすみやかに勝利をつかまねばならない。わが国にとって他に道はないのだ。軍中枢部は金権主義者と結託《けつたく》しており、青年将校たちはもはや軍首脳をいささかも信頼していないと私は断言することができる」

「金権主義者が政財界を支配した結果、現状では国防計画の完遂《かんすい》は望みえない。このような事態に対し、青年将校たちは激昂《げつこう》している……にもかかわらず、金権主義者は現状の維持をはかり、私腹をこやすことにのみ熱中している。世界の風潮は、全体の福祉が個人主義によっておきかえられつつあるが、わが国はこのような風潮にはかかわりがない。わが帝国が必要とするのは、軍民の正常な協調関係を回復することである」

「三井《みつい》の頭目《とうもく》である池田成彬《いけだせいひん》は、日本に君臨する金権政府の頭目にほかならない。彼は政治と言論機関を意のままに動かし、これらを通じてあらゆる方策をろうし、ショーワ・レボリューション(昭和維新)に反対し、かつ、軍事問題にまで手をのばしている……前内府の牧《まき》野《の》［伸顕《しんけん》］伯爵とその後任者である斎藤子爵が、大がかりな金権政治に加担していることは万人が知っている……岡田内閣の使命は、青年将校たちの願望を抑圧することにあるのだ」

4

東京に駐在していた外国人特派員は、以上のような当時の情勢を背景にして、東京における軍隊の内乱――二・二六事件――を世界に報道したのである。たしかに、この一九三六年二月にいたるまで、一年以上も前から、陸軍の過激分子と民間のこれに同調する超国家主義者のグループは、西園寺《さいおんじ》［公望《きんもち》］公爵、枢密院《すうみついん》議長の一木《いちき》［喜徳郎《きとくろう》］男爵、牧野伯爵、それに岡田内閣に憎悪の目を向けていた。彼らは、西園寺たちを〝危険思想〟の持ち主と考えていたようである。

すでに北一輝《きたいっき》の『日本改造法案大綱』（大正八年）によって用意されていたダイナマイトは、相沢公判で散った火花によって点火されたということができるだろう。超国家主義者のバイブルとされていたこの『日本改造法案大綱』は、表向きは発売禁止となっていたが、謄《とう》写刷《しゃず》りになって陸軍軍人の間で広く読まれていたし、またこれら軍服の過激主義者たちの発想法を知ろうとする新聞記者たちによって研究されていた。

この本は、日本国内用に、マルキシズムとファシズムを奇妙に調合していたが、これは当時の日本陸軍の過激派の思考形成に大きな役割をはたした。ちょうど同じころ、ヒトラーの『わが闘争』が、ドイツにおいてナチ党員に多大の影響を与えていたのと同様である。

北は、国家社会主義体制をとった革命的な帝国を建設することを呼びかけたが、これを実現するために三つの段階がとられる、と彼は考えていた。第一段階は軍によるクーデターであり、第二に明治憲法が停止され、最終段階として天皇による完全な親政が行なわれるはずであった。そして、一方では永田を殺した被告が声を大にして叫んでいた。彼は、岡田内閣、天皇の顧問である元老、それに財閥たちを攻撃することによって、自分の無罪を立証しようとしていたのである。そして、軍内部の皇道派の過激な主張は、この法廷のなかだけにとどまらず、軍人の間に広く宣伝されていたのである。

5

北が革命の第一段階として主張してきた軍クーデターが現実に起こった時、結局この反乱は失敗に終わったけれど、これがこの後の軍部の権力を強大にするのに役立ったといえるだろう。とにかくこの反乱は、その後起こったあらゆる事件のカギとなった。

実際のところ、一九三六年七月には、時の陸相《りくしょう》であった寺内《てらうち》［寿一《ひさいち》］大将が、広田《ひろた》［弘毅《こうき》］内閣に対して陸軍予算の驚異的な増額（六年間に七五パーセント増）を要求し、これにつづいて海軍も同様の要求を出したが、この時、私はこういう背景を強調して、海外にニュースを送ったのである。

この高姿勢な軍事予算要求と同時に、政府の他の分野においても、国家政策に〝活力〟が吹き込まれた。このような転針《てんしん》［方針変更］は、当時著名であった日本の経済学者によって次のように説明された。「旧来の無方針な政策を排し、積極的な外交をおこし、国防の強化をはかり、国民生活を安定させることである」

議会は軍事予算案を否決する力をもっていたはずであったが、文官の軍に対する支配はすでに終わっていたのである。しかし、二・二六事件の最中には、まだ事態がこのように発展するかどうかわからなかった。一九三六年二月二十六日の未明から二十九日に最後の反乱部隊が政府軍に降伏するまでの八十二時間の間、文官の統治に対する反乱が進行している最中には、これはまだだれにもわからぬ将来のことだったのである。

当時、東京戒厳司令官に任命された香椎《かしい》［浩平《こうへい》］中将は、この事件を「日本の歴史にかつてなかった軍隊の反乱」といったが、私はこの内乱をこの目で見て海外に報道した。おそらく私は、当時の取材メモを保存している唯一の外国人記者だろう。

日本が内戦の危機に直面した四日間——これは太平洋戦争が起こるまでのこの国の歴史において、もっとも劇的な事件だったのである。

帝国陸軍東京を占領す

1

一九三六年（昭和十一年）二月二十六日の午前七時少し前に、東京にいた二人の外国人記者が一行の電報を海外に打電することができた。

「東京デ軍隊ノ反乱ガ起キタ」

この緊急電報が発せられてから数分後に検閲が実施され、海外の電話、電報のいっさいが停止された。それからの三日間、二・二六事件のドラマが展開している間、帝都とその六百三十六万三千百九十人の市民は、世界から完全に隔離《かくり》されてしまったのである。

しかし、大雪のその朝、東京にはいろいろな噂が乱れとんでいた。そういう噂の中でただ一つ確かなことは、精鋭として知られた東京第一師団のある部隊が、砲兵もまじえて、東京を占領したということである。これは信じられないことではあったが、電車かバスに乗って東京の中心街で降りれば、反乱部隊が警視庁、首相官邸、中央郵便局、電報局をはじめとする官庁建物や、参謀本部、山王《さんのう》ホテルを占領し、宮城《きゅうじょう》［皇居］をかこむ道路に鉄条網やバリケードを構築しているのを、この目で見ることができた。

反乱の理由も、反乱軍の規模もわからなかったが、ただ何人かの政府高官や軍幹部が殺されたといわれていた。私が最初に聞いた情報も、暗殺されたのは渡辺陸軍教育総監一人だけというものから、岡田首相、高橋蔵相、斎藤内府をふくむ九人だというものまで、いろいろにわかれていたのである。

集められた情報を組み立てて事実をつかもうとあせっていた外国人記者たちに、反乱についてのはじめての〝確かな〟情報が届いたのは、午前十一時である。

それによると、クーデターを行なった第一師団の青年将校たちは、部隊が一週間後に満州に移動する予定となっていたことから、その前に、〝玉座周辺から裏切り者を取り除き〟、陸軍がいだいていた侵略計画に必要な軍事費増加に反対していると思われる政治家、穏健主義者をたおそうと決意したというのだ。また、二月二十日に行なわれた衆議院選挙で、軍部と協調してきた右翼勢力が後退し、超国家主義者の攻撃の的となっていた民政党《みんせいとう》が二百五議席を獲得したこと、さらに加えて、社会大衆党《しゃかいたいしゅうとう》の議席が二倍以上に伸びたことが背景になったといわれた。

そこで私は、午前中にアメリカ人記者と二人で、帝国ホテルのハイヤーに乗って、反乱軍制圧下の市街地へ取材に出かけた。しかし、反乱部隊によって占拠された政府建物へ通じる道路は、すべて機関銃座を中心とする厳重な警戒線によって遮断《しゃだん》されており、自動車を止めることさえ許されなかった。

それでも私たちは、どうやら麻布《あざぶ》にある連隊兵舎まで行きつくことができ、そこで車を止めた。私たちは車から降りると、営門《えいもん》のところで銃剣をかまえている兵士に、クーデターの指揮者といわれていた野中四郎大尉にインタビューしたいと申し入れた。すると、番兵が二、三名とび出してきて、たいへん礼儀正しい態度ではあったが、私たちを有無をいわさず車のところまで押しかえした。私たちを車に押し込むと、一人が運転手に何か大声で怒鳴《どな》った。私は、東京のタクシー運転手がこれほど素早くクラッチを入れて発車させたのを見たことがない！

正午。新しいニュースがはいった。反乱軍の代表が同盟通信社《どうめいつうしんしゃ》〔一九三六年に発足するが、一九四五年に解散し、共同通信社と時事通信社とに分割された〕を訪れ、自分たちの行動を正当化する布告文《ふこくぶん》を手渡したのだ。

反徒たちは文中で自らを「熱烈な愛国者」であり、「天皇の道の戦士」と呼んでいた。布告文は、「全世界に天皇の輝かしい統治を広める」という使命と「日本の光栄ある未来」を強調し、また彼らが「邪悪な進言によって日本を危険なまでに弱体化させた者らをたおさぬうちは、愛する祖国をあとに満州に赴任することはできない」と述べていた。また布告文には次のような説明もあった。「われわれが財界人を助命したのは、来たるべき対ソ戦争にあたって、軍費を調達するのに彼らが必要だからである」「警告は以前にも発せられたが（彼らはそれまでに行なわれた政治家などの暗殺事件をさしていた)、無視されてきた。わが国が直面している危機に、国家を目覚めさせることが、われわれの義務となったのである」

2

だれが殺され、だれが無事であるのか矛盾した情報があいついではいってきたが、この国の二人の傑出した政治家である高橋蔵相と斎藤内府が殺されたのは、どうやらほぼ確実であると考えられた。また、斎藤子爵夫人が、七十五歳になる夫をかばおうとして負傷したとも伝えられた。

反乱軍が、真夜中、暗殺の行なわれる約五時間前に市の中心部に散開し、ただちに警視庁から各警察署に通じる電話線を切断したことは明らかだった。暗殺目標者に危険を知らせることができないようにしたのである。それでも、首相官邸では、反乱部隊は二十名からなる警官隊に激しく応戦され、うち十九名の警官が殺されたと伝えられた。ただこの間に、岡田首相は(当時、日本ではだれも知らなかったことだが)身をかくすことに成功し、三日後に傷一つ負わずに姿を現わすことができたのである。

午後になって、私はもう一度、レボリューションの様子を見るために市の中心部へ出かけることにした。東京株式取引所は閉鎖され、あらゆる商業活動は止まっていた。新聞社さえ、社員を帰宅させるよう勧告されていたが、東京の街頭には反乱を見物しようという東京市民がたくさん姿を見せていた。なかには妻子をつれている者さえいたのである。彼らは雪におおわれた街路に、長い、整然とした列をつくり、無表情に反乱軍とバリケードをながめながら歩いていく。そして、反乱軍兵士がこの列の交通整理にあたっていた。群衆はこうやって〝革命〟を見物すると、市電やバスに乗って家へ帰っていったのである。あとには、雪と反徒と、無言の感慨が残されていた。

夕方になっても、雪は反乱軍と政府軍のうえに公平に降りつづいた。そして、私は、皇居のそばの路上で、今世紀における歴史的な光景を目撃することができたのである。

私の背後には、反乱軍の兵士たちがいた。彼らは皇居へ接近しようとする者をはばむように、機関銃を配置したバリケードに沿って、銃剣を日本風にわきにはさんで立っていた。反乱軍将兵は二百名はいた。そのうえ、近くにはもっと多くの反乱軍が待機しているともいわれていた。そのなかには砲兵もいる、という者さえあった。数台の機関銃のわきには弾薬箱が積みあげられ、もしこれが火をふけば、街路がたちまち大殺戮《さつりく》の場にかわることは明らかだった。完全武装した反乱軍は、東京の心臓部に布陣していたのである。

私がこの情景をみつめ、反乱軍将兵が私をながめているうちに、東京駅の方角から、行進する軍靴《ぐんか》の音が聞こえはじめた。やがて、部隊の先頭が見えた。軍帽と外套《がいとう》に雪を散らして行進する兵士の列は、巨大な波のように次々と姿を現わした。機関銃をになった兵がいる。

弾薬箱を運ぶ者がいる。これは、反乱軍を〝鎮圧〟するために香椎中将によって召集された地方都市軍団数万名の第一陣が到着したところだったのだ。

政府軍の第一陣が反乱軍の陣地と向かいあった瞬間は、周囲のあらゆるものが白熱し、世界が歩みをとめたように感じられた。私は息を飲み、いつ激しい戦闘が起こるかと待った。両軍を隔《へだ》てるものは、道路一つしかなかった。もし、どちらかで一発の銃声が響けば、六百万人の住むこの大都会の中心部は、たちまち地獄絵と化していただろう。他のいかなる国でも、〝政府軍〟の進撃は、途方もない悲劇を招くはずだった。

3

わずかな外国人しかこの光景を目撃していなかったが（外交官たちは、大使館からの外出を禁じられていた）、彼らは香椎が冒《おか》している法外な危険を考えて、身震《みぶる》いした。しかし、外国人がおののく必要はなかったのだ。香椎中将は日本人をよく知っていたし、とくに陸軍をよく理解していた。彼は、反徒がすでに〝玉座を囲む裏切り者と金権主義者〟の多くを暗殺してしまったうえは、ただ彼ら自身が引き起こした大混乱から、抜け出す道を捜しているのだということをよく承知していたのである。それに、なによりも、帝国陸軍における戦友愛は、すばらしいものであった。

両軍の兵士は、同じような農村の出身者たちであり、彼らはすべて、同じ国民精神を教えられていた。さらに、彼らはある者によって〝優雅に死ぬ方法〟と呼ばれた〝ブシドウ〟を知っており、信条としていたのだろう。

私は目をこらして、東京の心臓部を占領したカーキ色の制服を着た戦士たちを見つめていた。彼らは急ごしらえのバリケードの背後で、小銃をわきにはさみ、静かに、身動きもせずに立って、〝敵〟が配置につくのを見まもっている。政府軍は、彼らの面前を近代戦争の武器に身を固めて、指定された位置に向かって行進していた。もし必要とあれば、反乱軍を武力で鎮圧できるよう戦闘態勢をととのえていたのである。

ところが、政府軍将兵の行進が、ところどころで止まると、奇妙なことが起こった。隊列は二、三の箇所で、反乱軍将兵と話せるほど接近していたが、タバコを交換する兵士が見られ、やがて、私のすぐわきで、両軍の五、六名の兵士が一メートルほど離れて、会話を始めたのだ。私は、兵士たちの顔を見た。彼らはまったく表情を変えていなかった。反乱軍将兵にとっても、政府軍将兵にとっても、この日が少しも変わった日ではないかのようだった。何か事件が起こっていると考えるほうが無理な雰囲気なのだ。銃座に据《す》えられた機関銃も、雪の上におかれた機関銃も街路に死をまき散らすことができたが、銃口は反徒を威嚇《いかく》しないように注意深く、あらぬ方向に向けられていた。

この光景は、何か観兵式《かんぺいしき》の後のようにも思えて、非現実的であった。これは反徒がすでに疲れきっていたことを意味していたか？　それとも、反乱がもはや挫折《ざせつ》したことを彼らが知っていたのだろうか？　しかし、正しい説明はおそらく、なによりも、帝国陸軍の確固たる規律に求められたのだろう。

二十六日の夜遅く、陸、海、内務の三省が、この日初めてこの驚倒《きょうとう》すべき事変について発表を行なった。

陸軍省の発表は、暗殺された犠牲者の名をあげた後に、次のように述べていた。「これら（反乱軍）将校は、その趣意書によれば内外の情勢が危急の際、元老、重臣、財閥、軍閥、官僚、政党等の国体《こくたい》破壊の元凶《げんきょう》を排除することによって大義を正し国体を擁護開顕《ようごかいけん》することを目的としている。東京部隊はこの事態に応じて適切な処置をとりつつある」

海軍省発表。「第一艦隊、第二艦隊は、各東京湾および大阪湾警備のため回航《かいこう》を命ぜられ、二十七日入港の予定。横須賀《よこすか》警備戦隊は東京港警備を命ぜられ、二十六日午後芝浦《しばうら》に到着した」

しかし、内務省の短い発表は、歴史に残るべきものであった。

「帝都と全国において平安と秩序が維持されており、人心は惑《まど》わされることなく平静を保っている」

4

二十七日午前三時三十分に戒厳令がしかれ、非常事態にあたって香椎中将が東京戒厳司令官に任命されたというニュースが伝えられた。この間に、文官の閣僚と反乱軍指揮官の間で、交渉が進められているという情報がはいった。反徒は、政府が次の条件をのめば、兵舎に帰還してもよいと提案した、といわれた。一、国体の明確化。二、国民生活の保障。三、国防の強化。四、処罰を行なわないこと、である。

この交渉は、政府が反乱軍の下士官以下の兵に対しては大赦《たいしゃ》を約束したが、反乱指導者の降伏と逮捕を固執《こしつ》したので、失敗した。そして、この日遅く、反乱軍は占領していた官庁建物のいくつかを放棄して撤退をはじめ、首相官邸、参謀本部、山王ホテルに集結して、降伏するつもりのないことを示していたのである。

二十八日。反乱が三日目にはいると、政府軍はバリケードを強化し、市中心部を完全に孤立させた。市電は、多くの路線で運行を停止した。夜明けまでに政府軍の戦車が攻撃位置についていた。政府軍は帝国ホテルを占領し、ロビーのジュウタンの上には、点々と機関銃がすえつけられた。宿泊客は、戦闘が始まることを通知され、避難するか、ホテルにとどまるかを選ぶように指示された。私を含めて、十一名の外国人記者はホテルに残留するほうを選んだので、外出できなくなってしまった。

反乱は、あくる二十九日、戦車が反乱軍拠点に対する攻撃を開始する時刻のわずか数時間前に終わった。攻撃の火ぶたが切られていれば、日本の首都は血の海と化していたことだろう。

この日の正午になると、すべては終わっていた。東京戒厳司令官から次の声明が発せられた。

「日本陸軍の歴史に未曾有の反乱は、一発の銃弾を発することなく、本日、鎮定《ちんてい》された。真夜中から午前九時二十分までに約四百名の反乱兵士が降伏した。他の兵士もこれにならい、午前十時四十分までには下士官も含む全員が降伏し、反乱は完全に鎮定された」

5

日本の文官の閣僚と陸軍指導層は、深い忍耐力と称賛されるべき勇気をもって、一歩誤れば重大な結果を招いた情勢を処理したが、一方、反徒も秩序正しく行動した。反乱軍指導者のうち二人が自殺したが、残った二十一人が降伏し、逮捕され、投獄された。反乱に参加した千名以上の将兵は、取り調べを受けるために、拘禁された。

しかし、帝国陸軍による未曾有の反乱は鎮圧されたが、以後、政府の進路に大きな影響を与えた。ある日本の高官の言葉をかりよう。
「青年による革命運動は、一九三四年（昭和九年）十一月に起こったいわゆる士官学校事件に発し、相沢中佐事件を経て、二・二六事件にいたるまで、一貫した流れをもっている。しかし、事件が起こるたびに、もたらされた結果をみれば、参加者の意志にかかわらず、かならず軍上層部の政治権力を増大させたのである。二・二六は、同時に、数年来ヒン発していた〝小さな革命〟に終止符を打つのに役立った。これを契機として、青年将校と民間の極右グループによる下から突き上げようとするファシスト運動は、光彩を失った。そして、軍部が勢力を拡張するとともに、統制派が皇道派を粉砕《ふんさい》し、主導権を握った。この後、陸軍指導部は、軍の政治的要求を貫徹するために、革命的ファシズムを威嚇の道具として利用したのである」

二月軍事反乱で暗殺された犠牲者も、反乱を指揮して失敗しコメカミに拳銃《けんじゅう》をあてて自決した野中四郎大尉も、同じように墓のなかに屍《しかばね》を横たえていたが、野中の魂は、立ち上がって行進を続けたのであった。

がんばれ！　芸者ストライキ

1

ゲイシャという職業は、日本固有のものであるとともに、サクラ、フジサンと並ぶ日本の三大レッテルの一つとして世界のすみずみまで知られていた。

それだから私は、日本に着くとすぐにこの誉《ほま》れ高い職業について研究することにしたのである。私はこの調査を、もちろん、新橋《しんばし》からはじめることにした。当時、全国では八万人のゲイシャがいたが、新橋には、えり抜きのゲイシャ八百人が集まり、客人をもてなしていたからである。

それから九年後、一九四五年（昭和二十年）に太平洋戦争が終わって東京に帰ってきた私は、戦前八十五軒あった新橋のゲイシャ・レストランが十五軒になり、八百人の〝エリート〟ゲイシャが百五十人に減っているのを発見した。新橋ゲイシャ街の七五パーセントが爆撃で焼けてしまったのである。それでも、踏みとどまっていた者たちにとって、つめかけてくる客で商売はすばらしく景気がよかった。彼女たちは、一日、平均して百五十ドル、五千円かせいでいたのである。これは、あの暗い時代においては、すばらしくよい収入だった。

しかし、一面では、彼女たちの生活は黒い影におおわれていた。というのは、一九四六年（昭和二十一年）、占領下の日本では、〝ゲイシャ〟という言葉がきらわれ、〝民主化〟の掛け声のもとに、すべてのゲイシャをゲイシャ・ハウスの経営者との契約から解放しようという論議がさかんで、これが〝シンバシ〟の人たちのもっとも大きな心配の種となっていたのである。そして、新橋ゲイシャの協会――戦前には彼女たちの生活と行動を支配し監督していた――には、心配で顔色の青ざめた男女が集まっていた（もっとも、終戦直後には、他にも困難な状況はあった。私は、協会の会長であった六十八歳になる〝キクムラ〟のマダムが病気になり、米食を禁じられたとき、当時日本では手にはいらなかったパンを、毎日届けてやったことを覚えている。彼女は最古参のゲイシャ・ハウスの経営者であった）。

しかし、これはすべて戦後になってからのことである。私は、一九三六年（昭和十一年）に話をもどさなければならない。

一九三〇年代に新橋でもっとも有名で売れっ子であった芸者のなかに、ミス・Y・Kがいた。彼女は職業名をキハルといったが、戦前の東京で英語を自由に話せたただ一人の芸者で、外務省が来日する外人のために開く宴会には、かならずといってよいほど顔を見せていた。私がキハルと知り合ったのも、こういう席上であったが、私はそのうちに、彼女の母親や祖母とも親しくするようになった。

キハルは、北海道で裕福な医者の娘に生まれたが、子どものころから舞踊とサミセン〔三味線〕を習わされていた。ところが、彼女が学校を終えるとすぐに父親が死んだので、才能をもって生活をたてる決意をしたのである。そして彼女は、英語の力にたすけられて、急速に売れっ子ゲイシャとしての地位を獲得したわけである。

キハルの毎日の仕事は、午後五時半ごろはじまって真夜中に終わった。彼女は一年三百六十五日の間、日が落ちると、外交官、財界人、作家、政治家、外国人特派員をもてなすことに、才能をかたむけていたのである。それで、彼女の労働は、新年や祭りの季節などには非常に忙しく、たいへんだった（東京のむし暑い真夏の夕方に、キモノとオビを着て一時間も踊ってみたまえ。どういう気分がするかわかるだろう！）。しかし、そういうことを除けば、ふだんの日について、彼女は「おもしろいわ」といって働いていた。

私は、一九三七年（昭和十二年）にキハルの収支簿を見せてもらったことがある。そこには、次のような数字がならんでいた。まず、この歌と踊りのエキスパートが、一時間の労働に対して客に請求した金額は、新橋のなかでは五円だった。客はこれに加えてお茶屋の部屋代として三円、係りの女中に二円、国家へ遊興税一円を支払わなければならなかった。したがって、新橋でキハルを一時間よべば、食事や飲み物代を別に十一円、当時の交換レートで約三ドルかかったのである。

新橋では一時間の料金は五円であったが、彼女を新橋の外へ連れ出すと、これが倍になった。キハルはこの収入を合わせて、一カ月に約五百円をかせいでいたのである。しかし、ゲイシャという職業は、仕事のための支出がまた相当なものであり、彼女の収入と支出の比率は、ハリウッド女優よりも高いことを私は発見した。

彼女は、まずこの五百円から、彼女が契約していたゲイシャ・ハウスに二〇パーセントを納めなければならなかった。契約料やそこの女中への支払いなどがこれにふくまれているのである。キハルは残りの四百円のなかから、二百円を服装——キモノ、オビやその付属品——と美容院や化粧品に使った。

当時、地上でもっとも偉い人々を接待した一流ゲイシャは、贅沢《ぜいたく》をきわめたキモノを、数多く持っていなければならなかったのである。キハルも、それまでに、自分の衣裳に五千円を投資しているというのだ。

それでもキハルは、休みの時には洋服を着て、西洋式の髪をしていた。彼女はゲイシャ・スタイルのかつらを持っていたのである。このおかげで、彼女は髪床屋《かみどこや》にかよわなければならなかった同輩にくらべて、毎日、一円を節約することができた。こうして、必要経費をひいたキハルの月収は、だいたい二百円となっていた。一般の賃金の低かった当時では、政府高官の収入もこのぐらいだったから、彼女は日本の高給所得層の一人といえたのである。

とにかく、ゲイシャは外国人がいつも興味をそそられる主題であり、私も当時、ゲイシャについて多くの記事を書いた。そんなわけで、日本の何千年の歴史上未曾有の事件——大阪ゲイシャ・ストライキのニュースが飛び込んできた時には、私はすでに彼女らについてかなり勉強していたといえた。この事件は、数週間にわたって、全世界の新聞のヘッドラインを飾ることになるのである。

2

この大事件の第一報がはいった時には、長いゲイシャの歴史に新しい章を書き加えることになろうとはだれも考えなかった。

「大阪市の南地《なんち》歓楽街で、ゲイシャ約八十名が、さいきん結成されたゲイシャ組合への加入をめぐってゲイシャ・ハウスの経営者と意見が対立し、仕事につくのを拒否している」——一九三七年（昭和十二年）二月二十六日付の日本の通信社の報道は、単にこう述べていた。

しかし、現地で調査を行なうと、この〝争議〟が日本最初の本格的な婦人ストライキであり、しかも、大阪の美女たちが自分たちの人権のためにきわめて独創的な方法で戦っていることがわかった。第一に、彼女らは冷静に考えた結果、人間がひしめきあう大産業都市大阪をはなれて、これをはるか下界に見おろす山峰の寺院に闘争本部をおいたのである。

「大阪のゲイシャ約八十名は、経営者が彼女たちの組合を結成する権利を認めなかったことから、自分たちは搾取《さくしゆ》されていると宣言し、日本歴史上はじめて、仰天《ぎようてん》すべきストライキに突入した」。〝大争議〟の海外への第一報はこういう書き出しではじまった。これを書いた米国人記者は、私と同じく帝国ホテルに住んでいたのだが、当時の彼の記事をもう少しつづけよう。

「ストライキ参加者は、大阪の歓楽街を一団となって徒歩で出発し、市外へ出ると、けわしい山道を行進して信貴山《しぎさん》をのぼり、玉蔵院《ぎょくぞういん》へはいった。僧侶たちは、この勇敢なストライキ参加者たちを迎え、五世紀の間俗界から忘れられ眠っていた山頂の寺院の聖域で彼女たちを保護することにしたのである。ここでストライキ参加者は宣言を発し、団結権を認めること、彼女たちが自分で選んだゼントルマンの友人と交際するのを許すこと、という二点からなる要求をかかげ、これが入れられるまでは死んでもたたかうと述べている。彼女たちは、静けさが満ちた寺院に着くと、まず僧侶たちに闘争の前途に仏陀《ぶつだ》の祝福があたえられるように頼み、声を合わせて勝利のための経文を唱《とな》えた」

　ゲイシャたちは、ストライキに突入すると、自分たちが真剣であることを新聞や世間に示そうとした。古い寺院の屋根の下でストライキの第一夜があけると、昨日までは彼女たちにとって真夜中も同様だった七時半に全員が起床した。そしてまず、財務担当者一人と、広報班、団交委員会を選挙によって指名した。これが終わると、全員の賛同をえて、毎日の日課表がつくられた。それによると、午前九時、朝食。十一時、ストライキ情勢分析のための総会。正午、祈禱《きとう》。一時、昼食。午後の二時間は、それぞれのトクイ客に手紙を書き、ストライキの支持を訴え、正当な要求が受け入れられるまでは大阪の歓楽街をボイコットするよう懇願《こんがん》することが決められていた。そして八時の夕食がすむと、全員が床について、数年来失われていた正常な睡眠を取り返すというのである。

世間の同情がゲイシャたちに集まっていることは、彼女たちに寄せられた支援金がよく物語っていた。ストライキ初期の日本の新聞報道によれば、闘争の費用は一日千円と推定され、これが支持者の献金によってまかなわれていたのである。また寺の若い僧侶たちも、一生懸命に彼女らの宣伝にあたった。

ほどなくして、日本にいた外国人記者たちは、本国の編集局長から「モット　ゲイシャストライキ　オクレ」という電報を受け取るようになった。

このころまでには、大方の予想に反して、この大日本帝国の歴史のうえで劇的な事件が、簡単には終わらないことが明らかとなっていたのである。ゲイシャ・ハウスの経営者にとって、見通しは暗澹《あんたん》たるものだった。時計の針が一時間を刻むごとに、大阪ゲイシャが職場を放棄して山にのぼり、玉蔵院の同僚たちに加わったのである。しかも、こういう職場放棄が波及すると、やがては日没後の歓楽が完全になくなるおそれもあり、これは憩《いこ》いを求めるビジネスマンにとっても、たいへんな脅威であった。

ストライキが二日目にはいると、八十名のスト参加者は三百名にふくれあがり、さらにその数がふえることを予想させた。それにこの美女の一斉《いっせい》職場放棄に対して、顧客たちはきそって精神的、物資的支持を与えていた。多くの顧客が山をのぼり、食糧《しょくりょう》、サケ、寝具をはじめとする贈り物をとどけて彼女たちを激励したのである。

ニューヨーク、ロンドン、モスクワなどの世界の大都市には、次のような新聞電報が打たれていた。「寺までやってきた顧客のなかには、スト決行中のゲイシャに職場にもどるよう説得する者もいたが、ほとんどの者は、彼女たちが完全な勝利を獲得するまで頑張《がんば》るよう、励ましている」

ストは四日目を迎えたが、この間、玉蔵院の僧侶たちと警察の間で調停案が合議された。警察は、交渉の結果が出るまで彼女たちが職場に復帰することを主張したが、勝利を得るまでは寺にたてこもると申し合わせていた闘争委員会はこれを拒否し、会談は失敗した。スト・ゲイシャたちは寺の生活を楽しんでいたし、それに、彼女たちが長い間サボっていた仏に対する祈禱の埋め合わせをやっていたのである。

3

五日目に、私たち外国人記者団が打った電報は、大阪のビジネスマンに深刻な打撃が加えられていることを示していた。

「聖なる仏像へ経文を唱えながら、三百名の大阪ゲイシャはストライキ五日目を迎えたが、彼女たちは権利を守るために死ぬまで戦うと誓っている。しかし、彼女たちは、飢えてはいない。女性の場所が家庭のほかにないとされているこの国で、これらの女性先駆者の示している勇気そのものが、全国のフェミニストによって勝利としてたたえられている。雇用者たちは、この前例のない事態を前にして、まったくどうしてよいのかわからない、と告白している……絶対に妥協はしないというゲイシャの叫び声は、大阪の明るい歓楽街の灯を消しつつあり、これを寂しい街に変えてしまった」

三百人のスト・ゲイシャに対する寺院の教育は、あきらかに効を奏《そう》しつつあった。六日目の夜明けには、全員が勢ぞろいして行進し、近くの森の中にある井戸のまわりに集まった。ここで彼女たちはいっせいに着物を脱ぎすて、一糸まとわぬハダカになると、声高らかに勝利のための経文を合唱しつつ、凍った水をくんで頭からかぶったのである。この〝ミズゴリ〟と呼ばれる身を清める儀式は、当時多くの信心深い日本人によって行なわれていたが、ゲイシャによるものはまれであった。

しかし、このなかにミヤモト・フクコという二十一歳になるゲイシャがおり、体が弱くてこの聖なる行水《ぎょうずい》に耐えられないことを悲観したあげく、その日の午後山を下り、大阪市内で毒を飲んで自殺してしまった。彼女は子どものころゲイシャとして売られ、こうして死ぬまでこの職業を続けていたのであった。

ミヤモトの死が報道されると、日本全国八万人のゲイシャは、彼女を英雄としてたたえ、全国合同の葬儀を行なうよう要求した。結局この要求は入れられず、葬儀は大阪で二千人の大阪ゲイシャが参列して行なわれ、「貞淑《ていしゅく》と謙譲《けんじょう》をもってつらぬいた生涯により、日本婦道の輝かしい伝統を昂揚《こうよう》した」女性の冥福《めいふく》が祈られたのである。

争議が八日目にはいると、大阪の警察は、職権をもってこれを調停することを決意した。すでに、僧侶による調停の試みは失敗していたからである。富田《とみた》警察部長が両者を喚問した。ここで、疲れはてた三十人の経営者と、勝利に顔を輝かせたゲイシャたちが長い机を囲んで、数時間、議論をたたかわせたのである。

その結果、ゲイシャは要求を貫徹してしまった。これは、争議の解決にあたって行なわれた警察の発表文の不朽《ふきゅう》の一節を借りれば、「両者はホコを大地に埋め、共存共栄のために努力することに合意した」のである。このようにして、一九三七年（昭和十二年）に、ニッポンのゲイシャは、彼女たちがもはや〝安いニッポン製品〟ではないことを同胞と世界に示したのである。

日本の男性たちは、新聞でこのニュースを読んで目をこすり、はたして日本が、ふたたび争議前の状態にかえれるであろうかと、溜息《ためいき》をついた。しかし、日本の女性たちは、この大阪のゲイシャたちの行為が、それまでの婦人運動家のやってきたことを合わせたよりも、女権の拡張に成功したといって歓呼《かんこ》したのである。

大阪の戦いの真実の英雄は、大阪のあるゲイシャ・ハウスの女主人をしていた安藤《あんどう》とみであった。中年のとみが、この労働組合の組織者だったのである。彼女は不動の意志とすぐれた着想の持ち主であった。以前、とみは下関《しものせき》でやはりゲイシャ組合を組織しようとして失敗したことがあったが、屈しなかった。大阪が彼女の勝利の地となったのである。

九日間続いたストが終わった日に、とみはわれわれ外国人記者団と会見した。彼女はうれしさで上気していた。

「私は前に負けましたよ。でも今度は夢を実現しました。とうとう私たちは口入《くちい》れ屋の横暴から解放され、正当な労働条件のもとに働けるのです」

スト以前の大阪ゲイシャの平均収入は、月百五十円であったが、このうち、半分が雇用者のフトコロにはいり、さらにかなりの部分が、口入れ屋にもっていかれた。この支出のほかに、着物代、髪結い代、化粧代などが加わった。このうえ、彼女らがゲイシャになった時、両親に渡された金額を毎月分割して返さなければならなかったのである。この結果、歓楽街の女性たちは、毎月、ゲイシャ・ハウスの経営者に約四十円ずつ借金がふえていく仕組みになっていたのだ。一生懸命に働くほど、借金が大きくなっていったのである。

大阪ゲイシャたちは、彼女たちが作った組合との話し合いはしないと経営者たちがニべもなくはねつけるようなことをしなかったら、反乱を起こすことなどユメにも思わなかっただろう。

「私はゲイシャにしかなれないことを知っています」ストライキに参加したあるゲイシャが

話してくれた。「だからといって、私が幸福になれぬわけはないでしょう。私たちはみんな、店先で買える品物のようにあつかわれるのがイヤになったんです。私たちは人間です。人権を持っています」

大阪の警察部長も、あきらかに彼女たちの意見に賛成し、この偉大な女権獲得の戦いに終止符を打たせた。これは、同時に、極東から世界中を沸かせたもっとも大きなニュースの一つだったのである。

素晴らしき新生国家

1

一九三〇年代の東アジアにおいて、もっとも興味深く、それでいて欧米人にもっとも知られていなかった国は、素晴らしい新生国家である満州国であった。一九三一年（昭和六年）の〝満州事変〟後、関東軍《かんとうぐん》によって中国東北の三省《さんしょう》［黒竜江《こくりゅうこう》省、吉林《きつりん》省、奉天《ほうてん》省］をけずりとってつくられたこの国は、康徳帝《こうとくてい》［溥儀《ふぎ》］の統治下にあったが、政府のあらゆる部課は数千人の日本人〝顧問〟によって監督され、アジア大陸における現代版のニッポンにつくり変えられようとしていた。しかし、当時実際にこの国を訪問した欧米人の数はごく少なかったのである。米国や英国をはじめとする世界のほとんどの国が、満州国を承認することを拒《こば》んでいたからだ。

中国の万里の長城から、ソビエトの東部国境までの間に横たわっていた満州国は、一九三二年（昭和七年）にミスター溥儀こと後の康徳帝が執政《しっせい》に就任した時に誕生し、つづいて一九三四年（昭和九年）、彼が十万人の日本兵に守られ、シカゴ製の防弾装置のついたリムジンに乗って皇帝即位式に現われた時に、満州帝国へと変身したのである。この国には、公式的には〝満州国人〟と呼ばれる三千万人の人間が住んでいたが、世界は当時このような呼び方を認めず、彼らが中国人であるといいはっていた。

そしてこういう状態は、満州の日本官憲にとって、いささか困惑のタネをまくことになっていたのである。一九三六年（昭和十一年）に満州の主要都市で人口調査が行なわれたが、新しい首都となっていた新京の政府哈爾濱《ハルビン》から提出された調査報告書は、満州国人、日本人、白系ロシア人などの人口をしるしたのちに、七人の中国人がいることを述べていたのである！

この話をしてくれた新京の日本大使館のある館員は、私にこう語った。「この日、満州全体がガクゼンとしたように感じられました。日本が六年近くこの国を支配してきたというのに、どうして七人がまだ中国人であるか、というわけです」

ただちに哈爾濱の警察署長に電話がかけられ、説明がもとめられた。すると、中国銀行支店がまだ営業をつづけており、上海から派遣された七人の支店幹部員が働いているが、契約期間がすぎれば中国へ帰るので、ぜったいに満州国人ではないと主張しているというのだ。満州帝国がどう思おうと、自分たちは中国人であると断固として宣言する気高い七人を前にして、調査係官はついにカブトを脱ぎ、この結果、この年の公式調査は、満州国に七人の中国人がいるということになってしまったのである。

私が満州国を訪問した当時、新生国家の防衛にあたる日本軍が直面していたもっとも大きな問題は、この国から〝匪賊《ひぞく》〟を一掃《いっそう》することであった。匪賊は、もっと正確にいえば、満州にやってくる日本人に、みじめな思いをさせてやろうとしていた中国人ゲリラ部隊ということであったが、この匪賊討伐《とうばつ》という仕事はなかなか簡単にはいかず、なかには、日本官憲も苦笑せざるをえないようなお笑いぐさに終わる場合も多かったのである。

私は哈爾濱に着くと、さっそく、匪賊討伐隊の部隊長に会って話を聞いた。彼の部隊は、ちょうど、凍りついた北部地域において、二カ月にわたる〝作戦〟を終えて帰ってきたところであった。何も知らない私が、無邪気《むじゃき》に、匪賊に出会ったかと尋ねると、その部隊長はわれるような笑い声をあげた。ある夕方討伐隊が小さな部落に着くと、四十人ばかりの満州国軍部隊が、やはり匪賊討伐の途中露営《ろえい》しているところだったという。

「われわれは、二時間ばかり愉快に話し合いましたよ。それから、二軒の農家に分かれて宿泊しました。ところが、夜明けにわれわれが起床してみると、ヤツらはもう出発してしまっているんです。それから調べてみると、なんとヤツらは、われわれが二週間も氷の中を行進して捜していた匪賊だったんです。ヤツらは、わざと満州国軍の制服に似た服装をしていたにちがいありません。それから数日間、その部落の周辺を捜しましたが、二度と連中を発見できませんでした」

苛酷《かこく》な気候のもとに、困難な討伐を行なっていた日本兵にとって、匪賊とタバコを交換したあげく、同じ部落に並んで寝たというのは、たしかにすばらしい笑い話にちがいなかった。

しかし、ここで私が注目したのは、満州にいた若い日本の官僚や将校たちが、このようなユーモアの感覚を十分に持ち合わせていたということである。笑いをうかべながら困難な仕事に当たっていたこれらの若者たちは、当時欧米の新聞に描かれていた、いかめしい顔の帝国建設者たちとはまったくちがっていた。

私は、何度も満州を訪れたが、一年の半分近くは華氏零下二十五度という気候に加えて、これほど非友好的な土地で帝国を建設していた日本人が、人間性にあふれていることに、深く感動した。これは、当時の関東軍司令官であり、日本大使であり、満州国の真の支配者であった植田謙吉《うえだけんきち》大将から、関東軍の第一線兵士、下級官僚、日本人移民にいたるまで、すべての日本人についていえたことなのである。しかも、彼らは正直であったので、自分たちが現地の民衆に愛されていないことを、率直に認めていた。そして、このような不信感は、新生国家の基盤が固まるにつれて消滅すると主張していたのである。私は、自分の実際の見聞から、彼らが正しい、と結論した。

匪賊は、満州国が誕生するずっと以前から、満州においては一つの生業《なりわい》となっていた。〝赤い槍《やり》〟（紅槍会《こうそうかい》は中国農民の自衛武装団）をはじめとする無法者の組織は、有名であった、というよりは悪名をとどろかせていた。父親たちは、自分の息子が〝仕事を習い〟匪賊の大物になるよう金を払ってまで匪賊の首領に奉公に出したし、旅行者は身を守るためにこれらのギャングに〝保護金〟を支払ったのである。

しかし、満州が満州国に生まれ変わると〝匪賊〟の意味が変わった。一九三二年（昭和七年）からこの言葉は、貧しさから追いはぎをはたらく農民やいわゆる土賊のほかに、征服者に対してゲリラ活動を行なう〝中国義勇兵〟や反日分子をふくむようになっていたのである。

現地民の匪賊に対する態度は、一九三五年（昭和十年）に新京で発表された政府報告書に、よく説明されている。これによると、「満州国の民衆は匪賊に対してきわめて寛大な態度をとっており、多くの者の考え方は、さして匪賊のそれと変わらない」という。さらに、この報告書は、大きな匪賊団のなかには武器工場を持っているものもあり、多くの面においても自給自足している、と述べていた。

2

一九三七年（昭和十二年）四月に、関東軍は、満州北部から匪賊が一掃される日が迫っていると発表した。この発表は同時に、そのころ勇名をとどろかせていた蓮沼《はすぬま》討伐隊が二年間に匪賊と七百六十五回にわたって交戦し、捕《とら》われていた四百十七人の人質を救出したと述べて、同部隊の戦果をあげていた。その他、この蓮沼部隊は二千二百三十七人の匪賊を捕え、三千五百十四人を殺し、三百六十二人を帰順《きじゅん》させることに成功しており、捕獲した兵器も弾薬六万五千発、小銃二千四十六丁、拳銃千百十八丁にのぼっていた。

しかし、日本軍の圧迫が強まるにつれ、匪賊も戦法を変えたのである。一九三〇年代中期になると、匪賊はもはや数百名単位では行動せず、満州国軍に似た服装をしたり、農民をよそおい、妻子を連れたりして、少数で出没した。一九三六年（昭和十一年）までには満州国の五分の四からほとんど匪賊が駆逐《くちく》され、治安が確立されたといえた。しかし残りの五分の一にあたる北部地帯にはけわしい山が連なり、討伐にはなお相当の年月がかかるものと予想されていたのである。

これはきわめて大きな成功といえた。しかし、日本にとってすべてが思うように進んではいなかったことは、日満《にちまん》両軍の戦死傷者数が物語っていた。私が陸軍省からもらってきた統計によれば、一九三一年（昭和六年）七月から一九三六年七月までの五年間に、戦死者は四千五百四十人に達し、戦傷、戦病者は十九万六千六十五人にのぼっていた。しかも、これを年ごとに分けると、〝匪賊〟と気候による人的資源の消耗は、毎年増加する傾向にあったのである。

〝戦傷、戦病者〟数（日本の陸軍省は二つをいっしょにしていた）は、一九三二年に三万一千七百三十八人であったが、三三年には、四万二千百四十九人、三四年に三万九千八百七十四人、三五年に五万四千八百七十四人となり、三六年にはいると、六カ月間で二万四千六百六十七人という数字になっていたのだ。

一九三七年が明けても、この辺境の地における〝戦争〟は、なお双方から多くの人命を奪っていた。この年に私は、日本軍が戦死者の遺骨を持って新京の街頭を行進していくのに出会ったことがある。まず、人々に掲げられた数多くの日章旗が通り過ぎていった。次に、将校に引率された五、六十名の日本兵が、白い布でおおわれた正方形の木箱を胸につり、歩調をとって行進してきた。木箱には、満州のけわしい北部山岳地帯で生命を失った日本兵の遺骨がはいっていた。名誉ある埋葬のために、祖国へ帰ってゆくところだったのである。これは、帝国建設者が支払う代価だった。アジアでも、世界のどこの国でも同じだったのだ。

しかし、その代価が高かったといっても、日本の帝国建設者たちは、それだけの大きな成果をあげていた。西方の列強諸国をはじめ世界中の国々は、日本が満州を〝侵略〟したと非難し、満州国を〝承認に値しない国〟と呼んでいたが、この時、働きバチのような日本人はさらに発奮した。公平にみれば、日本人は、満州を〝模範〟国家として建設するのに、称賛されるべき仕事をしていたし、長足《ちょうそく》の進歩をもたらしつつあった。

考えてみれば、トクガワ将軍が君臨していたころから、日本の進歩は、一つの目的に向かって全国民の力を動員するというすぐれた資質によって生みだされてきたのである。そして、この満州国の場合も、別のいい方をすれば、日本人は天皇のもとに一体になり、生来《せいらい》の規律と団結力と忠誠心を発揮することによって、進歩をもたらしたのであった。満州国において、建国後わずか数年のうちに大きな進歩をもたらしたものは、何よりも、一家族として一つの目的を追求する日本人の能力、ということができたのである。

事実、一九三七年には、満州では大地と気候をのぞけば、すべてが〝メード・イン・ジャパン〟であった。六年にわたって、何百万人という勤勉な日本人が休みなく働き、それまで日本が取り組んだもっとも大きな事業をすすめていた――未開地域のすみずみまで電気を引き、工業をおこし、法秩序を確立していったのである。

私は新京からこのすばらしい発展を報道するにあたって、次のように書いた。

「記者は、満州国が、すでに、定められた紋章をもっているかどうかしらない。しかし、もしこれからつくるところなら、忠告しようと思っている。彼らの紋章に刻まれるべき字句は〝我らの力を世界に示さん〟である」

3

もちろん、日本がこの満州国につぎ込んだのは、人的資源だけではなかった。集中的に建設をすすめるため、あまり豊かではなかった日本が、当時の交換レートで三億七千五百万ドルの金額を負担していたのである。しかしこのおかげで、満州国は文字どおり二十世紀に引き入れられたのであった。一九三一年以前の満州は、いくつかの眠ったような地方都市、日本の〝満鉄《まんてつ》付属地〟、東シナ鉄道を中心としたロシア権益地帯をのぞけば、あとは、広大な農地が果てしなく広がっているばかりだったのである。満州の名物は〝大豆と凍傷《とうしょう》と匪賊〟ということができた。

満州国が誕生しても、凍傷（もちろん、冬の間だが）と大豆が満州名物であることに変わりはなく、匪賊も依然として関東軍を悩ませていた。しかし、歴史の歩みとともに、文明の進歩をはばんでいた中国の軍閥、ロシア権益地帯、眠ったような中国の地方都市は、すべて姿を消していったのである。

そして、広大な原野は、測量器を手に情熱にあふれた精力的な小男たちによって、徐々にではあったが、着実につくり変えられつつあった。また、この土地にかつて知られなかった〝治安〟がもたらされたのである。張作霖《ちょうさくりん》元帥が満州の民衆に教えたことといえば、中国の長官と匪賊のちがいは、ただ長官が胸いっぱいに勲章をつけている、ということだけであった。

中国国民と、満州国にいる中国人の多くは、日本の〝公然たる侵略〟を目《ま》のあたりにして、暗澹《あんたん》たる気持ちをいだいていたことだろう。当時の中国側の地図には、満州のうえに「一時的に日本軍によって占領されている」としるされていたのである。

しかし、こういう状態にもかかわらず、満州国の第一次五カ年計画が成功裡に終結し、この新生国家の工業化をさらに進めようとする第二次五カ年計画がはじまろうとしている事実を、否定することはできなかった。新京政府のいだいていた一連の計画は、実に遠大なものであり、無限の将来を目ざしていたのである。勤勉に働く帝国建設者たちが引いていた青写真を見れば、中国のつくった地図などに新京と東京の政府がいささかも気を払っていなかったことは、だれの目にも明らかなことであった。

消え去った〝世界の孤児〟

1

新生〝満州国〟は、新旧が不思議にまざりあった世界であった。国土の五分の四では法と秩序が維持されていたが、極北部と中国国境に沿った南部の山地ではゲリラ戦が続き、軍の保護がないかぎり、旅行は困難であった。しかし、大連と哈爾濱を結ぶ特急〝アジヤ号〟は、東洋でもっとも近代的な急行列車であり、快適な寝台車や食堂車はもちろんのこと、図書室、床屋まで乗せて走っていたのである！

私は、太平洋戦争前、最後にこの豪華な特急列車に乗った時のことをよく覚えている。そのとき哈爾濱から乗車した私は、たまたま関東軍の将軍と同じ車室に乗り合わせることになった。列車が動きだすと、将軍はホームに並んだ見送りの将校と官史の一団に対し、窓越しに答礼《とうれい》した。略章を胸いっぱいにつけ、刀をつった将軍の姿は〝威厳〟という題の絵があったら、まさにこれであろうと思わせるようなものだった。

しかし、その日は大へんむし暑い日であった。列車がホームを離れるやいなや、この威厳に満ちた将軍は、刀をはずし、上着を脱ぐと、シャツのソデをまくり上げた。おまけに長靴まで脱いで、座席にあぐらをかいてすわり込むと、本を読みはじめたのである。目の前にガイコクジンがいることなど、まったく無視したこの態度に、私は自分が空気になってしまったのではないかと思ったほどだった。

長春《ちょうしゅん》、奉天《ほうてん》、哈爾濱のような各都市は、驚くべき速さで近代化されつつあった。とくに、日本によって新生国家の首都に選ばれ、新京と改名された長春では、人口が五年間に倍増し、さらに五年先には、このまた倍にふくれあがると予想されていた。疲れを知らぬニッポンの帝国建設者たちは、次々と官庁建物、住宅街、商店街、病院、学校、道路を建設していったのだ。

私がはじめて新京を訪れた時に、旧中国街から半マイル離れたこの新都市は半ば完成していたが、旧市街と新市街をくらべてみると、そこには三世紀の時間的へだたりが感じられるようであった。新市街にはカスミガセキの満州版がつくられ、議会、日本大使館、外務省、法務省をはじめ、各政府建物が並んでいた。地下には水道と下水溝《げすいこう》が完備しており、私が泊まったホテルのフロ場の床下には、スチームまで通っていたのである。また、私がよく行った床屋では、オーデコロンで耳を洗ってくれるというサービスぶりで、このような光景は、かつてのアジアでは見られなかったことだったのである。

もちろん、たまには、日本人はやり過ぎることがあった。たとえば、満州国のすばらしい新首都にゴルフ・コースをつくったことである。

もともと新京の気候は、地球上でもっともゴルフに適さないといえた。まず、一年のうちの半分は、ゴルファーたちが南極探検隊員のような身なりをしないかぎり、凍傷にかかる危険があった。さらに、残りの半年の間は、ゴルファーたちはひんぱんにタマを見失う恐れがあった。草木の中にではなく、激しい砂アラシの中にである。天を突くような勢いのゴルファーにとっても、シベリア風は大敵であった。そのうえ満州には、ゴルフに適するような短く柔らかい草がなく、これを日本から輸入しなければならなかったのである。

しかし、これらのおそろしい難関も、日本人をひるませはしなかった。あらゆる近代都市には、少なくとも一つはゴルフ・コースがあり、新京も完全に近代化されたというためには、コースが必要であると考えたのだろう。

ある凍《こご》えるような朝、私は、茶色の大地が点々と雪でおおわれているゴルフ・コースのわきを自動車で通ったことがある。その時私の目をとらえたのは、まさに驚嘆《きようたん》に値する光景であった。土ほこりの中を、ファースト・ティーでクラブを振っていた十数人のゴルファーたちは、なんと、みなガスマスクを着けていたのである。私は、日本人が本当に勇敢で、勤勉な人種であると、心から思わずにはいられなかった。

私に関するかぎり、新京にはたった一つの欠点しかなかった。それは、私が滞在していたヤマト・ホテルの調度品から、商店に並べられた商品まで、あらゆるものがメード・イン・

ジャパンであり、英語の新聞、雑誌、書籍がどこへ行ってもなかったことだ。〝満州国〟は〝承認されていない〟ので、外国の外交官は、一人もいなかったのである。

私が新京に一カ月ほど滞在した時、英語が話せたのは、ホテルの社員と日本大使館の若い外交官たち（これらの若い館員たちは、どういうわけかほとんどがハーバード大学を卒業していた）だけであった。海外からの輸入物資にしても、一九三六年（昭和十一年）に満州国が英米から輸入したのは九百万ドルであり、これに対して日本からの輸入品は、実に一億五千万ドルにのぼっていたのである。アメリカが唱えた中国大陸に対する機会均等、門戸開放は、東アジアのこの地域についていえば、日本陸軍が堅くその門戸を閉ざしていたということができる。

だが、満州国で重要だったのは、都市ではなく、農村と農民と大豆であった。満州では、百人のうち八十五人が農民だったのである。そして、満州国の輸出の七十八パーセントが農産物であり、この〝東洋の穀物倉〟の主要産物は、小麦、トウモロコシ、米、大豆、キビ、アワ、麻などであった。このリストのなかでも、大豆はとりわけ重要なものだったのである。

西方の化学者がこの小さな豆にビタミンA、Bがふくまれていることを発見するずっと以前から、大豆のおかげで、満州は世界経済地図のうえで重要な地位を与えられていたのである。住民は、大豆で生活できている、とさえいえた。一九三〇年代に満州国は、毎年、四、五百万トンの大豆を生産していたが、これは世界の大豆生産高の約六十五パーセントにあたっていたのである。

私は、満州国に足を踏み入れるまで、大豆について深く知らなかった。しかし、第一回目の取材旅行から帰ってくるころには、この豆についての知識が頭いっぱいにつまっていた。大豆は、地球上でもっとも驚くべき穀物だったのである。

アジアでは、この豆はあらゆるものに応用されていた。アジア人はこれを自らの食料にするいっぽう、家畜の飼料とし、また灯油に使い、潤滑油として車軸にさすなどしていた。大豆製品としては、大豆粉、パン、菓子、油、レシチンなどがあったが、その他、革、マーガリン、薬品、サラダ油、石鹸《せっけん》、リノリウム、塗料、ニス、ラード、グリセリン、紙を作るのに、これが使われていたのである。さらに大豆は、ゴム、石油、セルロイド、バターを作るのにもひと役かっていた。この他、アジア人は大豆を煮豆、ショウユ、ミソ、アメにして食卓にのせていたし、耕地に肥料として役立てていた。とにかく、当時の満州の料理のほとんどが大豆油でいためられていたのである。調査の結果、私は、大豆でできないことは音楽を奏《かな》でることだけである、と結論したのだった。

2

日本は、自らの外交官たちが――そうするのが賢明であったかどうかは別として――署名した東アジアの現状を変えないという厳粛な国際条約（一九二二年の九ヵ国条約）を破り、公然と軍事力を用いて満州国をつくった。日本と中米のエルサルバドルによってしか承認されなかったこの国は、当時〝世界の孤児国家〟と呼ばれていたのである。

しかし、それまでの満州は土賊から成り上がった張作霖とその息子の張学良《ちょうがくりょう》の勢力下で無法状態がつづき、そのうえ、あらゆる問題について妥協を拒む彼らの態度は、すでにこの地域の開発に莫大《ばくだい》な金額を投資していた日本にとって大きな脅威となっていたことは見のがせない。あれから三十年あまりたった現在、公平な観点からこの満州国を考えると、日本はこの地域に秩序をもたらし、称賛さるべき仕事をなしとげたといえるだろう。

道徳的な観点からいっても、当時の日本の行動は、西方世界で一般に考えられていたのに反して、正当化しうる強い理由があった。まず、それまでに日本は中国東北の三省で二度にわたって戦い、満州がロシアの制圧下にはいるのを防いでいた。

さらに日本は、一九〇五年（明治三十八年）と一九一五年（大正四年）に中国との間にかわした条約のもとに、満州の開発と近代化のパイオニアとして登場し、二十億円にのぼる投資を行なっていたのである。このなかには、鉄道建設のための二億六千万円、港湾施設のための七千八百万円、炭鉱開発の一億一千万円、鉄鉱産業の二千七百万円、都市建設の一億四千三百万円、中国地方当局に対する九千八百万円の借款《しゃっかん》が含まれていた。

そして、満州には日本国民である八十万人の日本人と朝鮮人が居住しており、満州三省の輸出入の四十パーセントが日系貿易商社によってあつかわれていたのである。

しかも、満州の石炭、鉄鉱石、農産物は、なによりも日本国民の生活に必要であった。日本が、自らの発意と企業心によってかちとったこの地域における〝特殊権益〟は、中国をはじめ他のいかなる外国の侵犯に対しても、守らなければならないものであったのだ。小さな島国帝国のこれらの権利は、当時〝生命線〟という言葉で表現されていたが、この生命線は、二つの巨大な大陸勢力のふちに引かれていたのである。中国は日本より三十倍も大きかったし、ロシアもやはり三十倍大きな領土を持っていたのだ。

たしかに、当時の関東軍の強圧的な行動や態度について、われわれ外国人特派員はしばしば怒りを覚えることがあった。しかし、満州の天然資源の開発にそれまで日本が莫大な金額と労力をつぎこんでいるにもかかわらず、貪欲《どんよく》で排他的な中国の地方政権はたえず計画的に日本の立場を根底からくつがえそうとしており、こういう事情を考えると、日本人の怒りと驚きはよく理解することができた。

悪質な例をあげよう。中国側に、中国人が日本人に土地を貸した場合、死刑に処せられるという法律がつくられた。これは明らかに、一九一五年の条約の第二条によって中国から日本に与えられていた〝権利〟をジュウリンするものだったのである。また、日本が運営していた南満州鉄道に対抗し、その経営を脅《おびや》かすように、中国側がこれと並行する鉄道を建設しようとしたことはどうだったろう？　さらに、満鉄沿線地帯に駐屯《ちゅうとん》していた日本軍警備隊は、中国の地方官憲によって、二百件以上にのぼる明確な条約侵犯行為をうけていた。これに対して日本は、なんらの陳謝や賠償も得られなかったのである。

数世代にわたる国民の努力と国家の富をつぎこんで獲得した地位を、土賊の一団――当時の中国軍閥は土賊よりも大きな給料袋をもらうところだけが、彼らとちがう点だった――が脅かそうとしている時、ただ黙って茫然《ぼうぜん》と手をこまねいている現代国家があるだろうか。

これより先、一九二七年（昭和二年）に、上海における中国側の外国排撃運動によって西欧諸国の権益が脅かされた時、米英は、上海における自分たちの財産をまもり、条約で保障されている権利を維持するために、軍隊を〝出動〟させている。そして、この上海での排撃運動にくらべれば、満州から日本の権益を駆逐しようとしていた奉天の中国地方政権の破壊戦術は、はるかに強力なものだったのである。

当時のこういう状況と日本の国民感情を考えると、一九三一年（昭和六年・満州事変勃発）に日本軍が攻撃を開始したということは、驚くに値しなかった。いや、それよりも、中国側の頑迷《がんめい》な態度と、日本の軍服を着た政治家たちが長らく胸にえがいてきた野心とにもかかわらず、この年まで日本軍が忍耐を重ねてきたということこそ、驚くべきことだったのである。

3

もちろん、多くの誤りがおかされてはいた。たとえば、陸軍が、東京の政府に事前の承諾を求めず全満州の占領に乗り出したことは大きな誤りであった。しかし、私が一九三六年に三度目か四度目の満州国取材に出かけたころには、多くの外国人消息通は、満州が過去五年間に大きな恩恵に浴《よく》したと確信することができるようになっていたのである。

たしかに、日本の支配下では、満州の民衆が〝危険思想〟をいだいたり、下級官吏のささいな行動の是非を論じたりすることは、危険なことではあったが、彼らは、法治社会のもとで、進歩への希望と文明の恩恵を獲得したということができた。そして、アジア大陸における日本のこの新しい賭《かけ》は、たしかに国際紛争の危険性を増大させていたけれども、もし日本の〝投資〟に対する収穫をあげることができていたなら、満州の民衆はもっと大きな利益をうけることになっていたはずである。

満州国におけるあらゆる実験はみごとに成功していたが、同時に日本にとってむずかしい問題もつくり出していた。それはこの新生国家をねらうロシアの東方への膨張《ぼうちょう》である。満州国の誕生以来、これに対する日本の危惧《きぐ》の念はますます強まり、日本をおおっていた非常事態の空気は鋭敏になっていた。

ソ満国境で頻発《ひんぱつ》する紛争事件は、一九三五年（昭和十年）から三七年にかけて実に二百四十五件も発生しており、東京をおおっていた恐怖症状は高まるばかりだったのである。新京の関東軍司令部を訪れれば、ロシアから二十四時間以内に大攻撃があることを、大本営がつねに予想しているような空気につつまれていた。

私は、一九三六年に、関東軍司令官であり駐満日本大使であった植田謙吉大将にこの点を質問したことがある。満州国の真の支配者であった植田大将は、日本のすぐれた軍人の一人であったが、この問題について悲観的な意見を持っていた。「満州国の国防は、きわめて危険な状態にあるといわねばならない」大将はこういいきった。

「ソビエトは、極東軍とソ満国境陣地を毎月強化しており、ちょっとした火花でさえ大規模な戦闘をひきおこすといっても誇張ではないのです。しかし、もしロシアが攻撃をしかけてくれば、わが軍はいつでも応戦する用意があります。わが将兵は命にかけて満州国の独立をまもるという誓約と、日本古来の精神にしたがって任務を果たすでありましょう。もちろん、われわれはここに持っているもので戦います。国外からの援助は得られないものと覚悟しているのです」

このような非常事態の認識から、当時の関東軍の兵士たちは、夜は「兵器を枕もとに置いて眠れ」と命令されていたのである。しかし、当時考えられていたような非常事態はおこらなかった。そのかわり、日本は南進をはじめ、太平洋戦争が終わると、この北東アジアの凍った荒野に二十世紀の近代国家をつくり出そうとする偉大な実験は消えうせてしまったのである。

私は、一九四六年（昭和二十一年）に、ソビエト軍が撤退した数日後の奉天を訪れたが、その時、市内では数万人の日本人が帰国を待っていた。私は、百通近い手紙を日本の家族へ持って帰ったのを覚えている。当時は郵便もなく、私に託《たく》されたこれらの手紙が、消息を待ちわびる日本の親族への第一報となったのである。

私は、満州国をこの目で見られたことを、うれしく思っている。満州国は、日本が取り組んだもっとも大きな建設事業であった。一九六四年の東京オリンピックなどよりも、はるかに規模が大きく、野心的だったのである。

今日、満州は、日本人が開発し建設した鉱山や工場とともに、ふたたび中国の一部となった。数年前に、満州を視察して帰ってきた故高碕達之助《たかさきたつのすけ》氏が私に語ってくれたところでは、中国の共産党支配者たちは、日本の残した事業を引き継いで、立派な仕事をしているという。

だが、今日、かつて新京と呼ばれた長春や奉天では、もはや日本語を聞くことはできないのである！

1 〝戦争の人〟と〝平和の人〟

一九三〇年代にアジアが直面していた最大の危機は、満州国において激化しつつあった反日分子や匪賊《ひぞく》に対するゲリラ戦でも、ソビエトの軍事的脅威の増大でもなかった。私は、蘆《ろ》溝橋《こうきょう》事件（昭和十二年七月七日）が中国大陸の戦火を拡大する二年前に東京に来ていたが、そのころ、アジアの将来をかけたもっとも大きな闘争は、日本のなかで激しく対立する二つの陣営によるものだと思われた。

この二つの陣営は、日本とその外交政策を自分たちが支配しようと、天皇の名においてお互いに戦っていたのである。

当時、この対立についてはあまり書かれていなかったが、われわれ外国人特派員は、これが東京で争われていたところから、この戦いを〝隅田川戦線《スミダ・リバー・フロント》〟と呼んでいた。そして、この対立抗争は、一九三七年の夏（昭和十二年七月七日、日中戦争勃発）を過ぎると、朝露のようにはかなく消えてしまったが、この〝隅田川戦線〟の帰結こそ、上海事変の結末と同様、その後の歴史の進展に大きな影響をあたえ、世界の歩みを決定したということができるのである。

東京の皇居をめぐって対立していた二つの陣営の一方は、文官である閣僚と玉座をかこむ自由主義者たちであり、これに対抗して、軍部とその盟友である超国家主義者たちであった。軍部についてもう少しくわしくいえば、これは、大本営と軍服を着た政治家グループを頂点とし、下は陸軍の下級将校にまでおよんでいたが、彼らは自分たちが日本の守護者であり、日本の〝神聖な使命〟になんらかの関連がある政策すべてについて、最後の審判者であると考えていた。

私が世界に報道していたこの時代の日本に、もっとも適切な呼び方があるとすれば、それは〝人形政治の国〟といういい方だったろう。軍上層部は、軍の中核といわれた中堅将校たちの人形であった。この中堅将校たちは主として佐官《さかん》クラスからなっていたが、この〝中堅グループ〟も、実は青年将校と超国家主義者グループによって操《あやつ》られていたのである。また、文官閣僚についていえば、これは、軍部と大本営のロボットであるといえた。

そして、あらゆる者のうえには〝トウキョウの囚人〟である天皇がたっていた。天皇はその地位によって神のように行動することを強《し》いられていたが、その行動は内閣と大本営によって指図《さしず》されていたのである。

当時、軍部の代表的な人物といえば、荒木貞夫《あらきさだお》大将を選ぶことができる。荒木大将は帝国陸軍のなかで熱心に政治的活動を行なっていた皇道派《こうどうは》のスポークスマンであった。

これに対して、国家を乗っ取ろうとする軍部に反対していた自由主義者グループの代表的人物を求めれば、尾崎行雄《おざきゆきお》翁があげられたろう。尾崎翁は、日本の自由主義の大老であり、衆議院が一八九〇年（明治二十三年）に第一回議会を開いてから、ずっと議席をもち続けていた。超国家主義者も、この老人の口をふさぐことはできなかったのである。尾崎翁とならんで、今日の日本社会党の先駆者である社会大衆党の指導者であった安部磯雄《あべいそお》氏、それに日本国民には単に〝キリスト者〟として知られていた賀川豊彦《かがわとよひこ》博士をあげなければならない。

私は、これらのすぐれた人物――〝戦争の人〟と〝平和の人〟――に取材を通じてよく知り合うようになった。荒木大将には太平洋戦争前にインタビューしたほかに、巣鴨《すがも》拘置所に戦犯として監禁されていた時と、釈放されて東京の自宅へ帰ってから会った。尾崎翁には、何度も会っている。最後に会見したのは、逗子《ずし》の丘の上に立つ自宅であり、彼が九十六歳の生涯を閉じる直前であった。安部磯雄氏に会ったのは、一九三六年（昭和十一年）二月に行なわれた総選挙の結果が発表されてから数時間後のことである。これは、ドラマチックな瞬間であった。この選挙で、日本の左翼は戦前最大の伸びを示したからである。また、私が最初に賀川博士に会ったのは、戦前の超国家主義テロリズムが最高頂に達した時期であり、最後に会見したのは彼が死ぬ数カ月前であった。

荒木大将は、明治十年に東京で生まれたが、陸軍士官学校を卒業して近衛《このえ》師団の第一連隊に少尉として任官してから、陸軍大学で勉強を続けた。その間に、日露戦争が起こったので出征したが、戦争が終わると、陸大に復帰し、卒業して参謀本部勤務を命ぜられた。

荒木大将は、一九〇八年（明治四十一年）から三年間、帝政ロシアに留学させられた。第一次世界大戦が勃発すると、彼はオブザーバーとして再びロシアに赴き、一九一七年（大正六年）にロシア革命が起こると、これをつぶさに目撃した。帰国すると、中佐になっていた彼は連隊長として部隊を率いて、連合国の東シベリア干渉に参加した。

しかし、日本へ帰ってきた荒木は、当時の日本の政策が誤っていると結論するにいたったのである。彼はこのために同僚と衝突し、九州にあった第六師団の連隊長として熊本《くまもと》に転勤させられた。

熊本で過ごした二年間は、荒木氏にとって生涯の転機となった。「私は根本から考え方を改めました」。ある日、荒木大将は私にこう話してくれた。「当時、陸軍はまだプロシアの流儀を踏襲《とうしゅう》していました。しかし、私は歴史を学んだ結果、真の日本陸軍を創《つく》る時がきたのを知りました」

このようにして、陸軍のなかに民族思想派が生まれ、荒木大将はこれに皇道派という名前を与えたのである。これは、中国の儒教の概念である王道《ワング・タオ》を皇道におきかえたものであったが、万物の上に天皇が立ち、民主主義をはじめとする西方思想に反対し、日本の神々の時代に復帰することを説くものであった。

したがって、このような信条によれば、日本の海外における軍事活動は、みな友人を得るための戦いということになったのである。「銃弾の一発ずつに、あらゆる剣の刃に、〝慈悲〟という言葉が刻まれている」と荒木大将は叫んでいた。この皇道派には、盟友として血盟団《けつめいだん》をはじめとする超国家主義者たちの民間テロリスト団体があった。血盟団などは、荒木将軍を自分たちの同調者と見なしていたのである。

もっとも、同じ陸軍のなかで、この皇道派に対抗するもう一つの派があった。同じように軍服を着た政治家たちによってつくられていた統制《とうせい》派《は》である。この統制派は、軍が天皇の良心の実践者となり、国家を監督する国家社会主義体制を実現することを目ざしていたのである。

私は、荒木大将の政治的主張には賛成することができなかったが、それでも彼は、今世紀の日本のもっともすぐれた軍人の一人ということができた。彼は、陸軍大学の校長として、熊本から中央に復帰して後、第六師団長、犬養《いぬかい》［毅《つよし》］、斎藤［実］内閣の陸相《りくしょう》を歴任していた。

私が、はじめて荒木大将に会ったのは、一九三六年（昭和十一年）である。その時の彼は、物静かで、魅力にあふれた人物であるという印象を私にあたえた。彼は、哲学に深い関心を持つ正直な軍人であり、伝統的芸術の美に豊かな愛をそそぐ男であった。彼にパステルを持たせれば、ものの五分間ですばらしい風景画を描いて見せたし、筆をとっては達筆の字を書くことができた。これが、当時政治活動に奔走していた陸軍軍人のアイドルとなっていた男なのである。

　要するに、彼も多くの他の人間と同じに、矛盾に満ちた人物、ということができた。彼は、一九三〇年代に、日本国民にこう告げた。

「われわれは、明治と大正を通じてつちかった日本の国民精神を継承し、これをさらに一歩進め、偉大なる建国精神を加えて、皇道を世界のすみずみまで広め、輝かせねばならない。これが昭和の使命である……」

　犬養、斎藤内閣の陸相を歴任した後、荒木大将は近衛《このえ》〔文麿《ふみまろ》〕内閣の文部大臣に就任した。彼は十数カ月間の文部大臣在任中に、彼が叫び続けてきた皇道派の信条にかなうよう、日本の教育制度を改革していったのである。

　彼は、太平洋戦争中を、半ば引退したような状態で過ごしたが、この間、カフェーの団体連合会と小企業連合会の会長を引き受けていた。これは将軍自身の言葉によれば、前者は「ウエートレスに愛国教育を施《ほどこ》すため」であり、後者は「彼らにサムライ精神を植えつけ、彼らが背負っている重荷を軽くするため」であった。

2

しかし戦後、一九四五年（昭和二十年）十一月二十二日に、荒木大将は占領軍によって逮捕され、東条《とうじょう》［英機《ひでき》］大将をはじめとする他の〝Aクラス戦争犯罪人〟とともに巣鴨拘置所につながれ、国際条約の侵犯と、太平洋戦争をひき起こした責任を問われて起訴された。そして、一九四八年（昭和二十三年）十一月に、東京裁判において終身刑をいいわたされたのである。

戦犯として将軍が巣鴨拘置所にあった間、私は二回、面会を許された。新聞記者としてではなく、友人として許可をもらったのである。すでに老い込んでいた元将軍は、色あせたカーキ色の囚人服を着て私を迎えた。彼は、拘置所で、読書し、何千という和歌、漢詩をつくり、彼の「文化的レベル」の向上に努める一方、青年時代から熱心につけてきた日記をもとに、後世に彼の信念を伝える本を書くことに、毎日を費やしていた。

彼は、巣鴨から釈放される直前に、私に一行のメッセージを送ってきた。それは、「日本は西方世界と共同して、新しい文明を築《きず》くために働かなければならない」というものだった。当時の彼は、自分の生涯が誤った道に進んだのではないか、ということを深く憂慮《ゆうりょ》していたようである。

彼に答えを出すのは容易なことだったが、私はいわなかった。彼は、献身的な、卓越した軍人であることをやめて、軍服をまとった政治家、超国家主義の信徒となったとき、大きな誤りをおかしたのである。この誤りのために、荒木貞夫元大将は数年を拘置所の厚い壁のなかで過ごさなければならなくなったし、また、彼の祖国は、恐ろしい代価を支払うことになったのである。

一九五六年（昭和三十一年）に荒木大将が釈放されると、私は彼の自宅を訪れた。彼は、長い時間、新しい日本について語ったが、その話の内容は、一九三〇年代に彼の話を聞いたことのある者なら、昔の記憶を呼びもどされるようなものだった。ただ、三〇年代からその時までの歳月をへだてて聞くと、彼の話は現実から遊離して不思議に響き、死んだ過去の声を聞くようだったのである。

「私は新憲法にまったく関心を持っていない。第一、日本は憲法を持つべきではない」と元将軍は口を開いた。「英国は、憲法を持っていない。そんな書類によって縛《しば》られるほど愚かではないのだ。日本は、明治の基本的誓約である五個条《ごかじょう》の御誓文《ごせいもん》さえ守っていればよろしい、と私は信じている。このように決定すれば、日本国民のすべてが歓迎するだろう」

「今日の日本の政策は、すべて誤っている。現体制が民主的であるとは、決していえない。なぜなら、総理大臣があらゆる権力を握っているからだ。明治時代の日本こそ、民主的であった。天皇が、臣民《しんみん》の幸福を直接考えられたからである。真の民主主義を確立するためには、かつてのように、より多くの人々に権力を与えなければならない。昔は、陸軍大臣や、参謀本部や、枢密院《すうみついん》の意見が求められたものだ」

「現体制ではなく、戦前の制度こそ、真の民主主義であった。したがって、陛下に大権をお返ししなければならない。封建時代にあっては、われらの天皇は象徴であった。今日も、天皇は象徴にすぎないのである。私は、今日の状態には真っ向から反対している。天皇が、全責任を負われるべきであり、日本国民によって選ばれた補佐役たちの助力のもとに、全権力をふるわれねばならない」

荒木氏は、現行憲法の改定にはまったく関心がないといった。「日本国民は、このような憲法には何ら興味をもっていないから、明治の基本的誓約に変えられるべきである」というのである。

また、一九五六年のこの会見において、日本の再軍備については、「この国を防衛するのに足る軍備を持つべきことに百パーセント賛成する」ほかには、意見がないと述べた。

老いたる元将軍の話は、要するに、新日本がとるべき道は明治に復帰することだ、というものであった。天皇がその臣民の福祉をはかり、国会はその意思を実現し、教育制度は明治時代の要請にこたえる、という姿を夢見ていたのである。

戦前には、荒木将軍は日本の過去に深く根をおろした国家政策を主張する愛国者として知られていた。しかし、その日、彼が述べた意見は、二十年のへだたりとともに、一九三〇年代よりもさらに現実感を失っていたのである。私はその日、彼に別れを告げた時に、彼が戦前の日本のほうが戦後の日本よりもっと民主的であったといったことを、ふと思い浮かべた。しかし、元将軍が自分の意見や感情を、何らの迫害を恐れることなく自由に表明することができるのは、戦後の日本のほうがより民主的であるという証拠だったのである。少なくとも、彼が陸軍大臣であった時代には、このようなことはなかったのだから……。

3

私はここで、満州事変によって明け、真珠湾奇襲によって終わった日本の苦難の時代における、自由主義者と〝平和の人〟について語らなければならない。一口にいえば、彼らこそ真の勇者であったのだ。

当時、もし軍国主義者と超国家主義者の挑発的な行動が阻止されなければ大きな国家的悲劇を招くだろうと警告を発する者がいても、最後に発せられる答えは、きまって一つしかなかった。私も、この答えをくり返し聞かされたのである。それは、短いものであった。

「しかし、ミスター・ティルトマン、日本は無敵ですよ！」

軍過激派とその支持者がいだいていた途方《とほう》もない考えに反対した人々のなかで、第一にあげられるべき人物は、国会にいた。彼は、変わりない日本国民の支持を受けて、戦争中もずっと衆議院の議席をまもりぬき、沈黙することがなかった。〝議会政治の父〟と呼ばれ、勇者の先頭にたった尾崎行雄氏である。彼は九十五歳で政界から引退するまで、二十四回の総選挙を戦い、一度も落選しなかったのである。

二・二六事件の直後に、私は国会で尾崎翁が軍部をきびしく非難する演説を聞いた。この時、彼はあまりにも激しい言葉をもちいたので、その晩のうちに暗殺されるのではないか、という者がいたほどである。しかし彼は、人々を感嘆させるような生涯を全《まつと》うしたのである。

私が一九四五年(昭和二十年)に日本に帰ってくると、彼は私を熱海《あたみ》に招いてくれた。その時、私が尾崎翁に第一にたずねたことは、日本を民主化するのに何年ぐらい必要であるか、ということだった。彼は答えた。「もし真剣に取り組めば、三世代ほどですむでしょう」。私は次に、起草されつつあった新憲法に話題を移した。「よい憲法をつくることは、そうむずかしいことではありません。しかし、それを守ることはむずかしいことです」と、彼はいった。そして、その後の歴史は、この面では日本が順調に進んだことを示しているのである。

日本が独立を回復した後、私が尾崎翁に逗子の自宅で会った時は、ちょうど総選挙中であった。九十四歳になる尾崎翁は立候補していたが、一九五〇年代を迎える日本の政治情勢について、こう語った。

「戦前の日本には、民主的な態度というものは存在しなかった。国民は民主主義の真の意味を知らなかったのです。これは太平洋戦争の原因となったが、しかし、今日でも戦前の思想はまだ呼吸しつづけています。日本人は、数年前まで自分たちが自由を失っていたことを忘れてしまっている。彼らはもう一度失おうとしているのだ。政党は自ら墓穴を掘っています。今の日本に真の政党なんか存在していません。派閥は戦前の誤った道をもう一度歩んでいます。日本は、政治を除けばよくやっていますが、政治はダメですね」

彼は続けた。「日本の有権者の多くは、何も考えずに投票しています。日本の政治は金と感情で動いています。しかし、選挙民に理性に随《したが》って投票するように教えることはできるでしょう。私は、今日まで、当選するために大金を使ったことはありません。にもかかわらず、私は世界でもっとも長い議員歴をもっているのです」

これは、尾崎翁が前年病に倒れてから、外国人記者に許したはじめてのインタビューであったが、私は彼の家を出ると、珍しい体験をした。門の外に、二人の日本人記者が待ちかまえていて、私に尾崎翁とのインタビューの内容を聞かせてくれ、というのである。これは大《おお》隈《くま》［重信《しげのぶ》］内閣の文部大臣をつとめて以来、生きながら日本の自由主義の伝説となっていたこの老人に対する、すばらしい敬意の念によるものだと私は考えた。

4

安部磯雄氏には、超国家主義のテロリズムの弾圧がはげしくなっていた時代に、社会大衆党を指導するという困難な仕事が課せられていた。この時代には、自由主義者、穏健な改革論者、労働運動家が迫害されたばかりでなく、救世軍《きゅうせいぐん》ですら、このキリスト教団体が英国で生まれたという理由で、攻撃されたのである。

キリスト信者であり、社会改革運動家である安部氏は、英国タイプの社会主義者であった。彼は京都の同志社《どうししゃ》大学を卒業すると、米国に数年滞在してから帰国し、一九〇一年（明治三十四年）に社会大衆党を結成した。そして、一九二七年（昭和二年）に衆議院選挙に立候補して、当選したのである。一九三六年（昭和十一年）二月に行なわれた総選挙で、彼の率いる穏健な左翼政党である社会大衆党は、三十五議席を獲得して衆議院における勢力を倍増した。

これは、戦前の日本で革新勢力が獲得したもっとも大きな勝利ということができたが、その結果、当時のような政治情勢のもとでは、極右主義者と社会主義者の双方を恐慌《きょうこう》におとしいれていたのである。

選挙の結果がわかると、私はさっそく外務省の役人の案内で、安部氏に会いに出かけた。

この左翼改革主義の指導者の居所は、外務省が前もって警察に問い合わせておいてくれたのである。私たちを乗せた自動車は、冬の夜道を走って、東京の郊外へ向かった。安部氏は、超国家主義の暗殺者を避けるために、用心深く、畑に囲まれた農家に隠れていたのである。

私は、あの時のインタビューを今でもよく覚えている。安部氏は、社会大衆党が大きな勝利を得たにもかかわらず、というよりはそのために、弱りきっていたのだ。彼は、穏健な左翼勢力が伸びたことに対して、日本の安全と未来の守護者を自任している血に飢えた超国家主義者たちが、憤激しているのをよく承知していたのである。そのため、この夜外国人記者と会うにあたって、彼がもっとも強調したかった点は、「社会大衆党は軍部の行動に反対しているといわれています。しかし、これはウソです。われわれは忠良《ちゅうりょう》な日本人として、陸海軍を全面的に支持しています」ということだった。彼は、この言葉を何度も繰り返して述べたのである。

5

これとは対照的に、あの時代を通じて一貫して暴力にハッキリと反対していたのは、日本の高名なキリスト教指導者であり、社会改革家であり、自由主義思想家でもあった賀川豊彦博士であった。

私が最初に博士に会ったのは、一九三六年のことである。彼は東京郊外の水田のわきに自分で建てたという——それも、一九二三年（大正十二年）の関東大震災の直後に建てられた被災者用のバラックをこわしたときの古材を使った——粗末な小屋に住んでいて、その事務所兼書斎という小さな部屋で私を迎えた。私はこのキリスト者が、戦争熱が高まりつつあった日本についてどう考えているのか、次々に質問した。

「近年、日本がなしとげた工業的発展は、人々の福祉を増大させたでしょうか？」と私は尋ねた。

答えは一瞬のためらいもなく発せられた。

「いいえ、日本は完全に方向を誤りました。日本において、そして米国でも、またある程度英国でもみられるように、人々は社会的必要を満たすことを避けて、空虚な儀式主義に後退しつつあります。しかし、精神的価値の復活がやがて行なわれるでしょう。人々の眼を人生の真理に目醒《めざ》めさせるのに、もはや遅いということはありません。社会の進歩は、選択、理想、努力、創意に加えて、最高の善を追求する心によって促《うなが》されるものです。力によって築かれた世界は、力によって滅びるほかありません……私は力がいかなる形式をとるものであっても、力に何ら希望を見いだしません」

賀川博士は「日本のキリスト信者は海軍軍縮を要求し、要求を叫び続けねばなりません」と話し続けた。「われわれは世界人であることを望まねばなりません。われわれは、超国家主義やファシズムの炎をくぐり抜け、行進し続けねばなりません……日本では、表面はともかく、平和と平和的政策への要求は次第に強まっています。もし、平和を説き、戦争に反対する者が暗殺によって脅かされるのなら、暗殺されようじゃないですか！　愛と真理をまもるためにこの土地にわれらの死体の山を築こうじゃないですか。これこそ、古来のサムライの魂というものです」

ここで、博士は次の言葉を選ぶかのように、一瞬口をつぐんだ。それから、今度は静かに話しはじめた。「平和は、つねに説かれなければなりません。もし、平和を求める日本人が暗殺されなければならないなら、死ぬのを恐れてはいませんよ。かつて、日本の初期のキリスト信者は、三世代にわたって迫害されましたが、ひるみませんでした。われわれの祖先は、長い間、苛酷な試練にさらされましたが、これに耐え、そして勝ちました。迫害がついに終わった日、二万人もの日本のキリスト信者が洞窟から新たな日の光のなかに姿を現わしたのです。今日、われわれの教会は死を恐れていません」

帰りがけに、博士は私を門のところまで送ってくれたが、ここで私は、戦前の日本で会った最も勇敢な日本人に別れを告げたのである。

私は、戦前の日本において、あらゆる意見をもった人々にインタビューした結果、一つの結論に到達した。たしかに、職業的〝愛国者〟のうち多くの者は——もし誤って信じていたとすれば——潔白である、ということができた。しかし、一九三〇年代後期の日本においては、〝戦争の人〟として超国家主義者の甲高《かんだか》い宣伝文句を繰り返すよりも、〝平和の人〟として生きるほうが、はるかに勇気を必要としていたのである。

翌朝起きると、東京の新聞は数億円の軍事予算の増額要求が近日中に行なわれることを予測していた。

太平洋戦争が終わると、賀川博士は戦争中に破壊された教会と福祉施設の再建に全力を傾けた。戦争中は、博士は平和論のために軍部や超国家主義者から裏切り者の烙印《らくいん》をおされていたのである。

私が最後に博士に会ったのは、彼の死ぬ数カ月前であった。彼は、生来の率直さをもって日本の未来について語った。

「朝鮮動乱〔朝鮮戦争〕以来、日本は共産アジアと隣接するようになり、青年層が物質的な人生観をもつようになりました。この数年では、青少年犯罪の件数は、八倍に増加していいます。しかし、一方では喜ばしい進歩がもたらされています。妾《めかけ》をもつことはほとんどなくなりましたし、売春は法によって禁止されました。さらに、新憲法は平和を規定しています」

検閲官閣下に敬礼！

1

　私が日本に初めて来てから、すでに九千日以上もエドッコといっしょに東京に住んできたことになるが、私が来日した当時、政府の統制機構の中枢部の高官の一人に、安倍《あべ》源基《げんき》氏がいた。そのころ安倍氏は、内務省警保《けいほ》局長として大きな権力をふるっていたが、あまり一般に名前を知られていなかった。

　しかし、彼の任務は、日本と日本国民を〝危険思想〟から守ることであり、これはあの時代の日本においてはもっとも重要な職務の一つと考えられていたのである。従って、彼は一日中、本や、雑誌、新聞、パンフレット、写真、映画、レコードを読んだり、見たり、聞いたりして過ごした。彼は、日本国民が何を読み、何を見て、何を聞くのが許されるかについて、最後の審判者であったのである。

　安倍氏は東京帝国大学を卒業してから、官界にはいったが、世界視察旅行から帰ると、一九三二年（昭和七年）に警視庁特別高等警察部長を命ぜられ、ほどなくして内務省警保局保安課長に就任した。

当時、日本の治安当局では正しい思考を強制するためにあまりにも多くの局や課が入り乱れていたので、初めて日本にやってきた外国人には、いまにも同志スターリンが東京駅頭に姿を現わすのではないかというような気がしてくるほどだったのである！　一九三七年（昭和十二年）に、安倍氏が検閲制度の最高責任者に任命された時、東京の新聞は彼が「警視庁特高《とっこう》部長として共産主義者を撲滅《ぼくめつ》したことで鳴らした」と論評していたが、この新しい検閲官のもとでは、五十名の係官が机を並べることになったのである。

安倍氏は、在職中に、国の内外からかなり強い非難にさらされた。しかし、私はこのような批判が不当なものであると考えていた。安倍氏には任務が与えられていたのであって、ただ、それを忠実に遂行したにすぎなかったからである。

とにかく、当時は政府の〝危険思想〟を弾圧する方針に従って帝国領土内で、次の記事や写真を含む本や、新聞などの定期刊行物などを販売したり、配布することは禁じられていた。まず、皇室を侮辱すると考えられるものは、ただちに発禁処分に付されたが、その他、一、共産主義イデオロギーを含むか、二、軍事、外交機密を漏洩《ろうえい》し、または、三、暴力行為を主張し、さらに、四、「公序良俗に反する」とみなされるものは許可されなかった。

これと同時に、内務省は日本の各新聞社に対して頻繁《ひんぱん》に、特定の問題を取り上げることを禁止したのである。一九三七年（昭和十二年）三月の一カ月間をとっても、九十から百件の特定な問題にこの禁令が適用されていた。このうち二十五パーセントが〝政治的〟問題であり、残りの二十五パーセントが軍事問題であった。この報道管制は、一九三六年（昭和十一年）二月に起こった美濃部達吉《みのべたつきち》博士の暗殺未遂事件や、同じ月に起こった東京の軍事反乱（二・二六事件のこと）の場合が例となるように、数カ月間にわたって行なわれることがあった。また、別の面をみれば、禁じられている過激思想を説いた書籍に興味をもったという〝犯罪行為〟のかどで、有為な青年たちが数週間も、時には数カ月も留置されることがあったのである。

私は日本に来るまえにほとんどのヨーロッパ諸国で取材活動をしてきたが、英国の伝統ある一流新聞であるマンチェスター・ガーディアン紙の初期の編集長であったJ・P・スコットの有名な言葉、「真実を知れ、真実は君を自由にするだろう」を信奉していたので、あらゆる報道検閲官は美しい風景画を汚す醜いシミであると考えていた。

しかし、悪名を冠せられていた日本の検閲機関を公平な目でみれば、当時の日本における検閲の厳しさは、少なくとも印刷物については、中国における報道統制や、内外記者をとわず報道活動を極度に制限した一九三〇年代後期のナチ・ドイツや、ソビエトや、ファシスト・イタリーに比べれば、およそゆるやかなものであったといわねばならない。

私が日本に着いたころには、いくつかの国家機関が〝危険思想〟を嗅《か》ぎだす仕事にあたっていたが、このなかには大蔵省関税課の税関吏《ぜいかんり》、憲兵、県警察部、外務省情報部、逓信省《ていしんしょう》郵務局と外国郵便課が含まれていた。これらのある機関が疑わしい文書を発見すると、内務省のなかにあった警保局に判定がゆだねられることになっていた。

警保局で印刷物を扱っていたのは図書課であるが、さらにこれは四つのセクションに分かれていたのである。四つのセクションは、それぞれ、海外出版物、国内の新聞、国内の雑誌と書籍、映画とレコードを担当していた。外国出版物を扱っているセクションは、英語、フランス語、ドイツ語、中国語、ロシア語の五つの班とエスペラントを含むその他の国語を担当する第六班からなっていたのである。

しかも、この周到《しゆうとう》な機構は、いかなる熱心な検閲官も満足させることのできるほど強力な権力をもたらす法律のうえにたっていた。もちろん、明治憲法は、国民の権利として「報道と出版と集会の自由」をつねに保障していたが、公共の利益と安全を守るという名目で、この自由を制限することができた。つまり、この権利は、政府にとって都合のよいように解釈され、ニュースや情報の出版と伝達に関する四つの法律によって縮小されていたのである。このなかで、もっとも大きな影響力をもっていたのが、一八九三年（明治二十六年）の出版法と一九〇九年（明治四十二年）五月六日に施行された新聞紙法であった。

新聞紙法のもとでは、日本で新聞を発行しようとする者は、その地域の行政当局に保証金を供託《きようたく》すれば、だれにでも許可された。違法行為に対する保証金は、新聞が東京か、大阪で発行される場合では二千円であったが、七万人以上の人口を有する都市では千円となり、その他の地域では五百円と定められていた。そして、新聞紙法第三十六条は新聞が禁止された情報を掲載した場合に、編集責任者に対して五百円の罰金を科することができると規定していたのである。

当時の日本は、平方キロあたりの新聞社数からいけば、世界でもっとも多かっただろう。この社数はあまりにも多かったので、ある日、外務省の公式スポークスマンが私に向かって、今まで存在するとも知らなかった新聞にたびたび出会うと告白したほどである。

2

それはともかく、私が共著者であった極東問題を主題とした本が、突然、東京の書店の店頭から姿を消したのは、私が日本に来て間もなくであった。この本は満州〝事変〟を論じていたが、それまで三年間も日本で自由に買うことができたのである。私は、この発禁処分が陸軍省の要請によって下されたと聞かされたが、公式な説明によれば、文中にいわゆる〝タナカ・メモリアル〟（中国政府が日本の侵略計画の証拠に、昭和二年に当時の田中義一《たなかぎいち》首相の覚え書きとして発表したもの）を引用してあるのが遅ればせながら発禁の対象となったというのであった。日本軍部は、この〝覚え書き〟が捏造《ねつぞう》されたものであり、日本を侮辱するものとみなしていたのである。

この時、私はさらに、ほどなく出版されることになっていた私の著書『未検閲の極東情報』が、日本でやはり発禁処分に付されることになろうという噂を聞いたのである。

これは、英国の出版元には、よいニュースであった。もし、私の本が発禁になれば、英国で「この本はなぜ日本で発禁処分になったのか？」と広告することができ、疑いなく売れ行きが増えたからである。そこで、私は外務省の情報部にゆき、外国出版物の検閲担当者に面会できないものか頼んでみることにした。

数日後に、私は案内されて下級検閲官が机を並べているいくつかの部屋を通り抜け、外国出版物の責任者の執務室のドアを押していた。私は、日本茶をすすり、チェリーをすいながら、担当官と向かいあった。

彼は、インテリであり、文化的な素養と礼儀を身につけた魅力的な男だった。私が訪問の理由を説明すると、彼は親しみぶかい微笑を浮かべて、「あなたはいささかむずかしい問題をつくられましたね」といった。「第一に、あなたの本の題名が問題となりますよ。本の四分の三が日本を論じているというのに『未検閲の極東情報』とよんだら、いかにも日本に検閲制度が存在するような印象を与えますよ」

「しかし、存在していませんか？」と、私は尋ねた。

「いや、日本に検閲制度なぞは存在しません。啓蒙《けいもう》制度があるだけです」

彼はここで、もし検閲制度が存在するなら、どうして、私もよく知っているように東京のどの書店へ行っても日本語か、英語のカール・マルクスの『資本論』が自由に買えるのだろうか、と私にききかえした。

「ひとつ、ここだけで教えてくれませんか」と、私は声をひそめた。「いったい、あなたはどうしてこの国で『資本論』が出版されるのを許したのですか？」

この質問に、彼は愉快そうに笑った。「だれも理解できないからですよ」

最後に、私は彼の執務室を出るまえに、尋ねようと思っていた二つの質問をした。

「一九三六年度（昭和十一年）中に発禁処分に付された外国と日本の本の件数は、どのくらいあったのでしょうか？」

答えは、簡潔だった。「数字は秘密ですから、お答えできません」

「では、昨年中に日本の新聞に対して報道禁止の対象になった事件数はどうでしょうか？現在、対象となっている件数は？」

「いかなる数字も発表することはできません。ここにあるすべての統計は秘密です」

「すると」と私はいった。「検閲官殿はご自分の役所をも検閲されているわけですな」

彼は、また、笑った。「ええ、いいでしょう。あなたがそう形容されたかったら、いいでしょう」

私は、彼を好ましい男だと思った。しかし、この検閲官は、なかなか頭もよかったのである。

やがて、『未検閲の極東情報』は出版され、日本にもかなりの冊数が輸入された。すると、ある東京の書店から私へ電話がかかり、とくに私の本を展示したので見にきてほしいというのである。私がでかけると、本はいったとおり入り口の陳列台に山のように飾ってあった。ところが、翌朝私の同僚たちが書店まで本を買いにゆくと、なんと私の本は一冊のこらず姿を消してしまっているというのだ。彼らは、申し訳ないがもはや売り切れてしまったという店員の声を後ろに、帰ってきたのである。

私の本は、同時に米国でも出版されていたが、日本の検閲官はこのように巧妙な手段を使ったので、英国でも、米国でも出版元は「この本はなぜ日本で発禁処分になったのか？」と広告することができなかったのである。

その当時に、私はまだ、日本で翻訳され東京で一年前に出版されていたもう一冊の私の著書『近づきつつある極東』から、一章がそのまま削除されていることに気付いていなかった。もちろん、検閲にかかったのである。この章は、二・二六事件と暗殺政治を主題としていたからであった。しかし、もし私が気付いていたとしても、検閲官が日本には検閲制度なぞ存在せず〝啓蒙〟制度しかないと保証してくれた後でこのことを抗議したとしたら、礼儀にはずれることになってしまっただろう。

それはともかくとして、私は『未検閲の極東情報』のなかでは、一九三五年（昭和十年）と一九三六年（昭和十一年）に日本において報道することをいっさい禁止されていた二十一件のニュースをとりあげていたのである。

この時代の日本を支配していた九つの頭をもった大蛇《だいじや》のような検閲制度は、他の面においても厳しいことで海外に知られていた。〝危険思想〟を嗅ぎだそうとする警察活動や、映画フィルムの検閲、日本の各所にあった〝要塞地帯〟の機密保全に関する諸規則がとくに有名であった。なかでも、要塞地帯をめぐる諸規則は、ずばぬけて聰明《そうめい》で、十分にユーモアをもっている者ばかりだとはかぎらなかった下級担当官によって、極度なまでに厳しく守られていたのである。

思想の統制は、二つの政府機関によって行なわれていた。内務省の警保局と特高警察である。この二つの機関は一九二五年（大正十四年）と一九三四年（昭和九年）の二度にわたって強化されていた治安維持法のもとに活動していたのだった。

私が調べたところでは、一九三三年（昭和八年）から一九三六年（昭和十一年）までに、危険思想を懐《いだ》いていたというかどで警察によって検挙された者は、五万九千十三人にのぼっていた。しかし、このなかで起訴された者は、わずか四千百八十八人しかいなかった。もっとも、このほかに裁判所に送るためには証拠が不十分であったために〝起訴猶予〟となった者が、六千五十六人いることはいた。しかし、起訴された者のうちでも、半分以上にあたる二千百四十四人が執行猶予か、保護監察処分に付されて釈放されていたのである。

私の同僚であった米国人記者が、当時、本国に送った記事のなかでこれらの数字を巧みに要約しているので、引用してみよう。「逮捕された六万人近い人々のうち、三・五パーセントにも満たない二千四十四人しか処罰の対象にならなかった。もし、共産主義が天然痘《てんねんとう》のような伝染病にくらべられるなら、これらの数字からは、日本にごく軽い水ボウソウが発生したとしか考えられない」

3

しかし、映画の分野では、国民の生活と思考を規制しようとする政府の熱望が完全に実現されていたのである。ある日本の評論家の言葉を借りれば、一九三〇年代に「検閲官のハサミの音が高まるにつれて、不許可となったフィルムの山が築《きず》かれた」のであった。

私が当局からきいた説明によれば、映画が上映禁止になるか、カットされる理由は、大別して三つあった。第一に反戦、あるいは平和主義的なテーマであり、第二に、日本にとって侮辱的な内容を持つと判断されるものが対象とされた。そして、第三は国民道徳に反すると考えられる内容があげられたのである。

日本の映画検閲官たちは、この巻き尺を使って、次の外国映画の輸入を禁止した。『戦艦バウンティ号の反乱』は軍人の上官への反乱を描いていたため、スタインバーグ監督の『退位した国王』は皇帝の軽薄な恋愛を主題としたために、キャサリン・ヘップバーンが主演した『スコットランドのメリー女王』は王室のスキャンダルにふれていたので上映が禁じられた。さらにジョウ・ブラウン主演の『戦場の男』は戦争を賛美していないという理由で禁止されたのであった。

日本の検閲官の道徳的な尺度は、世界でも類例のない独自なものであった。キス・シーンはすべてハサミで切り捨てられ、〝キス〟という言葉が題名のなかにはいることすら禁じられていた。日本の有名な作家である菊池寛《きくちかん》の小説『第二の接吻《せっぷん》』が映画化された時には、題名は二人の主人公の名前をとって『京子《きょうこ》と倭文子《しずこ》』に変えられなければならなかったのである。また、『キスの責任』と題された映画は、封切りする前に『恋の責任』と改めなければならなかった。私は日本の映画プロデューサーが初めて『わが心の太陽』のなかでキス・シーンを撮影したと聞いたが、この映画を検閲官が観た時にはすぐさまハサミが入れられ、噂によれば怒りに震えた係官がフィルムを足で踏みつけたというのである。さらに、検閲官は衝撃のあまりその後一週間も床についたといわれたのであった。

ハリウッドが〝姦通《かんつう》もの〟とよんでいた映画に対しても、検閲官はハサミの刃を研《と》ぎすましていた。姦通は、いかなる形でも、日本の銀幕に映されることが許されなかったのである。ハダカの人体も、映すことができなかった。この禁令の対象には売春宿の内部も含まれており、フランスである映画会社が『ヨシワラ』と題する劇映画の撮影にはいると発表した時に、日本政府は題名が日本を侮辱するものだといって厳重に抗議したのである。それでも現実には、東京の紅灯街としてもっとも有名であった吉原は、かつてなかったほど繁盛していたのである。

4

要塞地帯で写真を撮《と》ったり、スケッチするのを禁じた諸規則は、厳密にいえば検閲活動のなかにははいっていなかった。ケンペイタイがこの任務にあたっていたのである。

そして、戦前の日本でこれほど外国人旅行者や居住者にくやしい思いをさせたものはなかった。他の多くの諸国でも、軍事地帯における撮影やスケッチが禁じられていたが、どの国でも日本におけるほどスパイに神経をとがらしてはいなかった。

日本にいる外国人が、瞬時でも極度に疑い深い国にいることを忘れ、ナガサキの浜辺で可愛いウィリー坊やがキャンデーをしゃぶっているところか、シモノセキの埠頭《ふとう》でマチルダおばさんが出ていく船に「サヨナラ！」と手をふっているところを撮ったら、すぐにスパイの容疑がかけられたのである。

一九三六年（昭和十一年）に東京日日新聞がある日本の港で象が起重機で空中に吊《つ》りあげられている写真を掲載したことがある。この写真は、もし隠蔽《いんぺい》されている大砲から半径十キロ以内で写真が撮られた場合に、官憲が何を要求するかをよく示していた。写真の下には、一行但《ただ》し書きがついていた。「下関要塞司令官の好意的な許可によって」というのである！

鎌倉《かまくら》に住んでいたある外国人の場合は、まことに気の毒であった。彼は、ある晩、家へ帰る電車のなかで愚《おろ》かにも眠ってしまったのである。目が醒《さ》めた時には、横須賀にきてしまっていた。主要軍事地帯である。彼が家にたどり着くまでには、警察に誤って車中で寝てしまったということを納得させるために三日間たっていたのである！

もちろん、軍事機密を守るために忠実に任務を遂行していた日本官憲に同情することはできた。ほとんどの場合、面倒を起こした外国人は、自らに責任があったのである。たとえば神戸に向かう客船の窓から海岸の写真を撮った観光客である。彼は、接岸と同時に乗り込んできた警官隊に逮捕された。船は、沿岸警備艇から望遠鏡で監視されていたのであった。

私についていえば、日本のなかを自由に旅行しても一度も不愉快な体験はしなかった。外国に客人としてきているジャーナリストは、その国の旅行や取材に関する規則を事前によく調査するものである。一般旅行者でも、注意することはむずかしくなかっただろう。

面倒が起こる場合は、二つ考えられた。規則が実際に破られた時と、当時の日本の官僚機構がもっとも悪い面をみせた時である。世界中捜《さが》しても、日本の警官や出入国係官ほど、モグラの山を大山に変える能力を備えた下級官吏はみつからなかったろう。私はこのような種族に初めて出会った時に、彼らの大多数がスパイ恐怖症に陥《おちい》っていると診断した。彼らは無実な旅行者と、たしかに疑わしい人物をまったく区別しなかったのである。

私が日本政府の高官にこの事実を指摘した時に、彼は率直に同意したが、質がよく、かつ外国語を話せる人材を確保することが困難であると弁解し、このために下級官吏の質が低下しているといったのである。

私は、この好ましくない検閲制度について、私より以前から日本にきていた同僚たちとよく話し合った。しかし、このように話し合う時には、〝危険思想〟に対する警察活動を例外とすれば、かならず日本における検閲制度は他のいくつかの国とくらべればゆるやかなものであるという結論に落ち着いたのである。

たしかに当時の日本の〝危険思想〟という言葉は、あらゆるものを捕えることができる大きな網《あみ》にも似て、ビクトリア時代の自由主義から共産主義までがこれに含まれていたのである。日本の検閲制度がさほど厳しいものではなかったということは、私の個人的な体験と当時の世界的な基準からみても、正しかっただろう。とくに海外出版物の輸入については日本は寛大であるといえた。英語が読める日本人であれば、当時日本軍部のとっていた膨張政策を厳しく非難した本を自由に読むことができたのである。

もっとも、海外の意見を自由に知ることができても、このような自由は日本政府――とくに軍部――にとって、たいした危険にはならなかったのだ。

もともと日本のインテリのごく一部しか、民主的な西方世界において非難されていた日本政府と軍部の政策を支持していなかったのである。日本にも民主主義は存在していたが、日本式の民主主義であり、天皇が完全な知恵と徳性を備えていると信じ、神々から日本民族に課せられた国家的使命を実現するという目的のための民主主義だったのである。したがって国民大衆は安倍源基氏と彼の指揮下にあった検閲官たちがこの理想に向かって団結しようとするのを阻《はば》もうとする者を弾圧し、反国家的思想や傾向を禁じ、映画をカットするのを支持していたのである。

一九三〇年代には、〝危険思想〟狩りに狂奔《きようほん》していた日本は、海外からしばしば非難されていた。しかし、私がこの国へ来てすぐに気づいたことは、日本の中では、こういう非難の声があまりないこと、少なくとも当時社会から孤立していた共産主義者をのぞいては、そういう非難を口にする者がほとんどいなかったということである。日本の新聞についていえば、偉大なる明治天皇によって与えられた憲法の「言論の自由」を、編集者たち自身もまことに幅広く解釈していたということを、数えきれないほど多くの実例が示していたのである。

九千万人の耐乏《たいぼう》と繁栄

1

私は先日、友人として親しく交際している八十九歳になる日本の老婦人の家へ、誕生祝いに招かれた。明治九年に生まれた彼女は、一八九四年（明治二十七年）に日清《にっしん》戦争がはじまった時にはまだ十八歳だったが、その翌年、嫁に行った。彼女の話によると、その当時の一カ月の家計は三十五銭から五十銭ぐらいのものだったという。ところが、この国における生活費は、その後騰《あが》り続け、このへんで政府がなんらかの手をうつべきだ、と彼女は語るのである。

私の日本における生活は、わずか三十年しかさかのぼることができないが、それでも、その間にこの国がなしとげたもっとも大きな〝変化〟を目撃することができた、といえるだろう。この〝変化〟は、あらゆる日本人がもっとも身近に感じている。つまり、この三十年間に、日本は世界でもっとも物価の低い国から、もっとも物価の高い国へと変貌《へんぼう》したのである。

戦前の東京では、私の帝国ホテルの部屋代は一日七円であった。そして、ホテルの朝食は一円、一流のレストランで夕食をとっても二円か三円持っていれば十分であった。余談になるが、そのころ東京で、外国人記者たちや外務省の友人たちがよく通ったレストランは、東京会館、西銀座の電気ビルのうえにあったニュー・グランド、それに帝国ホテルのグリルなどであった。とにかく、そのころは週二十五ドル（昭和八年に一ドルは約二円）あれば、極東で最上等のホテルで快適な部屋に住み、うまい朝食をとることができたのである。

一九三七年（昭和十二年）に、太平洋を中心にした国際情勢を論じた私の著書の日本語版が出版されたが、私はその時のことを未《いま》だによく覚えている。私の印税は三百円だったが、それをわざわざその出版社の社長が私のところへ持ってきてくれたばかりか、カメラマンをつれてきて、この〝大金〟を授与するところを撮影させたのである！

同じころ、夫妻で来日していた私の同僚の家計簿を見せてもらったことがある。彼らは、東京の郊外の静かな邸宅街にある日本家屋を借りていたが、その家賃が六十円、雇っていた腕のいい女料理人の月給が四十円だった。夫妻は週末には箱根にいったが、ホテルの部屋代、食事代をふくめて五十円で十分だった。このように、一カ月に四百五十円もあれば、かなり楽な生活が送れたうえに、適当に貯金することもできたのである。

さらに、東京の物価が安いことをくわしく調べたいと思ったら、銀座をひとめぐりするか、帝国ホテルか山王ホテルあたりに泊まっている外国人バイヤーに会ってみればよかった。銀座では、私は三つ揃《ぞろ》いの背広《せびろ》を十五ドルで仕立てさせることができたし、絹のシャツが二ドル四十セントで買えた。見事な金属製のシガレット・ケースが四十セント、自転車が十八ドル、万年筆は六セントといった工合《ぐあい》だった。ある時、日本から雑貨を輸入していたオーストラリアの貿易商が、買いつけた商品のリストをみせてくれたことがあるが、そのリストによると、上等なヘア・ブラシの値段は三十五セントであり、顕微鏡が七十五セント、電球、電池つき懐中電灯が五十セントであった。

しかし、このような背景として、何千万人という労働者が一日二十五セントの労賃で働き、一回の食費二セントという状態だった当時の日本では、消費者物価はきわめて低いものでなければならなかった、ということができた。

当時この国では、五十万戸以上の農家が週二ドル五十セントに満たない収入しかなかったし、全国二千二百万世帯のうち、三千ドル以上の年収があったのは、わずか五万世帯だけという状態だった。この国は、八つの〝巨人〟企業によって支配されていたのである。三井《みつい》、三菱《みつびし》、住友《すみとも》、安田《やすだ》、渋沢《しぶさわ》、川崎《かわさき》、野口《のぐち》、鴻池《こうのいけ》が日本の産業と商業の半分をにぎっており、さらにこの中の三つ、三井、三菱、住友がその半分を独占していたのである。

2

当時の日本の産業構造は、労働者の六十四パーセントが、従業員五人以下の〝工場〟で働いているという状態だった。そして、一九三〇年代の日本の輸出の六十五パーセントは、これらの零細な家内《かない》工業がつくり出す商品だったのである。

これらの商品は、生きるために一日十二時間から十四時間も我慢強く働く人たち――もちろん女性もふくめて――によって作り出されていた。彼らは夜遅くまで仕事に精を出したうえに、一カ月に一回しか休まなかった。そして、彼らの住んでいる家も、食事も、生活全体がまことに質素なものであった。また、自分たちの家族だけでやっていた〝工場〟では、自分たちの給料は計算に入れておらず、原料費に十パーセントか二十パーセントの〝利潤〟を加えた金額が価格となっていた。彼らはこの〝利潤〟から、家賃、税金、生活費を捻出《ねんしゅつ》し、そのうえ少しでも貯金ができれば、まことに幸運といえたのである。

当時、米国のある上院議員が日本に視察にやってきたが、彼の東京での体験はなかなか微笑《ほほえ》ましいものとなり、われわれ外国人記者の記事の対象になったものだった。

この上院議員は、自分の出身州の工業力をつねに自慢している男だったが、その州の自慢のタネの一つは、米国で一ドルで売られていた懐中時計だった。議員は日本に着くと、すぐに日本の閣僚の一人に会うことになっていたのだが、その前に、知りあいの在日米人にこう見栄《みえ》をきったのである。彼は、ご自慢の〝一ドル時計〟を持ってきていたのだが、「これを見せて日本人の鼻をあかしてやろう」と得意そうにいったのだ。

しかし、これを聞いた相手は、すかさずポケットから懐中時計をとりだした。「やめたほうがいいですよ」と彼は忠告した。「ごらんなさい。この時計はあなたのにくらべてまったく劣りません。ところが、こいつはギンザで五十セントで売ってるんですよ」。しょげかえった上院議員は、自分の〝世界に誇る時計〟をしまいこみ、日本を離れるまで二度ととりださなかったのである。

私のポケットにも、そのだいぶ以前から五十セントの日本製時計がはいっていたが、その時計は一週間に二分と狂わなかった。しかし私が調べたところでは、この時計をつくっていた労働者は、一日十時間以上も働いて、わずか六十セントしか稼《かせ》いでいなかったのである。もっとも当時これだけの収入があれば世界でもっとも物価の安かった国で生活してゆくことはできた。この民族は、生活が質素なうえに、多くのものを求めず、また多くの不平をいわない人々だったのである。

一九三七年（昭和十二年）に、私はある日本通の外人経済学者の話を聞いたことがある。当時この学者は、日本はまだ工業技術を十分に身につけたとはいえず、工業潜在力も完全には活用していないが、これらの力が発揮される日が来れば、世界を驚倒させる成果をあげるだろう、と予言した。そしてこの予言は、戦後の日本の経済復興によって、正しかったことが立証されたのだ。

戦争によって旧式な施設が破壊された日本は、新しい設備と技術で再出発しなければならなくなり、その結果、〝一円労働者〟と安い消費物資中心の産業は姿を消し、技術研究所やオートメーション化された工場によって象徴される、大規模な、高い技術水準をもつ近代産業が誕生したのである。

この目をみはらせるような大きな変化――日本の第二の産業革命は、太平洋戦争の終結した一九四五年（昭和二十年）に始まったということができる。しかし、それとともに、物価も目をみはらせるような変化をとげた。あの暗い敗戦の年から一九四九年（昭和二十四年）までの間に、産業労働者の平均賃金は五十八倍にしか増えなかったが、消費者物価は百十倍にはねあがっていた。

そして、一九五〇年（昭和二十五年）までには急激なインフレ傾向も厳しい是正措置《ぜせいそち》によって阻止され、消費者物価は安定し、一九五五年（昭和三十年）から一九六〇年（昭和三十五年）までは毎年平均して三パーセントの割合で上昇した。しかし、その後物価は、繁栄を続ける経済と急増する賃金と所得によって年六パーセント以上も上がりつづけているのである。

今日、二つか三つのベッドルームがある家を東京で借りようと思ったら、世界でもっとも高い家賃を払わなければならないだろう。チヨダ区にある一流の洋服屋の仕立てる背広は、ロンドンのウエスト・エンドの洋服屋に比べても高いし、東京の一流レストランはニューヨークやロンドンに比べてもよほど高いといわなければなるまい。

それぱかりか、今日、東京は世界で——日本人にとっても外国人にとっても——もっとも生活費の高い都市として知られているのである。このなかからは有名なシャヨウゾクの贅沢は除くとしても、最近、ある米国の一流の雑誌によって行なわれた調査によると、東京の物価はニューヨークよりも五十四パーセントも高いというのだ。

私が日本に初めてきた当時、この国が直面していたもっとも大きな国内問題は、経済が貿易に依存し、そのうえ人口が膨張するこの国において、いかにして国民のチャワンを米で満たし、文化的な生活を保障することができるかであった。もちろん、今日でも日本の状態は基本的には変わっていない。しかし、日本が今日直面している問題は〝数の重圧〟でも失業問題でもなく、物価問題や大都市における空気汚染をどうするかといった問題に変わったのである。

私が昭和十年に、こういうことを想像することができたろうか。サンドイッチや一杯のコーヒーまであらゆるものの値段をくらべて、ニッポンよりロンドンのほうが物価の安いパラダイスになるということを！　できるはずもなかったが、これこそ日本が過去三十年間にとげたもっとも大きな変化だったのである。そして、この変化は二つの要素によってもたらされたのだ。膨張する人口の圧力と拡大する経済的繁栄である。この二つの要素こそ、かつて節約生活のうえにたっていた日本を、アジアで初めての豊かな社会に変貌させたのであった。

3

戦前の日本は、東アジアにおける膨張政策を説く軍人と超国家主義者の主張で、「人口の重圧」を取り除けという叫び声に満ちていた。

一九三〇年（昭和五年）に、日本は小さな本土にひしめく六千四百万人の人口をかかえており、過去六十年に人口は、二倍となっていたのである。そして、毎年百万人以上の割合で増加していたが、当時、九千万人が日本の人口の〝爆発点〟であり、海外への大量の移民が行なわれ、帝国が膨張《ぼうちょう》せぬかぎり、失業者が溢《あふ》れ、食糧《しょくりょう》が不足するだろうと広く主張されていた。ところが、日本は現実に一九五七年（昭和三十二年）には、この〝爆発点〟の人口に達したのである。

当時、日本は世界に向かって〝呼吸する場所〟が与えられないかぎり爆発するほかないとくり返し警告したが、この論理は日本国民のみならず世界の人口問題専門家によっても信じられていた。東京にいた外国人特派員たちも例外ではなかったのである。そのころ、私は次のような記事を書いた。

「過去四週間に、人口が溢れる日本の都市や町や村に、八万人をこす新しい国民が加わった。この同じ期間に、二万人近くの日本青年――女性を除く――が労働市場にはいる年齢に達している。次の四週間にはまた、同数の赤ん坊と新しい労働者がやってくるだろう。その後も同じことが続くのだ。このように日本の人口膨張は、新たな一週間が過ぎるごとに、住宅、土地、食糧、金、職業をはじめとするあらゆる面に新たな圧力を加えてゆくのである」

しかし、この予言は、一つの事実を除いて、すべて誤っていたのだ。人口は予想どおり一九五七年（昭和三十二年）に九千万人に達したが、その日がくるまえに日本は〝帝国〟ではなくなっていたのである。これは日本が旧領土の四十五パーセントにあたる広大な土地と食糧と植民地への移住の機会を失ったことを意味していた。しかし、〝爆発〟は起こらなかったのである。今日の日本に深刻な失業問題や食糧問題は存在していないではないか。

それればかりか、かえって労働力不足が産業の一部を悩ませているのである。お手伝いや、その他のサービス業では求人は困難である。賃金――とくに初任給――は急激に上がった。工業生産高と生活水準は上昇の一途《いっと》をたどっている。レジャー・ブームが出現した。一九三七年に専門家が日本は九千万人を養うことができないと断言していたにもかかわらず、戦後、日本は初めて米を自給自足することができるようになったのである。

二年前に私は日本政府の人口問題専門家の話をきいたが、正常な貿易が行なわれるかぎり、人口問題で危機がおとずれることはありえないと断定していた。今日、日本には九千八百万人の人々が住んでいるが、国民は未曾有の繁栄を楽しんでいるのである。

4

どうして奇跡が起こりえたのだろうか?

戦前の専門家や宣伝家は、どこを誤っていたのだろうか?

日本本土についていえば、千六百万エーカーの土地しか耕せないことにかわりはない。鉄鋼石の埋蔵量は約八千万トン——といっても採算を考えれば一部しか活用できない——であり、石炭の埋蔵量は一千億トンであって、ほぼ当時と同じである。そして昔と同様に屑鉄《くずてつ》、錫《すず》、ニッケル、真鍮《しんちゆう》をはじめとする原料の大部分が輸入に依存しているのだ。日本が自給自足できるのは、石炭と銅以外にない。

つまり、一言にしていえば、原料の補給についてはまったく三十年前と変わっていないのである。それなのに、今日の一億人近い国民は、戦前の七千万人よりも、はるかに楽に暮らしているのである。どうしてだろうか?

答えとしては、多くの理由があげられよう。国民総生産の増加、国民所得と就職口の拡大、耕作法の進歩と肥料の改良による連続的な豊作、さらに、輸出の大幅な成長と国内における消費革命があげられる。しかし、なによりも注目されるべきことは、今日の日本の軍事予算が世界のいずれの大国よりも、きわめて少ないという点である。これは、日本にその資源と貯蓄と労働力を生産的な産業へ注入することを可能にさせたのである。かつては、日本の力は、東アジアに君臨しようとして、偽《いつわ》られた〝栄光〟を追求することに注ぎ込まれていたのだった。

戦前においても、帝国の夢を追うよりも貿易の拡大をはかるほうが日本のためになると説いた少数の企業家がいた。しかし、彼らは荒野で叫んでいたように、だれも彼らのいうことを聞かなかったし、政府も関心を示さなかった。そして、一九四五年（昭和二十年）に征服者がやってきて、平和のほうが戦争よりも大きな利益をもたらすと教え、疲れはてた国家はそれにうなずいたのだった。その後、孤立していた企業家と太平洋戦争後に日本に忠告した征服者が正しかったことが証明されたのである。

今や、のこされた唯《ただ》一つの問題は、物価の上昇率を所得が上まわるようにするということである。もっとも、時おりやってくる世界的景気の後退や横ばい現象による影響も考えねばならないだろう。

ただし今日、明らかなことがある。それは、正常な国際貿易が続けられるかぎり、日本は一億人――そして将来一億一千二百万人になるまで――の人口を、他の大きな人口をかかえた諸国が示したように、さしたる困難もなく養うことができるということである。

〝帝国陸軍〟の実力

1

もし、日本政府に個人的に好感を持たれている外国人特派員がいたとしても、戦前の日本において、〝陛下の軍隊〟に接近することは困難であった。もちろん、当時の世界の新聞は、帝国本土、満州国、内蒙古《うちもうこ》、北支における日本軍の行動について、海のように広大なスペースをさいて報道していた。しかし、実際のところは、真珠湾が攻撃される瞬間まで、日本の陸海空軍は、地上においてもっとも知られていない大軍事機構だったのである。

外国人記者は、平時における大演習でさえ、参観することを許されなかった。時たま横須賀軍港を外国の軍艦が儀礼的に訪問するようなことがあっても、この秘密主義にかわりはなかった。こういう場合、国際慣例として外国士官は日本の軍艦艦上で開かれるパーティーに招待されるわけだが、そのパーティーに出席したヨーロッパの士官に私が感想を聞くと、彼はこう答えた。

「あらゆるものの上に帆布《カンバス》がかけられてましたよ。帆布がかけられてなかったのは、水兵だけでした」

したがって、一九三六年（昭和十一年）に、私が満州国の関東軍を取材するため、兵舎で将兵と数日をすごしたいと陸軍省に申し入れた時も、「現在の東アジアの緊迫した情勢に鑑《かんが》み」不許可となった。

またその翌年、中国北部での戦闘が勃発《ぼつぱつ》する直前、北支派遣軍司令官であった田代皖一郎《たしろかんいちろう》中将に日本駐屯軍の兵力について質問した時も、将軍は一言のもとに私をはねつけた。「数字はいっさい公表できない。日本陸軍の機構と編成は固い秘密である」

もっとも、日本の軍事力についてわれわれ外国人になじみ深いものもないではなかった。一九三七年（昭和十二年）の八月、戦火が上海まで拡大した時、上海の国際租界《そかい》の埠頭《ふとう》に姿をあらわした日本分遣艦隊の旗艦《きかん》〝出雲《いずも》〟などがそのよい例である。この軍艦は、当時艦齢四十歳という老朽艦《ろうきゆう》だったが、このオンボロ船がこういう重要な任務についたのも、この艦がもともと英国で建造され、西方諸国によく知られているという事情があったからである。少なくとも、この旗艦はわれわれ外国人特派員に〝イッツィ〟とアダ名され、親しまれていて、そのかぎりでは日本の国際ＰＲは成功しているといえた。

このようにして、日本は自国の実際の軍事力を巧みに隠しとおしたといわなければならない。日本があまりにも完全に軍事機密を守ったので、世界の諸国は――そして外国人特派員も――太平洋戦争がおこるまで、ニッポン軍の実力を過小評価していたのである。日本の軍艦は上部が重すぎてたやすく転覆《てんぷく》すると海外諸国では信じられていたし、日本の爆撃機のパイロットたちは、まぐれでしか標的に命中させられないと考えられていた。しかし、太平洋戦争がはじまるやいなや、世界は真実を知らされたのである!

もっとも私は、当時から、日本の軍事力について誤ったオトギ話をつくり上げ、自己満足におちいるのはきわめて危険であると考えていた。この国は、かつてロシアのバルチック艦隊を対馬《つしま》海峡で撃滅し、旅順《りょじゅん》を攻略していた。第一次世界大戦では、連合国側にたってよく戦ったし、満州も簡単に占領しているのだ。私は、一九三七年に故国で出版された著書の中でこの点を指摘し、日本軍の真の姿を描こうと試みた。その『未検閲の極東情報』のページをくってみよう。

「私は、日本陸軍を実際にこの目で見た。中国北部へ送られる増援部隊を乗せて黄海《こうかい》を渡る輸送船に同乗し、日本将兵と生活をともにしたのである。夜は将校といっしょに六人部屋で寝て、昼は彼らと同じナマの魚肉、米、野菜の食事をした。アジア大陸では、私は満州の荒野を走る軍用列車に乗り込み、日本将兵とともに長旅をした。この間、私は日本軍の最高指揮官たちに会い、いく晩か将兵といっしょにカフェーで遊んだこともある。その結果、私はひとつの結論をえた。それは、日本陸軍について世界の考えていることは、まったく誤っているということだ」

2

実際のところ、私がはじめて日本陸軍と接触したのは、満州と中国北部における二年間の警備任務を終えて帰還した若い兵士の一団と話した時である。これらの徴兵された青年たちは、みな貧しい農村の出身者であった。私がカーキ色の制服をまとったニッポンの戦士たちに、どのような世界観をもっているのかと質問すると、なかの一人が代表者の役を買ってでて答えてくれた。

彼は、日本が満州にもたらした法と秩序の恩恵について、満州の人民がこの恩恵に浴していない、などという者がいるとすれば、まさに驚天動地《きようてんどうち》のことである、といった。そして、参謀本部が、いかにしてこの新生国家を保全しようと計画しているかということ、また、東アジアにおける日本の権益全般について、知っているかぎりのことを語った。

彼は、日本のとっているこれらの行動をあげながら、日本は国家的要求にしたがってその勢力範囲を拡大する権利をもっているのであって、公平な観点から見ればこれは疑う余地のないことであるというのだ。しかし、この話の間中、この若い兵士は、日本の文官政府や帝国議会のことについては一言もふれなかったのである。私はこの日、この日本陸軍の典型的な兵士の話を通じて、一つの事実を悟《さと》った。それは、日本が中国やその他のアジア地域における国家政策を立案し、実施するにあたっては、これらが軍統帥部《とうすいぶ》の問題であるということ、そして、他のいかなる者もこれに関与するのが許されていないということである。

これらの兵士は、日本が「アジアへ平和と福祉をもたらす歴史的使命」をもっており、「日本精神が極東において文明を代表している」と素朴に主張したが、どうやらこれは、彼らが将校たちから教えられた〝実〟をそのまま述べているようであった。しかしそれにしても、彼らにとっては、日本陸軍が外交の分野に〝干渉〟しているというような非難は、まことに滑稽《こっけい》なものだった。陸軍が、日本とアジアの関係を決定するにあたっての審判者であることに、なんらの不思議も感じていなかったのである。

私は、兵士たちの話を聞いてからしばらくして、満州国に取材におもむいたが、その時、ある高級将校に、日本とソビエトとの戦争の可能性について質問した。すると、彼はこういうことをいった。

「私の意見は、天皇陛下のご意見であります」

「では天皇のご意見はどんなものですか?」と私はたずねた。

「それは」彼はちょっと息をのんだ。

「私にはわかりません」

もちろん、このような天皇の統帥に対する絶対的な服従は、決して日本だけにみられるものではなかった。他国の軍隊も、自分の国とその使命を信じていたことにかわりはない。

しかし、日本の陸軍は、その後におこった一連の事件から考えると逆説的に聞こえるかもしれないが、陸軍の目からみて日本がつねに〝公正な取り引き〟をしているかぎり、平和主義を信奉《しんぽう》していたということができる。これはまさに独特のものであったといわなければならない。

日本の将兵は、明治天皇が残した「義務は山よりも重く、死は羽根《はね》よりも軽い」という戒《いまし》めを固く守っていた。彼らは、富よりも貧しさ、虚飾よりも謙譲《けんじょう》、自己宣伝よりも慎《つつし》み、利己的であるよりも自己犠牲的であること、個人の福祉よりも国家の利益を重んじることを説くブシドウの教えに、忠実に生きようと努力していた。さらに、屈辱をうけるよりも、静かに死をうけいれるよう努めていたのである。

もちろん、彼らは、名誉が傷つけられないかぎり、生きて国家に尽くそうとしていたのはいうまでもない。しかし、彼らの考えていた、国家のなかにおける陸軍の役割は、民主的な西方世界における考えとまったく異なっていた。ある時私は、日本の将校の一人にこういうことを質問した。

「日本では、軍統帥部が、国民から選挙された代表たちに指令する権限があるようですが、こういう権限は、いつどこの選挙区が軍統帥部にあたえたものなんですか？」

質問をうけた将校は、驚いて、一分間も口がきけなかった。そして、気をとりなおすと、こう答えた。

「国家の最善の利益のために、陸軍が日本の政治的進路に影響を与える権限は、投票によってあたえられたものではありません。質実無私《むし》な将校たちが日本の理想に生命をささげている、このことによって、陸軍は国家の進路に影響を与える権限があるのです」

しかし、西方世界——それに東京にいた外国人記者団——は、軍服を着た男たちが政治に干渉することについて、日本国民の大多数が何ら不自然さを感じていないという簡単な事実を、理解することができなかった。当時、政治への軍部の干渉という例は、いくらでもあった。そのころ軍部は、第一次近衛内閣に対して、国体の明徴《めいちょう》化、国防の強化、民生《みんせい》［人民の生活と生計］の安定、議会の改組《かいそ》、という四項目の要求をつきつけていたのである。

4

私は、これらの要求について取材しているうちに、第三項目の民生の安定ということについて、面白い発見をした。それは、軍部がことさらに〝民生の安定〟を要求した理由である。実際のところ一九三六年までの二十年間に、医学的な理由で徴兵不合格となった者が、千人あたり二百四十人から、半数近くの四百五十人に増えており、統帥部はこの問題解決に苦慮していたのである。また、当時の日本は、結核の死亡率でも世界最高だった。

統帥部は、この問題解決のために、第三項目にさらに「全国民に医療をほどこし、健康教育を行なうため」厚生省を創設する計画をつけ加えていた。計画によれば、この省は十の局からなり、さらに三十六の課に分かれることになっていた。これは、当時の軍部が自らの計画を詳細に公表した、ただ一つのものだったといえる。

この計画は、局課の数は削減されはしたが、終局的には近衛内閣によってうけいれられ、陸軍は望んでいたものを手に入れたのである。そして、その後あらゆる日本人は、生後六カ月で第一回目の身体検査をうけ、その結果が「健康登録手帳」に書きこまれるようになった。日本男子は、就学年齢に達すると、毎年学校で身体検査をうけ、さらに徴兵年齢に達した後も、四十歳になるまでは毎年この検査が行なわれたのである。

こうして政府は、陸軍から軍備と民生に対する予算を同時に増額せよ、という最後通牒《つうちょう》をつきつけられ、このジレンマから逃れるために、国家のすべての資源と工業設備を〝国家非常時〟に際して動員する計画を作りあげた。この計画のもとでは、あらゆる原料が配給制となることが決められており、これが全国民に大きな犠牲をしいるものであることはいうまでもなかった。そしてさらに、「自己犠牲と公共への奉仕を奨励《しょうれい》するため」に、〝精神総動員〟のための計画も発表された。その時の説明によると、この〝精神総動員〟は「現在の情勢を正しく国民が理解するよう啓蒙し、民族精神を高揚し、公共の利益へ奉仕する精神を形成し、勤勉な生活を行なわせる」ためであった。

このようにして一九四二（昭和十七年）までには、最後の一枚のキモノ、一個のニギリメシ、一軒の零細な町工場にいたるまで、祖国を防衛するために動員できるよう、日本の舞台の準備はできあがっていたのである。

一九三六年十一月に陸軍省が発行したパンフレットには、次のような言葉があった。「わが国をめぐる諸情勢は、日に日に厳しさを加え、個人主義的な団体や自由主義的な政策、政治が正され、国家の政治方針が根本から改革されないかぎり、国運と国民の繁栄福祉が向上することは望みえない」

このパンフレットは、さらにこう述べていた。「国防の見地から、日本精神にもとづき、国家再建のため政治革新が必要であり、かつ、近代的軍備を整えるためにも、全体主義体制を確立し、これを合理的に運営しなければならない……全体主義体制をとっている国家は、つねに非常時にあたって決定的な力を発揮するよう、国力をたくわえることができる」

私は、この陸軍の政策発表ともいえるパンフレットについて記事を書き、次のようにむすんだ。「いいかえれば、日本は、毎度のことながら、岐路《きろ》にたっている。しかし、今後、日本の行く道を示すのは陸軍である。そして、陸軍は、日本がその道を流行《はやり》のステップで進むよう監督することだろう」

　とはいえ、私はかつて満州の荒野で聞いた日本軍の演習の砲声が、実際に怒りの叫び声をあげて響くような日がこないことを祈っていた。ついこの間まで、縫い糸とタバコを交換したり、同じ飯盒《はんごう》から米の食事をとったりしていた日本の好青年たちが、他国での栄光を求めて戦争におもむくということは、考えるだけでも私の心を暗くしていたのである。

　しかし、私がそんなことを考えていた数週間後、上高地《かみこうち》の帝国ホテルで休暇をとっていた私のもとに、東京にいた同僚のフランク・ヘッジェスから電話がかかってきた。北京で、大きな戦闘がはじまった、というのである。彼は「これだ！　戦争になる事件だ」と叫んだ。そして、私にすぐ東京へ帰るように忠告したのである。

　さっそく帰京してニュースに耳をかたむけていると、刻々と情勢が悪化してゆくのがわかった。東京の外国人記者団は毎日、帝国ホテルで外務省のスポークスマンから見解を聞き、東京から見た〝拡大する戦闘〟についてのニュースを海外に打電した。

　しかし私はじきに、なによりも中国北部の現場へ行って、情勢を報道すべきだという結論に達した。そこで、陸軍省と外務省をまわって身分証明書を手にいれると、トランクに身のまわり品をつめ、一九三六年七月二十一日、神戸から塘沽《トンク》に向けて出航する客船に乗りこんだのである。この船には、一般乗客のほかに、多くの日本軍補充兵が乗っていた。私のトラ

上高地帝国ホテルに滞在中の著者

ンクには日本政府から北支派遣軍司令部にあて、私が東京で登録された外国人記者であり、できるかぎり取材の便宜をはかるよう依頼した手紙がはいっていた。

いよいよ時がやってきたのだ。私は〝戦う陛下の軍隊〟を取材することに、胸をはずませていたのである。

宣戦布告なき開戦

1

蘆溝橋《ろこうきょう》〝事件〟（昭和十二年七月七日）は中国北部における戦闘拡大の発火点となったが、私はこの事件の三週間後に天津《テンシン》に到着し、英国租界《そかい》にあるアスター・ホテルで荷をといた。そして、まず第一に日本領事館に挨拶《あいさつ》に行き、その足で天津の日本軍司令部にまわり、香月《かづき》［清司《きよし》］司令官に面会をもとめた。

私の応対に出た幕僚は英語のできる男だった。私はさっそく、東京から持参した外務省と陸軍省の文書をさし出した。この二通の文書は紹介状ともいえるもので、現地の司令部にあてて取材の便宜をはかるよう依頼したものだったのである。

ところがこの幕僚は、封を切って二通の文書に目をとおすと、私の見ている前でそれをそのまま足もとのクズ籠《かご》に投げこんでしまった。

そして彼は口を開いた。

「ここですべてを監督しているのはわれわれであって、東京の連中ではないのです。ところで、あなたは、われわれにどうしてくれというのですか」

こうして私は数日を天津で過ごすうちに、帝国陸軍に歓迎されるためには、外国人記者はただ定例の記者会見に出席し、軍スポークスマンの戦況発表のとおりに記事を書くしかないということを、十分に思い知らされたのである。自分自身で戦場を見ようとする記者には、軍はいっさい協力しなかった。帝国陸軍は戦場への交通手段を完全に掌握しており、許可を得た護衛つきの記者のグループ以外は、戦闘地域にたち入らせなかったし、中国と外界とのいっさいの通信手段を統制していた。これは後になってわかったことだが、陸軍は、気に入らない新聞電報を検閲するのはもちろん、時にはこれを勝手ににぎりつぶすようなことまでしていたのである。

八月に中国中部に戦火が飛び、上海で戦闘がはじまると、ロンドンの本社から私のもとへ、上海へ急行するように指令した電報がきた。私はすぐに、できるかぎり早い方法でこの国際都市へ向かうと返電したが、この電報は本社へはとどかなかったのである。このためロンドンでは、私が怪我《けが》をしたか、行方不明になったものと思い、新たな特派員を空路上海に向かわせた。おかげで私が上海のメトロポール・ホテルに着いた日に、この新任の特派員も上海に到着し、ホテルで私と鉢《はち》合わせをする結果になってしまった。彼は、私がどうして緊急電報に返電を送らなかったのかといって、本気で私にくってかかったのである。

このように、中国にあった日本軍は、新聞記者に対してきわめて厳しい態度で臨んでいた。もちろん、好ましい記事を書く記者に対しては、一定の限度はあったが、援助を与えた。しかし、当時数百万部の発行部数を持つ英国の新聞に私が書いていた記事は、どうやら帝国陸軍のお気に召さなかったらしい。後に、南京《ナンキン》が陥落した時など、陸軍は記者団のために飛行機を用意してくれたが、私だけは招待されなかったからである。

中国にあった帝国陸軍の上層部の態度を要約すれば、これは「彼らの戦争」であって、外部の者には誰一人として鼻をつっこまれたくなかったし、批判など受けたくなかった、ということになる。これらの軍人たちが、「彼らの戦争」の目的としてただ一つ強調していたことは、中国側に誠意をもって行動するように教え、中国を救《たす》けるのが日本の義務であることを認識させる、ということだった。そこで、私はさっそく記事のなかでこの戦争のことを「友人を悔悛《かいしゅん》させるための戦争」と呼ぶことにした。私は記事を書くたびに、この言葉を使ったのである。

2

しかし、このような戦争は、北京郊外での地方的事件ともいうべき蘆溝橋事件の結果として起こったものではない。少なくとも、蘆溝橋事件にはまだ停戦の可能性があったのである。現に、第一発目の銃声がひびいてから四日後にあたる一九三七年七月十一日に、河北《ホペイ》・

察哈爾《チャハル》政権（中国第二十九軍をひきいた軍閥宋哲元《そうてつげん》の冀察《きさつ》政権。このほか、当時の華北には、この地域を接満《せつまん》緩衝《かんしょう》地帯にしようとする日本軍の後押しで冀東《きとう》、内蒙《ないもう》政権があった）と日本軍の間に協定が成立していた。この協定では、中国側が戦闘に参加していた部隊を撤退させ、「日中親善関係を阻害する人物を除去する」ことを約束していたのである。

この時まだ東京にいた私は、この日の午後、外務省の友人から電話を受けた。「みんな終わりましたよ」と彼はいった。「あなたはまた、上高地の休暇にもどられるとよい。中国側は北京から第三十七師団を撤退させ、日本に公式に陳謝することに同意しました。もう戦闘は起こりません。われわれは、あらゆる軍事的準備活動を中止しました。華北において徴用されたトラックや乗用車は、現在、持ち主に返還されつつあります」

しかし、日本軍と北京の中国当局との間にどのような協定が成立していたにせよ、何かが間違って運んだのだ。私が神戸から中国へむけて出港した日の翌日、七月二十四日に日本軍は声明を発し、中国部隊の撤退が遅れていることに対して不満を表明した。そして次の日には、中国軍の司令部にあてて、中国第三十七師団の撤退を完了すべき期日を指定した最後通牒を出したのである。しかし、中国側はこれを拒否し、二十六日には、再び広範囲にわたって戦闘が開始され、日本軍の飛行機は北京周辺にしかれた中国軍防衛線を爆撃した。ここにおいて、停戦交渉はうちきられ、戦闘の終わる見込みはなくなってしまったのである。

さらに、この三日後に、二つの事件が起こり、戦争の拡大は避けがたいものとなった。通《つう》州で起きた日本人居留民の大虐殺と、天津において中国部隊が日本の領事館を襲撃したことである。

当時通州は、河北東部を支配していた日本の傀儡《かいらい》政権（冀東《きとう》政権）の首都であった。ここで日本軍は、約八百名の中国軍に武装解除を命じたが、彼らはいうことを聞かなかった。そこで日本軍はこれを反乱として受けとり、通州駅でこの中国部隊を取り囲み、機関銃で掃射したのである。この結果、中国側に約四百名の死傷者が出たが、こうして、市内の〝敵性分子を一掃〟したと思いこんだ日本軍部隊は、中国北部の他の地域で苦戦していた友軍を応援するため、出発していったのである。

ところが、日本軍の主力が通州の街を出た直後、こんどは約三千名の〝東河北保安隊〟が反乱を起こし、市内に残留していたごくわずかな日本軍部隊と日本人居留民を襲い、数百人にのぼる日本人男女や子供が虐殺されるという事件が起こったのである。

それまでは、日本軍によって指導されていたこの中国保安隊は、同じく日本軍によって選ばれた傀儡政権の主席である殷汝耕《いんじよこう》に忠誠であると信じられていた。それだけに、この事件が日本人に与えた衝撃は大きかった。

日中戦争の初期の段階で、この事件ほど、日本国民に中国側の〝不誠実〟を確信させたものはなかったろう。もっとも、それ以前にも、中国側の不誠実ということについては、紛争地域からなかなか中国軍の撤退が行なわれないということによって、日本人に印象づけられ

通州事件の日本人遭難者を供養するために建てられた墓標

てはいた。しかし、この通州事件のニュースが日本にとどくと、日本国中にたちまち戦争熱がわき起こり、愛国的な街頭行進が各地で行なわれ、「中国をこらしめよ」という合言葉が叫ばれるようになったのである。

いっぽう、天津における日本租界に対する攻撃も、七月二十九日に行なわれたが、日本人居留民は幸運にも中国軍の失敗によって救われることになった。この日、中国の第二十九軍は、天津の日本軍司令部まで約千メートルの距離にせまっていた。しかし、どうしたわけか中国軍主力は、ここで小銃しか持っていない天津の保安隊三千名を残して後退してしまったのである。さらに、信じがたいことではあったが、天津の出身者でつくられていたこの保安隊が、暗闇《くらやみ》の中とはいえ道を間違え、彼らの最大の目標であるべき日本軍の飛行場に突入することができず、ここからかなり離れた場所を攻撃したのだ。このため、全力をあげて反撃に転じた日本軍の〝死の鳥〟は、次々に空へ舞いあがり、中国軍拠点に爆撃をくわえて、これを粉砕《ふんさい》してしまったのである。

いずれにせよ、この通州における虐殺事件と天津の虐殺未遂事件によって、東アジアにまだわずかながら残っていた平和への希望は、完全に打ち砕かれた。もはや、戦闘は局地戦から、宣戦布告なき戦争へと拡大されていったのである。

3

八月にはいると、天津の外港にあたる塘沽《トンク》港には、三百隻以上にのぼる日本軍輸送船が停泊しており、その間をぬって、日本軍特有の箱型の発動機艇が、軍需品を岸へ運んでいた。渤海《ぼつかい》湾の泥濘《でいねい》［ぬかるみ］におおわれた沿岸には、陸揚げされた戦車、大砲、弾薬が並べられ、新しい部隊が行進していた。

いっぽう中国側では、南京中央政府の蔣介石《しょうかいせき》総統は、もはやいっさい日本へ譲歩してはならぬ、と命じていたのである。もし、これ以上日本の要求に譲歩するようなことがあれば、なによりも中国民衆の間にある自分の人気が失われることをよく承知していたのだ。蔣介石の〝近代装備軍〟とこの権威を認めた中国地方軍は、大きな戦闘に備えて準備を始めた。総統は中国軍の司令官たちと戦略と主戦場となるべき場所について協議し、まず上海を選んだのである。こうして、この港湾都市を中心とする約六十キロの戦線で、国際租界とフランス租界を大観覧席として、日中両軍が上海争奪戦を演じることになるのである。

それにしても、一九三七年のあの夏の日々に、日本はきたるべき戦争についてあまりにも楽観していた。私が従軍記者として中国へ出発するまえに陸軍省へ行った時も、中国〝事変〟はたんなる新たな警察行動にすぎず、四カ月で完了すると断言されたくらいである。

中国へ注ぎ込まれた部隊の大部分は老兵といっていい予備役兵からなっており、日本陸軍の精鋭とはお世辞にもいえなかった。また、上海戦線に派遣された軍艦のほとんどは、予備に編入されていたもので、スクラップのかたまりといったほうがよかった。さらに、上海付近の呉淞《ウースン》に撃ち込まれた砲弾には明治製のものが多かったし、当初日本空軍が投下していた爆弾は、数ポンドの〝紳士的な〟爆弾だけだったということである。日本軍の航空部隊が、本格的な五百ポンド爆弾の雨を降らせるようになったのは、上海における中国軍がなかなか手ごわいとわかってからのことだった。

私は中国北部に数週間いたが、北京より先の前線には二、三回しか行くことができなかった。そのうちに主戦場が上海に移ると、私は天津の日本領事館の口添えを得て、陸軍に新作戦地域へのキップを申請した。

天津の日本軍司令部は、やっかいばらいができることに喜んでいたのかもしれない。意外なほど早く許可がでて、大連に日本人避難民を運ぶ船のデッキに席をとってくれたうえ、さらに三日後に大連から門司へ向けて出港する客船の個室を用意してくれたのである。私は門司から陸路長崎《ながさき》へ行き、上海丸に乗り込んだ。上海丸は、平時には長崎と上海を結ぶ定期航路に就航していたが、このころは上海の日本人租界から日本人居留民を避難させる仕事でシナ海を往復していた。

したがって、上海行きの航路は平時なら三百人の乗客を運ぶところ、乗客は私一人という状態だったのだ。にもかかわらず、上海丸では一人の外国人の乗客のために、何ごとも変わったことがなかったように、昼食と夜食のたびに日本語のメニューを印刷してつくってくれるといった平和な航海で、船橋《せんきょう》と甲板《かんぱん》に積みあげられた砂袋がかえって不自然に感じられるくらいだった。しかし船が黄河《こうが》に着くと、私はその砂袋の必要を思い知らされた。河をのぼりはじめると、船をめがけて両岸から中国軍の銃弾が浴びせられたのである。

船が上海に着くと、私は日本郵船の専用波止場《はとば》で共同租界へ行くランチ［原動機つきの小さな船艇］を待った。しかし波止場には日本軍の弾薬が山のように積まれていたので、これを狙って、この埠頭《ふとう》を爆破しようとする中国軍の砲弾が、私の待っている間中、不気味な叫び声をあげて飛来した。ランチが姿を現わすまで、私は一年も待っていたような気がしたほどである。ランチが来た時には、私は挨拶もせずに飛び乗ってしまった！

しかし、こんなことでひるんではいられない。上陸すると私はさっそく、前線を視察したうえで、日本、中国、またその他の諸国のスポークスマンと会って、上海発の第一報を打電した。このなかで、私は次のように予測した。

「中国軍は、おそらく数週間以内に上海から駆逐《くちく》されよう。そして、おそらく次の数カ月以内に中国の耕地の三十パーセントがある中国中部全域が日本軍の支配下にはいろう。もちろん、今日まで中国のとってきた戦術がはっきりしていないので、これらは推測の域をでない。しかし、今日まで中国軍は数十万の兵力を動員できるにもかかわらず、一つの戦闘に五千人以上の兵力を投入したことはない。もし、中国が戦略的後退によって日本軍を果てしない奥地に誘い込もうとするならば、途方もない消耗戦争は東京が懐《いだ》いている短期戦争の計画を狂わせることになろう……この戦争は、おそらく日本の勝利によって終わろう。なぜならば、中国人市民の悲劇的な苦難、日本の進出政策が日本へもたらす危険、侵入軍がとっている無慈悲な戦闘方法がおこしがちな国際紛争のおそれにもかかわらず、両国は妥協するのにはすでにあまりにも深入りしてしまっているのだ。この戦争はあらゆる面で長期戦争の様相を呈しており、新しい世界地図と新しい歴史書を生んで終わるだろう。そして、もしその日まで世界がこの戦争にまき込まれていなかったら、世界はよほどの幸運に恵まれたとしかいうほかないのだ」

4

しかし、日本軍はこの戦争が、これまでの一連の事件のなかの一つの〝事件〟にすぎないとしか考えていなかった。そして、日本が警察行動をとれば、中国国民は蔣介石の国民党政府が悪いことを認めて、彼らをじきにほうりだすものと信じていたのだ。もし、そう考えていなかったのだとしたら、中国が一等国を相手に近代戦争を戦うことができると認めることになり、誇り高い日本はこのような事実を容認することができなかったはずである。

このような頑迷《がんめい》な心理は、八年も続いた戦争の初めの数カ月間、日本軍を支配していた不当な楽観を生んだ。上海における日本軍の定例記者会見では、厳粛な顔つきをした日本のスポークスマンはあまりにも頻繁に「中国軍団を殲滅《せんめつ》した」と発表したのである。しかし、次の日になると〝殲滅〟されたはずの中国軍団は戦闘を続けており、しかもさしたる損害を蒙《こうむ》っていないということがわかった。このために、中国が崩壊寸前であり、最後のあがきをしているという日本軍の発表は、ほどなくして、外国人記者の間には、冗談としてしかあつかわれなくなった。

このころ、私はある中国軍団の司令部から次のような記事を書きだしたことがある。「私はこの記事を、殲滅されたはずの中国中央軍の司令部で書いている……」そして、帝国陸軍は、国内消費用に〝非常事態〟をあおる音楽を奏《かな》で続けていたわけだが、中国では、侵入者が都市を、いや、省をいくつ占領しても何ら効果がないということを悟るまでには永い苦難の年月が必要だったのである。とにかく、日本が勝利を収めるためには、中国の主力軍を壊滅させなければならなかったのだ。

しかし、中国最高司令部は、主力軍が捕捉《ほそく》されるのを避けて、一九三八年（昭和十三年）十月に漢口《ハンカウ》が陥落する直前に、次のように新しい戦略について発表した。

「中国は、今後〝全域戦術〟をとろう。もし日本軍が北へ進めば、われわれは南へ退《しりぞ》き、もし日本軍が西へ進めば、東へ退くだろう」

このような戦争方法は、外国人の耳にはユーモラスにさえ響いたが、軍隊が七、八百キロ退却してもまだ自国領土内にいるような広大な国では、まことに効果的であったのである。

その後の発展は、戦争が長期にわたるあらゆる様相を呈しているという私の予想が正しかったことを示した。一九三八年末に、私が東洋を後にしてヨーロッパに帰還した時に、中国軍はまだ頑強に戦っており、強力な日本軍は広大な国土で果てしない戦いを続けていた。四カ月後にくると考えられていた勝利は、はるかかなたにおしやられていたのである。

上海《シャンハイ》の地獄戦線

1

日中戦争が始まってから十六カ月間、私は、従軍記者としてこの戦争を報道したが、これは〝苦力《クーリー》の戦争〟と呼ぶべきものであった。そしてこの熾烈《しれつ》な戦争で、中国の一般民衆は高く称賛されるべき勇気と、忍耐力と、愛国心を発揮していた。

政府最高部における汚職、上級指揮官の頻繁な逃亡――事実、首都南京では中国軍司令部は日本軍が市内に突入するはるか以前に守備隊を見捨てて逃亡してしまった――、貧弱な装備、また、ほとんどの場合、武器や医療品の補給が皆無にひとしかったにもかかわらず、中国兵は絶対にひるまずに戦い抜いた。このような彼らに、外国の観戦者は深い敬意を払ったのである。

上海戦線では、日本軍はまず白兵戦《はくへいせん》［近距離戦］をもって中国軍を駆逐しようとした。突撃すれば、中国兵は遁走《とんそう》すると思ったのである。しかし、中国軍は微動もしなかった。彼らは大砲はわずかしかもっていなかったが、機関銃は十分にもっていたのだ。

そこで、日本軍は方針を変え、後方から重砲の砲火を中国軍防衛線に浴びせることにしたのである。この重砲の交響楽には、揚子江《ようすこう》と黄浦江《こうほこう》〔上海市の中央を流れ、揚子江に流れ込む。この河の東側地区が浦東《プートン》〕に停泊している日本軍艦が加わった。上海における戦闘は七十五日間続いたが、結論として、私はもし中国兵がよく装備され、よい指揮官をえていたなら、世界のどの軍隊にも劣らない実力を発揮するだろうと思った。

私は、上海戦線で多くの中国人兵士と話した。

「われわれのモットーは、〝一人が一人を倒す〟です」とジーモ（蔣介石の大元帥《ジエネラリツシモ》の称号を略して外国人記者からこうアダ名されていた）の虎の子第八十八師団のある一兵卒が私に語った。

「私の任務は、死ぬまえに日本人一人を殺すことです。もし、われわれが皆義務を果たせば、日本兵は最後の一人まで絶滅されます。そして、その後に自由な中国を築くのに十分な中国人が残るでしょう」

中国民衆の士気も、劣らずに高かった。私は、日本軍に爆撃された村をその直後に訪れたことがある。ここで、私は一人の年老いた農夫をとめて、村の上を日本軍の飛行機が舞った時の体験を尋ねた。

「戦争の鳥が飛ぶ時には」と、彼は言った。「無力だが、賢い百姓は畑へ逃げて腹ばいになりますだ。戦争の鳥は腹が減れば食べるために大地に降りなければならないが、わたしたち百姓は気の遠くなるほど永い時間でも、腹ばいになっていることができます」

こうして、中国人が一般的に人命を残酷なほど軽視し、とくに大量虐殺にも動じないということは、近代兵器を無限にもっていると思われる敵に対して、惨憺《さんたん》たる生存の戦いを進めていた中国の底力となっていたのである。おそらく、五十名の傷ついた中国兵のうち、一名も医療をほどこされた者はいなかっただろう。病院に収容された運のよい者は、二百名に一人ぐらいのものだった。戦友がわきで重傷を負って、看護もえられずに苦痛にうめいているという状態では、どのヨーロッパの軍隊もたちまち士気が崩壊してしまうだろう。しかし、中国兵はこれを当然のことだと思っていたのだ。

かつて想像すらできなかったように激しい砲爆撃にさらされていた中国軍兵士は、もし日本軍がもっと撃《う》てば、日本帝国が破産し、日本は戦争に負けると信じていたが、彼らにこう思いこませたのは、蔣介石総統のなしとげたもっとも大きな成功といえた。事実、このような兵士の気持ちは、上海周辺の戦闘において、大きな威力を発揮していたのである。もっとも、当時の外国人特派員たちは、十分な時間も、またなによりも中国兵士のこういう気持ちについていけるだけの精神力がなかったので、これはあまり世界に報道されなかった。

私は、上海国際租界のすぐ外の閘北《チャペイ》地区の中国軍防衛司令部がおかれていた北站《ほくたん》ビルが爆撃された時に、ちょうどこの司令部を取材しているところだった。日本軍の爆撃機が、次々とうなり声をあげてビルを低くかすめると、高性能爆弾をまきちらした。二発が、ビルに命中した。

たとえ頭と爆弾の間に約六メートルの厚さに積みあげられた砂袋があったにせよ、頭上で五百ポンド爆弾が炸裂《さくれつ》するのは、けっして楽しいものではない。爆弾が爆発するたびにビル全体が揺れ、私の鉄カブトは空中にもちあげられた。

その時、私のわきに立っていた真面目《まじめ》そうにみえる中国将校がポケットから小さな黒いノートブックをだして、何か書きつけているのに気がついた。私がのぞきこもうとすると、彼はふり向いて微笑してからいった。

「このビルの上の三階は砂袋がギッシリ詰め込まれていますから、ぜったいに爆弾は貫通しません……奴らが爆弾を一発落とすたびに、いくらかかるか知っていますか？　一発二千ドルです。私は、奴らがいくら使ってくれるか帳簿をつけているんです。今朝から、奴らは七万ドルも無駄にしましたよ！」

私が宿舎のメトロポール・ホテルに戻って食事をとっている間も、ホテルから二キロ以内の距離にあったこのビルを爆撃する単調な爆発音が伝わってきた。これは、数週間も続いた。ビルには、中国軍の第八十八、第八十九師団の司令部がおかれていたので、日本軍の重要目標となっていたのである。しかし、このように永く続いた激烈な爆撃のもとでは、ビルのなかで人間が人間らしく生きていられようとはとても考えられなかったほどである。しかし、現実には、中国軍司令部は、上海攻防戦の最後の段階まで、この生地獄《いきじごく》のなかで活動を続けていたのである。

私は、上海における大戦闘が終わりに近づいたころ、またこの北站ビルを訪問した。しかしこの時、中国将校は数週間前と少しもかわらぬように戦況報告を読み、地図を研究し、また、故郷へ恋文を書いたり詩作にふけったりしていたのである。ここで彼らは、私にビルを狙って落下した日本軍の砲爆弾数と、それによって生じた自軍の死傷者リストを見せてくれた。それによると、二百個以上の大型爆弾が投下されたうち、命中したのは約二十個、このうえに数百発の八インチ砲弾がビルに向かって撃ち込まれたというが、損害は戦死者二名と、負傷者六名にすぎなかったのであった！

このあらゆるものに〝耐えられる〟中国兵のすばらしい素質は、日本の「〝警察行動〟を日本歴史のうえでもっとも永く、もっとも苦難にあふれた戦争」に変え、東京の日本政府と中国大陸にあった日本陸軍の各軍の計画をすべて破綻《はたん》させてしまったのだ。

2

私が、ここでとくに〝各軍〟と書いたのは、日本が宣戦布告なき戦争を開始してから一九三九年（昭和十四年）十月に大本営が中国全土にある日本陸軍を指揮する単一の司令官を任命して制度を改めるまでは、中国大陸には三つの独立した、競争しあう日本陸軍が存在していたからである。満州国を根拠地として極北部で活動する関東軍と、天津に司令部を置く北《ほく》支《し》の駐屯《ちゅうとん》軍と、中支《ちゅうし》派遣《はけん》軍である。

この三つの軍は、それぞれ自分だけの計画をたて、自分だけのパブリシティ（報道活動）を行ない、自分の地域を〝統治〟していた。そして、このうえそれぞれの軍はつねに他の軍が成功するのではないかと激しい嫉妬《しっと》心に駆《か》られていたのである。この三つの軍のほかに、帝国海軍が四つ目の独立した軍になっていた。この四つの軍の対立意識があまりにも露骨だったので、われわれ外国人特派員はよく、今に北支駐屯軍が関東軍に〝宣戦布告なき戦争〟を仕掛けるだろうと笑ったものである。実際、関東軍が北支軍を攻撃しても不思議のないような状態だったのだ。

それでも私の研究によると、これらの各軍はある一つの点では固く団結しているといえた。このたった一つの点は、東京にある文官政府の干渉を絶対に許さないという決意だったのである。

このように軍のなかが分裂していたために、奇妙というよりは滑稽な状態をつくりだすこともあった。もし、上海で陸軍から占領地域に立ち入る許可を受けた外国人特派員が、日本海軍から同様な許可をえるのを怠って、陸戦隊《りくせんたい》［海軍が組織した陸上部隊］の警備線を越えようとしたら、共同租界に追い返されてしまうのがつねであった。このような時には、陸戦隊の指揮官は陸軍の許可証を破いてしまうことさえあったのである。また、逆に海軍が発行した許可証に陸軍司令部の〝許可印〟をもらわずに、陸軍の哨戒線《しょうかいせん》にかかった場合、陸軍兵士は海軍の許可証をクリスマス・カードぐらいにしか思わなかったのである。もっとも、私自身の体験からいっても東京の日本政府の発行したあらゆる許可証は紙屑《かみくず》にすぎなかった。軍人は、このような書類をいちべつすると、「ああ、トウキョウなんかしようがないな」といったのである。

上海戦線のこのようなユーモラスな状況を十分に知ってもらうためには、英国人ジョン・ケープスを登場させなければならない。

ロンドンのサウスワーク区の出身であり、誇り高い英国陸軍のサフォーク連隊の元二等兵であったケープスは、上海攻防戦が始まった時には虹口《ホンキュウ》のある英国人経営の製氷工場の守衛として雇《やと》われていた。上海で戦争が始まるとほとんどの中国住民と外国人居留者が避難したのにもかかわらず、彼は職務に忠実で、工場を守り抜くために、氷貯蔵倉庫に籠城《ろうじょう》したのである。彼のほかには、愛犬が二匹いるだけであった。

この地区で三日間にわたって激戦がくりかえされていた間、彼と犬は飲まず食わずで倉庫に隠れていた。そして、戦闘が終わると、日本海軍の陸戦隊の残敵掃討班によって発見されたのである。陸戦隊は、ケープスに水や食糧やタバコを与え、立ち退《の》くように勧告した。しかし、彼は「ロンドンっ子は絶対に退却しない」といってこれを断固拒否したのである。それに、もう一つ理由があったのだ。気温が華氏《かし》百度を上下していたから、製氷工場を守り続けて損はなかったのである。

それから数昼夜、中国軍からの激しい砲撃があったのを除けば、すべてはうまく運んだ。やがてこの地区を守備していた日本陸戦隊と、この孤独な英国人との間に友情が芽生《めば》え、陸戦隊は彼が工場に住み続けることを許したのである。

しかし、九月にはいってからのある日、地域の担当が突然かわり、陸戦隊から陸軍へ交替して、陸軍部隊がやってきた。工場にまわってきた陸軍部隊は、ケープスと犬にさっそく立ち退きを要求したのである。しかし、ケープスはにべもなく拒絶した。ここで、日本陸軍は彼に立ち退き命令を発し、もし従わなければ実力をもってほうりだすと通告した。

ケープスの目の前は真っ暗になったが、この時、彼は帝国海軍の友人たちに助けを求めることに気がついたのである。ケープスから知らせをうけた陸戦隊は、陸軍が自分たちの友人を粗暴に扱ったと聞いて激昂《げっこう》した。事件は上官に報告され、ついには将官の耳にまで達した。陸海軍の上層部で交渉が行なわれ、陸軍はケープスに対する立ち退き命令を撤回したのである。事実、ケープスは日本海軍の友人の保護のもとに、上海における戦闘が終わるまで、工場に滞在することができたのだった。

私は、このニュースを聞くと、すぐにケープスに会いに飛んでいった。九月九日のことである。私のインタビューに上機嫌で応じたケープスは、「私は日本海軍と不可侵《ふかしん》条約を結びましてね」といった。「だから、もし日本陸軍がちょっとでも手出ししようとしたら、すぐに日本の連合艦隊が救援にきますよ」

3

上海における戦闘がはじまってから十週間の間、中国軍防衛線は微動だにしなかった。はじめ日本軍は、閘北《チャペイ》から国際租界にそった中国軍の防衛線は、砲爆撃を加えれば簡単に崩壊するものと予想していたのである。何週間にもわたってほとんど間断なく火を吐き続けた日本軍の重砲と、大空に乱舞する爆撃機は、中国軍の塹壕《ざんごう》を粉砕し、貧弱な補給路と通信網を寸断し、蔣介石政府の青と白の記章をつけたドイツ製の鉄カブトをかぶった中国兵を地獄の生活におとしいれたのだった。それでも、防衛線は確保されており、中国の新聞は歓喜して上海が「中国のベルダン」になったと宣言した。

しかし、上海はベルダン［一九一六年、フランス軍がドイツ軍との死闘を繰り返した戦地］にはなりえなかった。結末は一つしかなかったのである。人間の肉や血が耐えられるには限度があったのだ。中国軍は、最後には、疲れも慈悲も知らぬ機械に打ちのめされて、北方へ退却していったのである。後に、中国軍は同じように山東省《さんとう》から、南京から、漢口《ハンカウ》から敗退した。しかし彼らが、中国全土から駆逐されることはなかったのである。

上海における中国軍事力の、壮大な落陽を目撃した者は、あの最後の光景を忘れことはできないだろう。その日、上海の中国街は十平方キロにわたって巨大な炎と煙を吹きあげていた。上海において、中国軍は征服者に何一つ残さないというまだ当時は珍しかった焦土《しょうど》戦術を躊躇《ちゅうちょ》なく用いたのであった。かつて繁栄していた近代市街には、焼けただれてねじ曲がった工場や倉庫の鉄骨や機械がいたるところに転がっていた。それでも、死の街に進駐した日本軍は、これらのスクラップをすぐに集め始め、鉄に飢えていた日本へ送ったのである。

中国将兵は、すでに日本軍の爆撃と砲撃によって破壊されていた市街を完全に爆破すると、布製の靴をはいて猫のように静かに暗闇のなかを逃げていった。防衛のために数万の生命を捧げた閘北、キアツング地区、米国製の放送局のあったチェンジュから、また近郊の村落から蘇州《スウチヨウ》のクリークを渡って、杭州《こうしゅう》や南京へ後退していったのである。

十月二十七日に、日本軍の前衛部隊は燃えさかる市街を注意深く進んで北站ビルに突入し、その屋上に、沈むことを知らない太陽を象徴した日章旗をかかげた。この時、中国側から戦いを挑《いど》んだ上海での戦闘は終わったのである。そして、中国全土の戦いが始まったのだ。

私は今日でも目をつぶれば、上海の激戦をありありと思い出すことができる。重傷に苦痛の叫びをあげる中国兵の声はまだ耳に残っている。あの幾夜も眠れなかった数カ月。

外国人特派員という職業は、地上でもっともおもしろい職業であるといわれている。これは、ある面では正しいだろう。しかし、上海争奪戦を報道した特派員たちは、当時、記者生活がこれほどつらいものであるとは思っていなかったといいあっていたのだ。われわれは昼間、日中両軍のどちらかと行動をともにしたが、永い一日が終わってホテルに引き揚げると、その日の記事をまとめ、また、毎日本社から電報で尋《たず》ねてくる質問に答えるのに、午前二時か三時頃までかかった。しかし、ベッドにようやくもぐりこむと、たいていは中国軍による夜間爆撃があったのである。そして、朝五時にはほとんど正確に黄浦江に停泊していた日本軍艦が浦東《プートン》に対して艦砲射撃を開始した。枕元から三百メートル以内で六インチ砲が雷鳴のような響きをあげて連続的に発射されるのに眠れる男はいないだろう。

したがって、上海攻防戦が末期にさしかかったころには、外国人特派員はみな極度な睡眠不足から足もとがフラフラしている状態だったのである。いっそ病気になるなどして数日間床につけた者は、実に運がよかったのである。当時上海にいた記者たちの間では、上海攻防戦といえば、いまだに〝不眠戦争〟として記憶されているほどなのである。われわれは疫病《えきびょう》も恐れなかった。また、当時戦闘地域を自由に行き来するには、私など十五通もの通行証を携帯しなければならなかったが、これらの許可証の洪水も、必要悪だと考えることにしていた。現地の状況が分からないでうってくる本社のデスクからの電報も、我慢できた。

私がロンドンから受け取った電報のなかから、よい例をあげよう。その電報は、午前三時に届いたが電文は「至急中国沿岸ヲ封鎖シテイルスベテノ日本軍艦名ト配置ヲ知ラセヨ」というものである。このような質問に対して、私はどう答えたらよかっただろう？　秘密狂の日本軍に尋ねたら、日本に海軍があることすら認めなかったのではあるまいか！

さらに、爆弾や砲弾を避けることも、ほとんどの特派員が過去に戦争を報道した経験をもっていたので、仕事の一部であると考えていた。上海の夏の湿気をともなった不快な暑さも、忙しさや興奮のなかで忘れられた。しかし、極度な睡眠不足だけは慣れることができなかったし、われわれの活力を着実にむしばんでいったのである。

4

しかも、中国軍の夜間爆撃と、日本軍の砲撃によって数時間に制限された睡眠も、戦場で耳についた重傷を負った中国兵たちのうめき声によって、毎夜、悪夢に満たされるのが常であった。前線の中国軍が負傷兵のために医療品をまったく持っていなかったことは、夜闇《やあん》がおりてから一回、中国軍戦線を訪れればハッキリした。信じられないであろうが、上海攻防戦の初めの数週間、中国軍の前線には一人の医者も、看護者もいなかったのである。ホウタイすら、まったく存在していなかった。

負傷兵は、毎日、日が落ちると国際租界から列をなして出発するトラックに乗せられて後送された。トラックは、暗闇のなかで負傷兵を収容すると、ヘッドライトもつけずに、ただ踏み台にぶらさがったボーイスカウトの中国少年たちが方角を運転手に叫ぶのをたよりに全速力で疾走した。負傷兵は、一回の往復でできるだけ運べるようにこの〝救急車〟の荷台のうえにサーディン罐《かん》のように積みこまれたのである。しかし、これらの負傷兵はかならずしも国際租界内のブレナウ・ロードにある英国人の医師がつめていた救護所に着くとはかぎらなかった。毎晩、平均して五台のトラックが道路わきの深い溝に落ちて戻ってこなかったのである。

私は、上海攻防戦の間、たいていの夜をトラック隊に同乗して、中国負傷兵を救うために働いた。この戦いでは十数万の中国兵が、傷ついたのである。私は夜ごとに運転手を志願した米国青年のトラックに乗って、上海地区の戦線を駆けまわった。日本軍から見える道路を走ったのでヘッドライトをつけることもできず、おまけに道路はいたるところに砲撃によって大きな穴があいていた。

われわれが呉淞《ウースン》近くに着くと、ほとんどの場合日本軍の夜間砲撃にさらされて、トラックを停めて、飛び降り、溝のなかに伏せなければならなかった。このうえ暗黒のなかに道路上を弾薬や補給品を背に乗せた馬をひいた部隊が行軍していたので、この悪夢のようなドライブをさらに困難なものにした。おまけに戦線背後は、きわめて混乱していた。中国軍は、各地方から送られてきた師団からなっていたので、隣接しあっている師団の将兵が、互いに敵味方がわからないことすらあったのだ。そのため、負傷兵を捜すことも、仕事の一つであった。

われわれは、負傷兵を求めて防衛線を走りまわった。時には、遠くで雷鳴のような砲声を聞いて、駆けつけることもあった。このような時には、現場ではできるかぎり負傷兵を収容し、残った者には苦痛を和らげるためにモルヒネの注射をうった。そして、伝令をだして、そのあたりを走っている救護隊のトラックをよびに走らせたのである。私は、ここであらゆる文明国の医師法に違反して、医師の資格のない者が注射針をとったことを認めなければならない。しかし、伝令がトラックを捜してこれなかった時には、負傷兵は翌日の夜まで二十四時間放置されることを意味していたのである。

われわれは巧みに負傷兵を乗せたので、一台のトラックに三十四人積むことができた。それも助かる見込みのある者だけを収容することにしていたが、われわれには小さな懐中電灯しかなかったので、負傷者の選択が正しかったとはいいきれない。またわれわれはタンカをもっていなかったので、まるでトウモロコシの袋でも引きずるようにして、負傷者をトラックまで運ばなければならなかった。トラックがいっぱいになると、私は後に残された者にできるかぎりの処置をとってから、トラックに飛び乗り、国際租界へ向けて全速力で走るのがつねであった。もし、日の出までに国際租界へ着かないと、日本軍の飛行機に発見されてしまうからである。

もっとも、このように負傷者を収容しても、夜が明けるまえに多くの中国少年が成年に達することなく、私の腕に抱かれたままで死んでいった。しかし、彼らはみな大人を十人あわせたよりも勇気をもっていたのだ。幸い死をまぬがれた者も、トラックが穴に落ちて飛びあがるたびに、死以上の苦痛を味わったことだろう。それでも、彼らは悲鳴をあげなかったし、苦情もいわなかった。

私はその二年前に東洋にやってきてから、よく中国通の口からアジア人の苦痛に耐える頑《がん》強《きよう》な能力について聞かされていたが、上海戦線ではその証拠を目のあたりにしたのである。私は、何十回となく、ヨーロッパの兵士だったら十分と意識を保っていられないような深い傷を負った中国兵が、二十時間近くもはっきりとした意識をもって、弱々しい声ではあるが私に語りかけてくる、といった体験をしたのである。

こうして、日本軍の公式発表によれば、中国軍は上海の戦場に八万一千体の遺棄死体をのこしていった。この数字は、中国が上海の防衛に投入した総兵力の半分にあたるものであったのである。このうえに、戦火が上海から人口の過密な地域を通って南京にいたるまで、約五十万人の中国非戦闘員がたおれた。これに対し、中国軍は三カ月にわたって上海攻防戦における日本軍の戦死者数を七万三千人と発表したが、これは相当に誇張されていただろう。

一九三七年（昭和十二年）十一月九日に、上海における中国軍の組織的な抵抗は終わった。この日に、国際租界の西境界線のすぐ外に布陣していた中国軍部隊は包囲されるのを避けて南京に向けて撤退したのだ。戦闘がやむと、この巨大な商業都市は不気味な静寂につつまれた。しかし、このまえに、私も軽傷ではあったが、負傷者リストにはいってしまったのである。閘北《チャペイ》の前面の防衛線から中国軍が市街に火を放って撤退する数日前に、私は呉淞《ウースン》近くの中国軍陣地の背後で日本軍の砲撃のまっただなかにはいってしまった。

私は砲弾でできた穴に飛び込み、鉄カブトのアゴ紐《ひも》をおさえてうずくまり、同じ穴には二度砲弾が落ちる確率が低いという説が正しいことを祈った。気候はまだ暑く、穴には水があふれていた。私の周辺では三十秒ごとに砲弾が落下し、大地を揺るがせて炸裂《さくれつ》した。私は穴のなかに五時間伏せていたが、この間歴史最大の砲撃にあったような心地がした。砲弾が炸裂するごとに、夜は白昼のようになった。時々、夜空に照明弾が打ちあげられた。おそらく、今日まで外国人特派員一人のために日本の友人たちがこれほど高価な花火を打ちあげてくれたことはなかっただろう。私は、特別の観覧席に真夜中から朝五時までうずくまっていたのである。

朝になって砲撃が弱まると、私は穴からはいでて、国際租界へ戻った。そして、二日後に軽い肺炎の症状を呈し、上海カントリー病院に入院したのである。隣室には、英国駐華大使のナッチブル・ヒュゲッソン卿が寝ていた。南京から上海へくる途中に、日本軍戦闘機に乗用車が誤射されたのである。

私は、二週間病院にいたが、退院するとなにをおいても第一に東京の帝国ホテルの副支配人であった富森長太郎氏に手紙をしたためた。彼は、私がホテルを出発する時に、「中国軍の弾丸に当たらぬよう」に明治神宮のオマモリをくれたのであった。私は礼状のなかで、彼の贈り物が日本軍の砲弾からも私を守ってくれたと書いたのである！

参謀将校との一夜

1

上海攻防戦が終わると、私は短期間東京に帰ることにした。私が東京へ戻ったのは十二月のことであり、南京が陥落した直後であったので、ちょうど勝利に酔った東京市民が夜闇に包まれた皇居の周囲をチョウチンの灯の海で囲むのも見ることができた。

善良な日本国民は、黄海の対岸でどのような運命が彼らを待ちかまえているか、まだ認識していなかったのである。その夜、五十万人の人々がチョウチンを掲げて行進したが、歩いていた人の中には、私に、もはや戦争は終わり、「正月までには兵隊たちは帰ってきますよ」と話した者もいた。

しかし、中国に注ぎ込まれた陸軍予備役兵は年末になっても帰ってこなかった。十八カ月後には百万の日本軍が、まだ中国の奥地の三千数百マイルにもわたる戦線で三百万の中国軍と対峙《たいじ》していた。そして、それから八年以上の歳月が過ぎるまで青年たちは故国の土を踏むことができなかったのである。

十一月の膚《はだ》寒い夜、皇居のちかくに立ってチョウチン行列を見ていた私は、自分の考えを深く胸にしまっていた。私はちょうど戦争を見て帰ってきたのであり、熱狂していた群衆が大きな失意に向かって歩いているのではないかという不安にかられていたのである。

私が東京に帰ってきたのは、休養のためだった。と同時に、私は日本政府の誰か高官がもし耳をかしてくれるならば、戦争で戦ってはならぬ方法――おかしないいかたであるが――について意見を述べたいと思っていたのだった。

そこで私は上海を出発するまえに、外務省の友人にあてた手紙のなかで、中国で陸軍の上層部が心理的に愚かな誤りを犯していること、外国人記者が目撃した事件についてさえ虚偽のニュースを発表し、日本軍について不必要に悪い〝イメージ〟をつくっていると書いたのである。

私は手紙に、皮肉のつもりで、もし陸軍参謀本部が適当な給料をだすならば、どのようにして戦争を戦い、報道すべきか、〝顧問〟として雇われてもよいとつけ加えた。ところが、私が冗談として書いたことを相手は真面目にうけとったのだ。その結果、私は参謀本部に招かれて講義をした唯一の外国人記者ということになってしまったのである！

帝国ホテルに着いた私が、まず受け取ったメッセージは、外国人記者との連絡を担当していた陸軍省の中佐に電話をかけてほしいというものだった。私は、次の日に参謀本部の将校たちが待っている東京会館で夜食に招かれたのである。

部屋には、将官と佐官《さかん》が六人ほど並んでいた。リュウチョウな英語を話す将校が、通訳と司会をした。テーブルについて、やがて、愉快な食事が終わり、コーヒーがでてくると、司会の将校が口を開いた。「では、あなたがおっしゃるわが軍が中国で犯しているという誤りがどのようなものか、お教えいただけますかな?」

私はこれに対して参謀本部の顧問の給与がいくらであるか、と問い返した。すると、司会役の将校は微笑し、残念であるが中国事変によって日本はすでに大金を投じているのであまり余裕がない、といった。

しかし私としては、こういうことを話せばあるいは日本にいられなくなるかもしれない。私はよほど高くもらわないかぎり日本を追い出されるのはいやだ、と答えた。

「いや、私たちはあなたの話をだまって聞くつもりだからこそ、あなたをご招待したんですよ」

私はこの言葉を聞いてから、はじめて内ポケットから用意してきた長い草稿をとりだして、テーブルのうえにおいた。私は、最初にして最後となった参謀本部への講義を始めたのである。私は、まず、全世界の同情が中国に集まっている、と述べてから、それなのに日本軍当局は「中国軍があらゆる劣勢にもかかわらず善戦している」ことを頭から否定することによって、日本の立場をさらに悪化させているのだ、といった。日本陸軍は、次から次へニッポンの名声を高める機会に恵まれたにもかかわらず、そのかわりに軍事的価値のまったくない恐怖に満ちた場面をつくりだし、世界の世論を蔣介石総統の背後に固く結集させたのである。

私はもちろん、実例を多くあげた。第一の例は、上海攻防戦の初期に日本空軍が上海郊外の駅で、避難民を満載した列車を誤爆した時のことである。この爆撃で、六十人の老若男女が死亡し、約三百人が負傷した。

この時、私は数分後に現場に到着したが、あたりは一面に死体やバラバラになった人間の手足が散乱していた。しかし、翌日の定例記者会見にスポークスマンとしてあらわれた日本将校は、厳粛な表情で前日の戦果を述べ、「上海郊外にあった中国軍軍用列車を爆撃した」といい、現場にのこされていた中国兵の死体、小銃、鉄カブトの数を発表したのである。

事実を隠そうとするこれほど法外な試みに対して、外国人記者は我慢することができなかった。とくに、私とともに現場にいった記者たちは、スポークスマンの言葉を頭からはねつけて、私たちは爆撃が行なわれた直後に現場へ駆けつけて目撃したが、制服を着た犠牲者は年老いた駅員だけであった、と指摘して回答を迫った。

ところが、この日本将校は手の内がばれたことをさとって率直に誤りをわびるかわりに、頑迷《がんめい》に発表が正しいことを主張した。おそらく、彼自身が真実を知らされていなかったのかもしれない。しかし、彼は固執《こしつ》しつづけることによって、世界の新聞に、日本軍が少なくとも計画的に中国の一般市民を爆撃したのではないと主張する機会を失ってしまった。そのうえ、彼がその後発表するあらゆる〝ニュース〟の信憑性《しんぴょう》を疑わせることになったのである。

2

日本軍の心理的な大失敗の第二の例については、私は詳細に説明したが、これは上海攻防戦の末期におこった中国軍の〝絶望大隊〟にまつわるものであった。

中国軍が閘北《チャベイ》から撤退した際、共同租界近くの北蘇州路《ノース・スウチヨウ・ロード》に面した大きな倉庫に立て籠《こも》った一個大隊へ退却命令が届かなかった。五百人ほどからなるこの部隊は、有名な第八十八師団に所属していた。部隊は、三方を燃えさかる閘北の市街に、残る一方を日本軍に囲まれ、あらゆる希望と援軍から切り離されたのだった。しかし、孤立した大隊は最後の一兵がたおれるまで戦う、と宣言したのである。

しかし私は、この宣言を聞いた時に、この勇敢な五百人の兵士がほんとうに最後まで戦う決意をもっているかどうかあやしいと思った。実際のところ、彼らは抵抗を中止すべき時がくれば、近くの共同租界へはいって境界線を守っている英軍部隊へ降伏すればよかったからである。この正面は、英軍が分担していたのだ。しかし、中国人は〝最後の一兵まで戦う〟といったようなゼスチュアを愛好していたのである。とにかく、この孤立した大隊の英雄的な〝最後の抵抗〟のニュースは毎日流され、中国全土はもちろん、世界中でかつて閘北という地名を聞いたこともなかった何億の人々の関心を集めた。

中国軍部隊のこの強い態度に怒った日本軍はまず砲撃を試みた。しかし、〝絶望大隊〟の倉庫は共同租界に近すぎ、諸外国に重大な損傷を加えずに砲撃を成功させることができないことを中国軍は計算していたのであろう。砲撃が行なえないことを知ると、つぎに日本軍は戦車を出動させた。しかし、戦車は中国軍の頑強《がんきょう》な抵抗にあって撃退され、失敗した。

〝絶望大隊〟は十月三十日になっても倉庫を守って抵抗を続けており、建物のうえにはこの地域で唯一の青天白日旗《せいてんはくじつき》がヘンポンとひるがえっていた。この巨大な国旗は、日本軍の怒りに油をそそいだのであった。次の日に、蔣介石総統は中国国内、また海外から寄せられた数千通の嘆願書にこたえて、〝絶望大隊〟が小さな〝ベルダン要塞〟から撤退するように命じた。十月三十一日の未明に、生き残りの約三百人の中国将兵は倉庫をでて、共同租界の守備隊に降伏した。

私は東京会館で居並ぶ参謀将校に、この瞬間こそ日本軍が世界中に名をあげるべき時だったのであり、世界のもっとも強硬な反日新聞でさえ、日本に拍手をおくらなくてはならないようなニュースをつくる黄金の機会であったのだ、といった。松井石根《まついいわね》日本軍司令官が、中国軍部隊の勇敢な抗戦をたたえて、生き残った中国兵が軍旗を高く掲げ、日本軍が敬礼するなかを、英軍が警備する境界線まで行進することを許すと声明すればよかったのである。中国将兵は、どっちみち戦争が終わるまで共同租界に拘留されるのであったから、日本軍が雅量をみせたところで何一つ失うものはなかったのだ。

しかし、松井軍がしたことは、倉庫からでて生を求めて走る中国兵をみな殺しにしようと、機関銃火をあびせることだった。この掃射によって、三十七人の中国兵が殺され、あるいは負傷したのである。

私が、このような無意味な〝恐怖〟場面をつくりだすことによって、友人を獲得したり、世論を同調させることはとてもできないと指摘すると、参謀将校たちも、もはや戦うことをやめた人間を殺すことは誤っていると同意した。しかし、その後、あきらかに日本軍の前線指揮官は、東京からこのような指令は受け取らなかったようである。数日後に南京大虐殺のニュースが世界に伝わると、〝絶望大隊〟は人々の記憶から消え失《う》せてしまったのだ。

3

私は、ここで話題をいかに日本陸軍がPRにへたであるかということに移し、例として新聞発表文をあげた。日本陸軍の新聞発表はおそろしくつまらないことで有名だったのである。典型的な例をあげれば、次のようなものだった。

「……方面デ熾烈《しれつ》ナ戦闘ガ行ナワレツツアリ。サトウ軍曹ガ左足ノ踵《かかと》ニ軽傷ヲ負イ、二等兵二名ガ頭痛ヲ起コセリ」

さらに、私は中国北部で外国人記者団を案内した日本軍将校の発言を例としてあげた。戦場で私たちを案内した将校は、もとロンドンとオタワで大使館付駐在武官をつとめたことがあったというから、どういうふうに外国人記者と接するべきか、もっとよく知っていてしかるべきだったろう。私たちは彼に従って天津南方の戦場を視察していたが、堅牢《けんろう》に構築された塹壕《ざんごう》陣地の跡にきた時に、彼はこういった。

「ここで、二万七千名の中国兵が死にました」

「二万七千名だって?」と、外国人記者の一人がききかえした。

「エキスキューズ（失礼）」と、将校はいった。「間違いました。二万六千九百四十名が死にました」

このようなナンセンスは、外国人記者に、日本軍のあらゆる発表を疑わせ、慎重に調査しないかぎり活字にはできないと確信させたのである。

この夜、私は東京会館で最後に参謀将校たちに上海戦線の二十四人の中国兵の捕虜の話をした。将校たちは、友好的な雰囲気のなかで耳を傾けてくれた。

上海戦線で、日本軍の定例記者会見はメトロポール・ホテルで開かれていた。この席上で、日本陸軍のスポークスマンであった宇都宮《うつのみや》少佐は、毎日、中国軍の膨大《ぼうだい》な戦死者を発表したのである。この日本軍の推定した数字はおそらく正しかったろう。しかし、数週間も記者会見は続いたが、一名として捕虜数についての発表はなかった。

そこで、上海攻防戦の末期に、私は宇都宮少佐に捕虜についてただしたのである。世界の新聞の代表が見ているまえで、少佐は日本陸軍が「多数の捕虜」をえたと認めざるをえなかった。ただし日本軍が捕虜を虐待したり、殺したりするというのは「中国の嘘」にしかすぎない、と少佐は胸を張った。

私はさらに捕虜の数や、収容所の場所について追及した。少佐はついに捕虜収容所が虹口《ホンキユウ》の共同租界寄りの古い寺院にあり、二十四人の捕虜がいると発表したのである。

「あなたは日本軍が八万人の中国兵を殲滅《せんめつ》したというのに、二十四人しか捕虜をとらなかったというのですか？」と、私は尋ねた。

「オウ、ノウ」と少佐はつねに冷静な態度をくずさずにいった。「呉淞《ウースン》にも収容所があり、多数の捕虜がいます」

私はすぐさまこれらの収容所が見たいものだと申しでた。捕虜たちの状況について、ロンドンの数百万部の発行部数をもつ新聞に報道したいといったのである。少佐は、頭を横に振った。彼は呉淞ではまだ激戦が進行中であり、「もしわれわれが世話している特派員が怪我でもしたら、日本にとって悪い宣伝になってしまう」といって、拒否した。

もっとも、それでも、彼は他の捕虜収容所の場所と収容されている人数については、詳しい情報を提供してくれた。しかし、私はなおも追及を続けた。そして、ついに虹口の二十四人の捕虜を訪問する許可をえたのである。翌日、私はアジア中でもっとも驚いていた男たちと朝食をしていたのだ。

二十四人の中国兵たちは、日本が国際法の規定を厳守して戦っていることを世界に示すために使われていた〝Aクラスの展示品〟であった。彼らは古い寺院に住み、日本海軍の食糧を与えられ、一日中することといったら部屋を掃除することしかなかった。彼らはあまった時間を、北方へ三キロしか離れていなかった前線へ向けて重い兵器を肩に行進していく日本軍の列を、九月の日光をいっぱいに浴びてながめることに費やしていたのである。

二ダースの捕虜たちは、あきらかに生きていることに驚いており、したがって彼らの態度はいささか滑稽でもあった。おそらく、寺院のわきを通る日本兵のなかで、彼らと境遇をとりかえたくなかった者は一人もいなかっただろう。もし、彼らが不満をもっていたとしたら、夜間に時々、日本軍戦線の背後に落下する中国軍の砲弾が眠りをさまたげるということ以外にはなに一つなかったはずである。日本軍は、彼らをまったく働かせようとはしなかったのだ。捕虜たちは生まれて初めて、汗を一滴も流すことなく茶碗《ちゃわん》を米で満たすことができたのであった。彼らこそは、中国全土でもっとも幸福な中国人であるといえたのである。

私は、二十四人の捕虜たちについて、長い記事を書いた。ロンドンの紙上に記事がのると、日本陸軍を強く刺激した。後に私が日本軍の広東《カントン》爆撃について書いた記事も日本軍部の怒りを買うことになったが、捕虜の記事がこの以前にもっとも不興《ふきょう》を招くことになったのである。

時計の針が十時を指すころに、私はいうべきことをいい終わっていた。この間、参謀将校たちは注意深く話を聞き、なかの一人はメモをとっていた。私は肩章をつけた軍人の顔をみまわしたが、だれもいささかも気分を害してはいなかった。しかし、この夜の会合について報告書が中国の前線指揮官に送られたかどうかはわからないが、私の話が役に立たなかったことだけは明らかであった。もっとも蔣介石総統が〝誠意〟をみせ、国民政府が日本の中国における〝特殊な地位〟を認めないかぎり、何ごとも中国での状況を変えられなかったのである。

それから一週間後に、私はふたたび中国——戦場——へ戻った。私はもちろん、日本へまた帰るのがいつになるかということは考えてもみなかった。しかし、一年後に広東で十五日間、昼夜にわたって日本軍の猛空襲が終わってから休暇をとろうとした時に、爆撃について書いた記事が中国にあった日本陸軍とケンペイタイの激しい怒りを買ったことを知り、慎重に考えた結果、サイゴンで休養することにしたのであった。

私は休暇から中国へ帰り、その三カ月後の一九三八年（昭和十三年）十一月にヨーロッパへ転勤し、スペイン内乱の戦場へ赴《おもむ》くように本社から指令を受けたのである。こうして、ロンドンに着いてから二十四時間後に、私はバルセロナへ向けて進撃していたフランコ軍の総司令部に立っていた。

広東《カントン》大爆撃の下で

1

一九三七年（昭和十二年）末に、私は東京での休暇を終えて再び中国へ戻ったが、あの宣戦布告なき中国の戦争では、地上戦に加えて航空戦がかつてなかったほど大きな役割を果たすようになっていた。

上海攻防戦だけでも、日本航空部隊は千五百回以上も上海内外の中国軍陣地に対して空襲を行なった。英領香港《ホンコン》と中国南部を結ぶ主要交通機関であった広東・九竜《カウロン》鉄道は、数カ月間にわたってほとんど連日、空襲をうけていた。日本の〝友人を悔悛《かいしゅん》させるための戦争〟が二年目を迎えるころには、ニッポンの爆撃機は中国全土を飛びまわり、汕頭《スワトウ》、漢口《ハンカウ》、重慶《じゅうけい》をはじめとする百以上の都市と、数万の非武装村落に対して攻撃を加えていたのであった。

しかし、一九三八年（昭和十三年）六月に日本軍が広東に加えた激しい連日の爆撃はまさに画期的なもので、この中国革命の発祥地であり、中国南部の主要工業都市は人類史上初めて〝航空電撃戦〟の洗礼を受けた、といえるようなものだったのである。後にワルシャワ、ロンドン、コンベントリー（ナチ・ドイツ空軍が徹底的に破壊した英都市）、ベルリン、ハンブルクや他のヨーロッパ諸都市と、東京をはじめとする八十以上の日本都市が、私が目撃した広東の苦しみと破壊の運命に見舞われることになるのである。

恐怖に満ちた三週間のあいだ、私がロンドンの本社にあてて発した記事は、毎日次の言葉で始まった。「広東は、今日もまた空襲された……」日本航空部隊はこの人口百三十万人の都市に対して二十一日間にわたって六十回の空襲を加え、市民の頭上に一千個以上の高性能爆弾を投下したのであった。

広東は、市民の四分の三が市外へ避難するまえは、中国でもっとも人口密度の高い都市であった。しかし、これに対する防空のそなえは高射砲が六門あるだけであったし、中国軍の戦闘機は〝航空電撃戦〟が末期にさしかかってからようやく数機姿を現わしただけであった。それまで中国軍の戦闘機は他の地域でひっぱりだこだったのである。したがって、日本の爆撃機隊はトンキン湾か珠江《パール・リバー》に浮かぶ航空母艦から発進し、広東上空で編隊をとくと高度千メートル以下に降りて、楽々と〝卵を生みつける〟ことができたのであった。

広東には、広東省の省庁街があった。とくにねらわれたのは、この一画である。ここには百個以上の大型爆弾が投ぜられた。なかでも、省庁官でもあったウ・テ・チェン将軍の司令部がおかれていた市庁の周辺には、集中して爆弾が落ちたが、建物には一個も命中しなかった。これは、ウ将軍にとっても、私にとってもまことに幸運なことだったのである。

私が、ある朝、将軍に会うために市庁のなかの執務室に着くと、サイレンが鳴りはじめ、ほとんど同時に日本の爆撃機の編隊が上空に姿を現わしたのだ。私は将軍とともに庭へとび出し、四時間続いた空襲の間ずっと防空壕《ぼうくうごう》のなかにひそんでいた。この間、日本の爆撃機はウ将軍を殺そうと一列になって次々と舞い降り、防空壕の半径四百メートル以内に八十発以上の爆弾を投下した。もっとも近くに落下したのは、壕から約二十五メートルの所だったが、この半トン爆弾が爆発した時には防空壕より大きな穴をつくったのである。空襲が終わって、将軍と防空壕をでてみると、小さな家屋が軒を並べていた周囲の一区画が瓦礫《がれき》と化していた。

翌日、ウ将軍は私に署名入りのポートレートを贈ってくれた。それには、こう書いてあったのである。「先生といっしょの墓穴にはいりそこねて残念です」

こうして広東が試練にさらされていた期間中、市内には少なくとも百名以上の日本人が変装して潜入し、スパイ活動を行なっていた。中国軍は、広東に三十年以上生活してきた本屋を〝売国奴〟として死刑に処したが、後の調査で、この人物は日本人であることが判明したのであった！

夜間になると市内の各所から夜空に尾をひいて信号弾があがったが、日本人スパイは十中国ドルで祖国を売る中国人をいくらでも雇うことができたのである。このような中国人は、ポケットに隠した小さな装置を使って信号弾を打ちあげたが、こうして上空の日本爆撃機に外国租界と中国地区の境界を教えたり、目標へ誘導していたのである。広東のなかにおける日本のスパイ網はまことに完備したものであった。中国軍がある朝六時半に司令部を秘密裡《り》に動かした時には、日本軍は一時間後にこの新しい位置を爆撃したのである。これは中国側が苦笑するほどの早さであった。

この連続爆撃の間、広東にいた外国人特派員は三人だけであった。ロイター通信（英国）のハモンド記者と、UP通信（米国）のエプシュタイン記者と私である。他の多くの外国人記者は、日本軍の大攻勢が始まろうとしていた漢口に集まっていたのだ。広東に対する日本の航空電撃戦の初期には、私たちは日本の爆撃機が接近してくるという知らせをうけるたびに英国租界から市内へ向かった。このころ香港のサン・ヘラルド紙の記者がやってきたが、彼はなんと私について書いた記事を同紙の一面にのせたのである。

「広東の小さな外国人記者団は、二十四時間ほとんど休みなく働き、日本の爆撃機隊の活動を世界へ報道している」。同紙の日付は一九三八年（昭和十三年）六月十二日である。

「この記者団の団長格といえば、ロンドン・デイリー・エキスプレス紙のヘッセル・ティルトマン氏である」

「ティルトマン氏は、ベテラン特派員であるのみでなく、記者団のなかで唯一人の鉄カブトの所有者である。したがって、この誇り高い鉄カブトの所有者は、数多い爆撃が始まるたびに、英国租界から代表として市内へ派遣される。ティルトマン氏の鉄カブトは、一種の名物にすらなっており、疲労した記者たちは中国軍がうちあげる高射砲弾の破片がいつも身近に降りかかってくるような妄想にかられているので、この鉄カブトはみんなの羨望《せんぼう》の的《まと》である」

「同じように名物になっているのは、ロイター通信特派員であるA・R・G・ハモンド氏がつれているドーベルマン・ピンチャー種の愛犬ブレンダである。ブレンダは、主人とともに空襲下の漢口と広東を駆けまわってきた。記者団にマスコットがあるとすれば、ブレンダである。三人目の記者は、UP通信のエプシュタイン氏である。このベテラン記者は、蘆溝橋事件以来、ずっと戦場にあって日中戦争を報道してきた」

「これらの記者は、ほとんど間断ない連続爆撃の間を、毎日、〝締め切り時間《デッドライン》〟と危険と戦っている。デッドラインと危険は、記者という職業が彼らに課したものだ」

2

危険は、まったく大きかった。日本軍の爆弾によって吹き飛ばされるおそれのほかに、中国軍に銃撃されることもあったのである。というのは、日本軍によって給料を支払われていた中国人の〝スパイ〟が夜に入ると信号弾を何十も打ちあげた。市街は完全に灯火管制を実施していたので、暗闇では人間を識別することができなかったのだ。そこで、中国軍の巡察隊は信号弾があがると、その方角へ向かって文字どおり闇雲《やみくも》に小銃、あるいは機関銃さえも乱射したのである。

私は夜間、市内を歩いていて、数回、すぐ近くで信号弾が尾を引いてあがるのに出会った。こういう時には、私は巡察隊の弾丸のなかを溝に飛び込み、何百人もの中国兵が発砲しながら駆けまわる間、息をひそめていたことがある。この後、私は用心が勇気よりも美徳であると悟って、英国租界のビクトリア・ホテルの屋上から爆撃をながめることにしたのであった。

ある夜、目標を発見することができなかった日本の爆撃機が単機、眠れない都市のうえを一時間以上も飛んだうえで、郊外の上空で二百五十キロ爆弾を六個投下したことがあった。そこは、英キリスト教団体によって経営されていた二つの病院と学校がある住宅街であった。

私は、夜明けに現場へ行った。六個の爆弾は一列に二百メートル間隔で投下されていた。はじめの三個はそれぞれ住宅を爆破して、なかの住人を殺傷していた。残りの三個は聖ヒルダ女子学院に飛び込み、校舎をあとかたないまでに吹き飛ばしていたのである。もっとも、幸運にも、学校は数日前に疎開《そかい》していたのだった。

私はこの爆撃の跡をみて、爆撃と運という問題を考えた。ウ・テ・チェン将軍の豪壮な防空壕のなかで爆撃を体験してから数日後に、私は香港から視察にきた防空専門家に会ったことがある。その時、私は防空壕の天井から地表までの厚さが二メートル以上なければ安全だとはいえないと述べたのだった。事実、もし、あの朝、日本の爆弾がもう五メートル防空壕寄りに落下していたとしたら、私はこのようにしてこの回顧録を書くことはできなかっただろう。

「理想的な防空壕は」と、私は香港の防空専門家に語った。

「ジグザグに掘られた塹壕であって、潰《つぶ》されてもコンクリートの防空壕のように生き埋めにならずに、はいでることができるものでなければダメですよ」

ところが聖ヒルダ女子学院の爆撃は、高性能爆弾に対するもうひとつ安全な避難壕があることを教えてくれたのである。この壕は、二枚の薄い鉄板と、これを支える古い壁と数本の木の柱からなっていたのだ！　学校の中国人の夜警は妻と五人の子供とともに、校舎が爆弾で倒壊する間、ずっとこの自家製の防空壕のなかで抱きあっていたのだった。貧弱な防空壕のうえには、数トンにのぼるレンガや材木が降りそそいだ。しかし、爆撃が終わっても、防空壕はそのままたっていた。私が現場へ着くと、夜警は誇らしげに彼の〝ダッグアウト〟へ案内してくれ、また爆撃があったら家族を連れてここへひきこもるのだと宣言したのであった。

この〝日曜大工〟式の防空壕の話は、おもしろい冗談《ジョーク》ともなったが、暗い響きをもっていた。後に日本国民も体験することになったが、空襲下では個人はまったく無力なのだ。広東で私は市内を歩いている時に、何回となく、突然頭上に日本の爆撃機が現われ、急降下してくるという経験をしたが、こういう時にはその場で右へ走るか、左へ走るか決めなければならなかった。何回も、私といっしょに、あるいは私の周囲を歩いていた中国人が反対の方角へ誤って走った。彼らは死に、私は助かったのである。

3

広東では、二十四時間に五、六回空襲があった。この合い間に、市民は睡眠をとろうとしたのである。月夜の晩には、日本の爆撃機は大編隊を組んで現われるので、十数万人という中国人の男女や子供が外国租界との境界にあるシャキイ埠頭《ふとう》に流れ込んだ。彼らは、ここがもっとも安全であると考えたのだ。日本の〝戦争の鳥〟が月光に銀翼をきらめかして都市のうえを飛びまわる長い間、この中国人の大群は恐怖に大きく目を開いてじっとすわり込んでいるのだった。彼らは、ほとんど物音をたてなかった。これは不気味な光景であった。彼らは夕方からすわり込み、夜が明けると家へ帰って服を着たまま数時間寝るのだった。

この間に、救助隊が生存者を救いだし、病院ではあふれる重傷者に手術を施していた。負傷者の六十パーセントは、手足を失っていたのだった。しかし、医者が新しく運び込まれた患者を手術している間に、また爆撃があり、救助隊が負傷者を求めて現場へ急行するといったことが、くりかえされていたのである。

そのころまで、広東市民は全中国でもっとも多くの国防献金を行ない、戦場にもっとも多くの兵士を送っていた。献金によって外国から購入した戦闘機の台数も、もっとも多かったのである。

しかし、もっともこれらの戦闘機が必要となった時に、広東市民は一機でも多くの戦闘機が前線で必要であり、したがって広東の防衛には一機もまわすことができないという省長官が発行したビラで満足しなければならなかった。ビラには、一機でも広東の防衛にまわせば、侵略者をそれだけ助けることになると書かれていたのである。さらに、高射砲も一門でも増強されることは期待しえない、としるされていた。したがって、広東は栄光の炎に焼かれて、戦い抜くことを要求されたのである。

そして、広東は戦い抜いたのだ。私は戦慄《せんりつ》の三週間の間、自由に市内を駆けまわったが、夜間空襲にあわてた対空陣がメチャクチャな方角へ高射砲を撃ちだすというようなことは、たびたびあったが、市民の間に恐怖状態はまったく見られなかったのである。

六月六日に私が送った記事を読んでみよう。この日、日本軍が広東に加えつつあった航空電撃戦は頂点に達しようとしていた。この記事は、広東がさらされた試練の一端を物語っている。

「広東は今朝も二時間にわたって死の黒煙に覆《おお》われた。日本の爆撃機は、この煙のなかを編隊を組んで高性能爆弾の積み荷を無抵抗の市民の頭上に次々と投下した。爆撃機の大編隊は午前八時半から空を圧して飛び続け、広東全市を火と血で染めて、死傷者数は連続爆撃が開始されてから最大になるものと推測されている」

「今朝の爆撃は、現在までのなかで規模がもっとも大きかった。私は市中心部のビルの屋上に立って、ビルの付近に落下したものだけで初めの十五分間に五十二個の高性能爆弾を勘定したが、鼓膜《こまく》を麻痺《まひ》させるような轟音《ごうおん》のなかでそれ以上数えることができなかった。救助隊は、あまりにも大規模な爆撃のもとでまったく活動できなかった。東埠頭ではフランス人経営のドメール病院の構内に二発爆弾が落下した。市内をまわることは爆撃が続いていたので困難をきわめているが、いたるところに死傷者が倒れ、悲惨をきわめた光景が眼前にひろがる。おそらく、午前中だけで百個以上の爆弾が投下されただろう」

日本軍は、もちろん、この〝恐怖の作戦〟で相当の戦果をあげた。日本の爆撃機隊は黄沙《ウオンシャ》站《テン》〔駅〕と発電所を粉砕したのをはじめ、連続爆撃を終えるまでには、中国第二の工業都市であった広東にあったセメント、タイル、紡績、精糖工場を完全に破壊したのである。

住居を失った広東市民は百万人にのぼり、航空電撃戦が三週間後に終わると、百三十万人の人口をもった広東には四十万人しか残っていなかったのだ。しかし、それにもかかわらず、日本の〝戦争の鳥〟は広東市民の志気を低下させることには成功しなかったのである。

もし、広東が恐怖の三週間の間に得たものがあったとすれば、それは世界から勇者へ寄せられた敬意であった。

一九三七年（昭和十二年）九月一日から一九三八年（昭和十三年）六月十四日までの九カ月半に、広東省は一千四百三十回にわたって空襲をうけ、広東市だけでは四百二十五回攻撃が加えられた。これらの爆撃には、延《の》べ六千機以上の日本爆撃機が出撃し、総計一万四百四十八個の爆弾を投下した。この結果、省内では五千三百八十四の家屋が破壊され、四千七百八十六人の非戦闘員が死に、九千二十七人が負傷したのである。広東市では、非戦闘員の死者数が千六百二十三人、負傷者数が六千七百二十人にのぼったが、この大多数は私が体験した連続爆撃によるものであった。広東市内で、被弾した地点は百九十ヵ所であった。

4

一九三八年（昭和十三年）六月が終わりに近づき、広東に対する爆撃がようやく緩《ゆる》やかになると、私は休暇をとることを思いたった。空襲を知らせるサイレンの叫びから解放されてゆっくり眠りたかったのだ。私は戦争を忘れて、日本アルプスに囲まれた上高地で数週間くつろぐことを計画した。

しかし、これは計画にとどまったのである。香港に着くと、私はホンコン・テレグラフ紙の記者に日本軍の広東爆撃について意見を求められた。ところが、翌朝の朝刊をひろげると、一面に私の発言がそのままのせられていたのである。私は、その時、記者へこう語った。

「広東で目撃した悲劇の責任は、私が住んでいた日本の、おだやかで親切な日本人にはない。私はもし、東京にいる私の友人や隣人が私が目撃したものを見ることができたら、この犯罪行為を絶対に許さないことを一瞬たりとも疑わないだろう」

「また、責任は強力な飛行機に乗せられて、他国民の家庭のうえに高性能爆弾をまきちらしている若者たちにもないのだ。この責任は広東航空電撃戦を計画し、命令し、許可し、続行した日本大本営が負うべきものである。私は責任を負わされた人々に対し、ただ深い侮蔑《ぶべつ》の念を懐《いだ》くほかかない」

中国にある日本陸軍指揮官たちは、前年、私が上海戦線において事実を報道しようと努めたことをかならずしも喜んではいなかった。また、日中戦争を「友人を悔悛させるための日本の戦争」とよんだことでも、かなりの不興をかっていた。

しかし、今度は松井石根最高司令官と高級将校たちが私の広東爆撃についての発言について怒っているということが私の耳にはいった。そこで私は熟考した結果、東京へ帰って日本の多くの友人たちを困らせたり、ケンペイタイと議論するようなことを避けるために、残念であったが南へ行くことに決定した。私は香港から海路ハイフォンへ赴き、インドシナを横切って休養のためサイゴンに着いたのである。

もちろん、当時、私は東京や、帝国ホテルや、また、重光葵《しげみつまもる》氏（戦時中、戦後の外相）や天羽英二氏（戦前の外務省情報部長）をはじめとする多数の日本の友人たちと、一九四五年（昭和二十年）に私が米輸送船ヘラルド・オブ・ザ・モーニング号に乗って横浜に上陸するまで、ふたたび会えないことになるとは予測もできなかった。もし、その時、こうなることを知っていたら、私はもっと暗い気持ちを懐いて香港を出発したことだったろう。

七年後に、私は米軍のジープに乗って、マッカーサー元帥《げんすい》の占領軍司令部付きの外国人特派員たちによって設営された丸の内プレス・クラブまで、三十キロの道を急いでいた。この時、私が道で見た光景は、かつて十八カ月間戦火が荒れ狂った中国でみたよりも、はるかに惨憺《さんたん》たるものだったのである。

傷だらけの日本観

1

私は昭和十一年（一九三六年）に、満州国で一カ月を過ごした後に、ニューヨークを訪問したことがあった。この時、私は市内のハーバード・クラブの夜食に招かれた。当時、満州国は全世界の新聞紙面を賑《にぎ》わしていたので、招待者は当然、私が満州国から到着したばかりだと他の客に紹介した。客はアメリカ人ばかりではなかった。なかに日本の実業家が一人いて、私に中国と日本の関係や、新生国家であった満州国の模様についていくつか質問をしてきた。そこで、私は自分の見聞や印象を話したのである。

しかし、私は話をしながら、テーブルを囲んでいる人々に、自分が火星の話でもしているような気持ちがした。彼らが満州国について知っていたことといえば、日本が中国の東北三省を〝盗みとり〟、国際連盟がこれを中国へ返還するように命じたのに対して、この略奪者は立腹して脱退した、ということであった。このような見方もある点では真実であったが、けっして全体を物語ってはいないと、私はいった。

すると、その夜、夜食が終わってからその日本の実業家が私のところにやってきて、アジアの情勢に関心をもっている日本人とアメリカ人を集めて昼食会を開きたいが、講師として出席してくれないかといってきたのである。いうまでもなく私は快諾したが、一言、断わっておいた。

「もし世界が〝満州国〟について誤解しているとしたら、それは外国人記者や外国から来た観察者に対して、事実を隠蔽《いんぺい》しようとする関東軍やケンペイタイの責任ですよ」

講師として招かれた昼食の席上で、私は中国と欧米の各々の主張を説明してから、これらと比べながら東京と新京からみた日本の〝立場〟について話した。聴衆はみな熱心に耳を傾けていた。いくつかの質問がなされ、会合が終わりに近づくと参会者の一人であったあるアメリカの銀行家が発言を求めた。

「もし私たちがきょうの話を日本の総領事から聞いたとしたら、まったく信じられなかったでしょう。しかし、あなたは英国人だ。私たちがあなたを疑う理由はないようですからな」

このニューヨークでの会合のほかに、その後も私は米国やヨーロッパで日本の〝立場〟についてたびたび話をしたが、そのたびに感じたことは、日本の〝立場〟と〝主張〟が世界の国々にまったく理解されていないということだった。これはおそらく中国が〝負け犬〟だと考えられ、同情を寄せられていたのに反し、日本陸軍の指導者たちの好戦的な言辞と行動が西方世界の世論に強い反感をかっていたからであろう。

しかし理由は何であったにせよ、その後西方世界では、日本はますますゴロツキのようにみられるようになり、中国と西方諸国があらゆる問題において正義の側に立っていると考えられるようになった。ふりかえってみれば、真珠湾攻撃まで続いた波乱に満ちたあの時代で、もっとも悲劇的であったのは、海外において一般的に懐かれていた日本についてのイメージと、実際の日本国民、あるいは日本国民自身が自分に対して懐いていたイメージがあまりにも大きくへだたっていたということだったのだ。

中国と世界の大半の国民は、日本が全アジアを征服する陰謀を企《たくら》んでおり、二枚舌をもち、その〝国家的使命〟を達成するためには国際条約も誓約も簡単にホゴにする戦争狂であって、まったく理解しがたい国民からなっていると考えていた。しかし、日本人自身は、自らが天と歴史と地理的位置とその文化によって、アジアに偉大な文明をひろめる使命を授けられていると考えていたのである。

そしてこの使命達成を妨害しているものこそ、頑迷で腐敗した中国軍閥《ぐんばつ》の〝不誠意〟と中国国民の無知、それに極東における特権にかじりついている西方植民勢力である、と日本国民は信じていた。とくにアジアをアジア人の手に委《ゆだ》ね、植民地主義の桎梏《しっこく》から解放し、日本の指導下にアジア人民の自由な共同体を作るという日本の理想に、西方諸国が理不尽に反対していると考えていたのである。

事実、ここに掲げられた目標は日本が戦争で敗退したにもかかわらず、林房雄《はやしふさお》氏が『大東亜戦争肯定論』で指摘したように、日本が指導的地位を獲得しなかったことを除いては、太平洋戦争の結果として達成されたのであった。

歴史のいかなる時点をとっても、歴史を形成する流れを黒と白にはっきりと分けて断定することはできないだろう。しかし、一九三〇年代において、諸外国で一般的に日本と日本国民について懐かれていたイメージは決定的に神話であった。これに対し日本では、満州占領後、日本がリットン調査団の勧告を拒絶し、国際連盟を脱退することによって〝わが道をゆく〟のを選んだ行動は、純粋であり、かつ崇高《すうこう》であると信じこまれていたのである。

西方世界は、日本を傲慢《ごうまん》な陰謀家であり、アジアの大部分をのみこもうとする侵略者と考えていたが、このような見方ははなはだしく誇張されたものであった。そして同時に、帝国陸軍が自らの膨張主義的行動を隠そうとしてつくりあげた事態の説明も、事実をよく知っている者には、まったく信じがたいものだったのである。

当時、アジアに散っていた外国人特派員にとって、この二つの対立する見解にはさまれながら、公正に、客観的に事実を報道しようとすることはきわめて困難なことであった。中国における〝宣戦布告なき戦争〟が一年目を迎えた時、私はすでに日本、満州国、中国を四年間かけまわり、あらゆる階層の人々と会って話をしていた。日本では閣僚から、軍高官、兵士、商店主、学生にまでインタビューし、中国で宋《そう》一族、地方軍閥、新聞記者、官吏、戦闘地区の住民、人力車ひきに会ってその言い分を聞いていた。

靖国神社を参拝するヴィクター・リットン氏

しかし実際のところ、私が事実を客観的に報道し、解説しようとする努力はだれにも喜ばれなかった。日本陸軍と陸軍省の広報担当官は私に反日記者のレッテルをはったし、またいっぽう、私が米国を旅した折りや、一九三八年（昭和十三年）にヨーロッパへ帰ってから、会う人々に欧米が考えているように日本国民は戦争狂ではなく、事実はその反対であって、友好的な、心が豊かな国民であり、日本の立場がもっと理解されるべきだと説くと、今度は日本のサクラとしてみられるようになってしまったのである。

大きな事件から数万キロも離れた人々は、つねに現場にいる者の声に耳を傾けるべきだ、と私は信じてきた。より多く知らねばならない地位にある人々については、なおさらのことである。しかし、私が、このように〝現場からの報告〟を信じてもらえなかったのは、はじめてのことではない。私は、ナチ・ドイツがポーランドを侵略し第二次世界大戦をひきおこす一カ月前に、ワルシャワとダンチッヒを訪れたが、この時、もしドイツ軍がポーランドを攻撃することがあればポーランド人は最後の一人まで戦うだろうと記事に書いた。

すると私は、「ポーランド人のヒットラーに対する敵対心を強め」戦争熱をあおるといって非難されたのだ。しかし、ナチ軍が実際に侵入すると、ポーランド人は私が予言したとおり、全国民が武器をとって戦ったのである。

私は、ニューヨークの昼食会で満州国について話してから五年後に、またニューヨークにきていた。ある夜、私は市内のミヤコ・レストランでサンフランシスコからタツタ丸に乗ってその次の日に帰国する六人の日本人を招いて送別会をひらいた。客は日本の外交官と新聞記者たちであったが、席上には寂しい空気がただよっていた。列席者のだれもが、日本と米国、英国がおそらく戦争をはじめることになり、もしふたたび会えるとしても数年後になるかもしれないと感じていたのだ。私たちは暗い情勢について話しあい、それでもまだ何か奇跡が起こって平和が救われるかもしれないといって慰《なぐさ》めあったのだった。

翌朝九時に、日本の外交官の夫人が私を訪ねてきて餞別《せんべつ》に茶碗と箸《はし》をもってきてくれた。そして一時間後に、六人の日本人はペンシルバニア駅からワシントンへ向けて旅立っていった。ワシントンから大陸を横断して西海岸へ行くはずだったのである。しかし、一行はワシントンより西へは行けなかった。汽車がワシントンへ向けて走っている間に、ラジオがいっせいに真珠湾攻撃のニュースを放送していたのだ。彼らはワシントンで捕えられ、交換船で帰国するまで数カ月間を抑留《よくりゅう》されたのだった。

2

歴史が熱され、この白熱した瞬間を迎えるまでの間、西方世界、中国、日本でそれぞれ考えられていた〝日本のイメージ〟は、ますます正反対のものとなり、おたがいに世界にその正当性を示そうとして、激しく競いあっていたのである。

西方世界の世論によってつくりだされた〝日本のイメージ〟は、次のようなものであった。このイメージはおそろしく単純なものであったが、基本的には国際法学者の見方と一致していたのである。日本陸軍は東アジアに新秩序をうちたてるという口実のもとに、一九三九年（昭和十四年）までとどまることなく征服計画を実施したというのだ。

ここでは満州の併合、熱河《ねつか》の占領、中国北部に非武装地帯を設けることを中国に強制した塘沽《トンク》停戦協定、中国北部における〝冀東防共自治政府《きとうぼうきょう》〟の設立、南京中央政府の支配から北部五省を切り離そうとした土肥原《どいはら》〔賢二《けんじ》〕将軍の陰謀、そして一九三七年（昭和十二年）七月に日本軍部によって東アジアに始められた〝宣戦布告なき戦争〟があげられたのである。

もっとも、日本軍部にとって中国だけが問題だったわけではない。原料の分配の国際的平等は、当時、日本の新聞によっても大きくとりあげられていた。当時のある日本の経済学者によれば、近代戦に不可欠な十一種類の原料をとった場合、これらの国際的分配の比率は英国が六、米国五、ドイツ、イタリアが一であるのに対して、日本はゼロだというのである。

もっとも、日本の満州〝強奪〟は西方諸国の政府と世論によって一致して攻撃されたが、かならずしもみなが日本だけに咎《とが》を負わせていたわけではなかった。日本にも正当な理由があり、圧迫のもとに行動したと考えていた者もいた。このなかの一人、ウイルソン大統領の補佐官であったハウス大佐（ウィルソンを助けて国際連盟をつくった人）は、一九三五年（昭和十年）に雑誌に寄稿した論文のなかでこう述べている。

「日本は限られた領土のなかであふれる人口の排《は》け口を要求する権利があり、極東で勢力圏を拡大しようと望むのは十分に理解することができる。地上にはまだ活用されていない広大な土地がひろがっているのだ。この土地に日本人を住まわせて産業を興させ、人類の富と幸福を増やそうではないか。このようなことは今日までは戦争によって行なわれてきたが、人類はもはや戦争や侵略を欲していない。この問題を日本が他の大国と対決しないような方法で解決することを考えられないものだろうか？」

これとともに、私は中国の日本に対する意見を、中国の指導的立場にある多くの人々の口から聞いた。彼らはみな日本人を強く非難したが、なかでももっとも激しく日本を攻撃したのは中国革命の創始者孫文《そんぶん》の未亡人、宋慶齢《そうけいれい》であった。夫人は当時、中国の過激派の代弁者であったが、私が上海における戦闘が始まる数カ月前にインタビューした時は、上海のフランス租界のなかの厳重に警備された家に住んでいた。

宋夫人は口を開いた。「日本は二枚の舌をもっています。一枚は外国人がまえにいる時に使います。もう一枚は中国人に話す時に使うのです。日本は私たちがいくら譲歩しても、さらに要求します。もっともっと。中国が独立を失うまで、もっと、もっと。だから私たちは戦うほかありません。もし、総統（蔣介石総統）がこの挑戦に立ち向かわないならば、彼は辞《や》めるほかありません」

「しかし、中国には日本と戦う準備がないでしょう？　あと十年たたなければ無理でしょう。今はとても……」と私はいった。私は救いがたく混乱した中国政界に哀れみと不信感を懐いていたのである。

「何をいいますか。中国が今、日本と戦えない理由が一つでもあったらいってみなさい」

宋夫人は答えた。

「ひとついってごらんなさい。いえるものですか！　中国ほど巨大な国は無敵です。私たちが、自分たちの自由を守ることができないということについて、いろいろ言い訳はできます。しかし、私たちが本当に自由を失ってしまってからでは遅すぎるのです」

しかし、日本国民は日本を侵略国家だとは思っていなかった。彼らは日本を偉大な大国であるが、運悪く勢力競争からたち遅れてしまっていると考えていたのである。日本軍部は、日本が第一次世界大戦で大規模な陸上戦に参加しなかったため、陸軍は近代装備も近代戦術の知識も欠いていると考えていた。日本は軍事面で西方諸国に遅れをとり、ベルサイユ条約とワシントン軍縮条約が軍備を近代化することを阻《はば》んでしまったのだと信じていたのである。

これに対し、文官政府は世界平和の時代が明けたと考えていたので、軍備の近代化に必要な経費を計上することを拒んでいた。これは、軍人からいわせると「国家を平和主義によって満たし、陸軍を邪魔者扱いにした」だけでなく、満州事変後にソビエトが極東軍を急速に増強しているのに、日本軍は「弓と矢」でしか装備されていない、という警告を発するタネになっていたのである。

3

一九三〇年代をふりかえってみよう。軍人や愛国者をもって自任していた人々は侵略をはかっているなどと思ってもおらず、ただ一九一四年（第一次世界大戦勃発の年）型の陸軍と旧式な兵器しかもっていなかった日本の国防を全うし、安全をはかろうとしていたのである。彼らは中国の反抗的態度はつのるいっぽうであり、ソビエトは極東において機械化兵団を増強しており、日本が危機にさらされていると信じていたのであった。

ところが彼らが天皇のためにわずかな物質的報酬で生涯を捧げようとしているのに反し、国内では利潤だけを心配する金融家や経済人と、快楽のみを求める大衆があふれ、これは彼らには「天皇と国家を忘れた金権主義」としてうつったのである。しかし、当時日本をよく知っていた者にとっては、このような描写は現実から遊離しているとしか思えなかった。

私は、腐敗した政治家と私利のみを追求する経済人によって弱められた国家が、危急な情勢に直面して蘇生《そせい》するために大陸で運命を切り開こうとしている、というイメージについて考えてみた。陸軍と一般人の見方の差はどこからきていたのだろうか？　私は陸軍軍人が一つの集団として思考していたのに対し、一般人は個人として考えていると結論した。また、陸軍は将来のみを考えていたが、一般人は主として現在を考えていた。陸軍はすべて愛国主義と国威の発揚を通して世界をみていたが、一般人の場合は、愛国心を十分にもっていたことはいうまでもなかったが、これに繁栄と利益という考慮が加わっていたのである。

ここでは、西方世界と日本において陸軍の観念が根本的に異なっていたことが大きく作用していた。西方諸国では陸軍は防衛、または攻撃するための国家の武器として考えられていた。しかし、日本国民にとっては、帝国陸軍は建設的な機構であったのだ。陸軍は国家的災害に出動し、悪徳政治家から国家を守り、国家を強く、安寧に、また団結させ、日本に日のあたる正当な地位を確保させることが任務であると考えられていたのである。

要約すれば、多くの日本人は陸軍指導部を単なる兵士であるほかに、緊急時にあたっては警官、外交官、帝国建設者、または議会の秩序を保つ任務を与えられた〝元老院〟のような超議会的な機関として考えていたのであった。

陸軍参謀本部は投票によって選挙されたのではなかったので、国家的利益が危機にさらされたと判断した時には世論などにかまう必要はまったくなかったのである。そこで、一九三七年（昭和十二年）の初めに軍部の予算増額要求のために、タバコの定価を値上げすることになった時に、陸軍のもっとも強力な支持者である農民も強く抗議したがむだだったのである。この結果、農民のタバコ代の支出は一人当たり年間約十二円増えることになった。

西方世界や中国は、日本の行動を侵略とか、膨張主義とか、破廉恥《はれんち》な言葉をもって呼んだ。しかし、参謀総長であった閑院宮《かんいんのみや》の執務室や、満州国の兵舎からみれば、日本陸軍はけっして侵略などは行なっていなかったのだ。日本陸軍は好ましい、質素な、素直な人々からなっており、祖国を守ることを誇りとしていたが、戦争が起こらないことを心から祈っていたのである。

しかし、一九三五年と一九三六年（昭和十、十一年）に軍服を着た政治家たちは確固たる声で、もし満州国の国境沿いに散開した四十万のソビエト軍か、蔣介石元帥の軍団か、何者でも東アジアの平和を乱すようなことがあれば、日本がただちに立ちあがり打ち懲《こ》らすと警告していたのである。

滅びた日本に再び

1

私は第二次世界大戦を通じて、英国のもっとも大きな新聞チェーンの特派員としてニューヨークとワシントンに駐在した。この間、ホワイト・ハウス勤めの記者としてフランクリン・ルーズベルト大統領、また、ヘンリー・フォーレス副大統領、フランク・ノックス海軍長官をはじめとする米国指導者を親しく知るようになった。そして、大東亜戦争《グレーター・イースト・アジア・ウォア》が勃発すると、私はワシントンからみた太平洋情勢を報道することに専念していたのである。

しかし、一九四五年（昭和二十年）五月にドイツが降伏すると、さっそく私は東洋へ帰る支度《したく》を始めた。そして、太平洋戦争が終わって数週間後、私と交替する記者がワシントンに到着するのを待って、私はナショナル・プレス・クラブの同僚に別れを告げ、日本に向かったのである。私は東京のマッカーサー元帥の総司令部つき記者として、大佐待遇を受けることになり、米軍服を着て旅立ったのだった。

シアトルのオリンピア・ホテルからタクシーを拾い、横浜へ向かう米海軍輸送船へラルド・オブ・ザ・モーニング号が繋留《けいりゅう》されている埠頭へ向かう途中、私は突然思いたって車を止め、ドラッグストアで安い目ざまし時計を十個買いこんだ。はたして、二週間後に東京に着いたとき、この買い物が私の人生でもっとも役に立った思いつきだったことがわかった。私が捜《さが》しだして訪ねた最初の十人の日本の友人は、みな、爆撃で家を焼かれ、置き時計がなくて困っていたからである。

横浜で船を降りると、米軍のジープが私を迎えにきてくれた。私は車上から見渡す限りの焼け野原をながめながら、数日前に丸の内に設営された新聞記者用宿舎に到着した。狭い街路に面した丸の内会館におかれた宿舎は、現在の日本外国人特派員クラブの前身となったが、記者たちはこの細い通りを〝シンブン・アレイ（新聞通り）〟と名付けたのである。

しかし、これは、私にとって悲しい〝帰郷〟だった。目《ま》のあたりには、戦前、東京にいて、悲劇が進行するのを目撃した西方諸国の外国人特派員たちが恐れていた最悪の光景が一面に広がっていたのである。東京は、もはやこれ以上の破壊をこうむることができないまでに荒廃していた。帝都に対してB29によって加えられた攻撃は、二十二万人の死傷者をだし、このうち八万八千二百五十人が命を失っていたのだった。家屋の損害をみれば、七十六万戸のビルや住宅が焼失し、東京の三分の一にあたる四千二百万坪が焦土と化していた。

人口は疎開や死傷によって三百五十万人に減っていたが、それでも東京に残っていた大多数の市民は、焼け跡から拾ってきた材木とトタンでつくりあげたバラックに住んでいたのである。

爆撃による日本の損害は、全国では二百万戸の住宅を含む二百五十万戸の建物が完全に破壊され、十一万戸が半壊し、一万五千四百六あった工場のうち千四十七が失われていた。広島では一発の爆弾が六万七千八百六十戸の家屋を破壊し、七万八千百五十人の死者を含む十二万九千五百五十八人の死傷者を出した。

この太平洋戦争の値段は、日本にとっていったいいくらぐらいについたのであろうか？日本政府の推定によれば、四年間に国庫から支出した戦費は一千七百九十二億千八百万円にのぼったのである。これは日清戦争の二億五千万円や、日露戦争の十七億二千万円と比べると、いかに天文学的な経費かわかるだろう。領土の喪失は六十八万平方キロにおよんだが、これは開戦時の帝国領の五十パーセント近くにあたったのだ。

こうして、私が一九四五年（昭和二十年）の暗い秋にチヨダ区に戻った時、東京には街灯がほとんどなかったので、市民は廃墟《はいきょ》に横行していたあらくれたギャングの群れを恐れて日が沈むとめったに出歩かなかった。市民は、男は戦時服を着て、女性はモンペ姿であった。

銀座へ行けば、それでもまだいくつかのデパートが営業を続けていたが、商品といえば、飛行機の残骸《ざんがい》からつくられたナベやカマが陳列されているほかには、食糧を求めるために人々が売り払った置き物や、小間物がならべられているだけだった。寝具や、衣類、家具はどこを捜してもなかった。寝具や衣類は、優先的に配給が与えられた引き揚げ者を除いては、容易に手にはいらないという状態が二年間もつづいたのである。私は記者用宿舎の私のベッドのわきにゴザを敷きたいと思って銀座中歩いて捜したが、むだであった。

戦争が終わったばかりのこの年の暮れに、三越《みつこし》の重役が店内の応接室に私をつれていって、点滅する七色の電球をめぐらせ美しく飾られたクリスマス・ツリーをみせてくれたことがあるが、これは当時の東京にはまったく珍しいもので、私の印象に強く残った。この飾りは戦前から保存されていたものだと聞いたが、おそらくマッカーサー元帥の総司令部と占領軍施設を除けば、東京で唯一つのクリスマス・ツリーであったろう。

2

平和がよみがえると、ほどなくして闇屋《やみや》が活動するようになり、金さえだせば日本人はたいていの物資を手に入れることができるようになった。ただし、占領軍当局が〝原住民〟とよんだ日本人にとっては、少数の戦後の不当利得者を除けば、あまりにも高い値段のために手がでなかったのである。

しかし、企業は、占領軍兵士に土産品《みやげ》を売るスーブニール屋のほかには、活動を停止していた。市民は住宅難、交通難、食糧難、燃料難、そして〝希望難〟に見舞われていた。毎日、東京市民の大群が近くの農村へ焼け残った家財や衣類をもってでかけ、米と交換しようとした。また、交換するもののない者は、草や根を集めて雑炊にして食卓にのせるというありさまだった。

占領軍施設のみが暖房されていた。日本人の会社や家庭にはいると、冷蔵庫のなかのようで、暖かい衣類につつまれた占領軍人でさえ、からだが震えだすのである。私はある冬の日に、朝日新聞にかつて海外でいっしょに働いた日本人記者を訪ねていったが、火の気のまったくない応接室で彼と話しながら、どうしてこのように手足が凍りつきそうな寒さのなかで新聞が発行できるのか、不思議に思ったことがある。しかし、夜をしのぐ屋根もない悲劇的な人々の数も多かった。彼らは駅や、橋の下で、焼け跡から拾い集めた木片やトタンでつくった小屋で、あるいはビルのかげで寝起きしていた。

まだ残っていた交通機関は酷使《こくし》されていた。列車には人間が窒息するまでに詰めこまれ、長距離列車は煉獄《れんごく》の絵を思わせた。私は四国地方を列車で旅したことがあったが、日本人があふれた列車に一台連結された〝進駐軍専用車〟のなかに乗っていた乗客は、私一人であった。

私は列車が高松《たかまつ》駅を出て、駅に駐在しているMP［ミリタリー・ポリス］の目のとどかないところへ来ると、〝原住民〟の車両につながるドアを開き、あいている専用車に婦人や子供たちをつれてきた。こうすることによって私は占領軍の法規を破ったが、かつてこの国の人々がより幸福だった日に私が受けた親切を、僅《わず》かばかりであったが返そうと思ったのである。

荒廃した首都では、街路をゆく電車の数も少なく、また、たまに見かける木を燃やして煙をあげて走るタクシーは米国人の目にはウォルト・ディズニーのおとぎの国の車のようにうつった。私はある日、数日間気分がすぐれなかったので、さる東京の大病院に診察をうけにいったことがある。これは、また、占領軍の規定を破るものであったが、私は同時に日本の病院の状態をみたかったのだ。しかし病院で私はまったく驚いてしまった。数百人もの入院患者のために湯をわかすものといったらヒバチか、ガス台にかけられたヤカンしかなく、そのうえ、ホウタイといえば紙製のものだったのである。

私は新聞記者生活を通じて、八カ国の軍隊に従軍した体験から、あらゆる軍隊にとって軍規が必要であり、これを守らなければならないということは十分に理解できた。しかし、銀座のPX［米軍向け売店］からでてきたGI［米陸軍兵士］が、日本の子供たちにひとにぎりのポップコーンをやったりしていると、MPがこれを見つけて「米合衆国財産を敵国人にやってはならない」といって制止する光景は、どうしても行き過ぎとしか考えられなかったのである。

また、日本人の体力が栄養失調から低下し、風呂屋が破壊されたのと、石鹸《せっけん》の配給がたまにしかなかったために、日本国民も占領軍も疫病の危険にさらされていた。一九四六年（昭和二十一年）初期に、東京に天然痘が発生した時に、占領軍は史上最大の予防接種作戦を実施して、この恐ろしい病気が蔓延《まんえん》するのを防いだのである。

3

このような徹底的な破壊と苦難は、どのような国民の精神をも撃ち砕《くだ》いただろう。日本人も巨大な悪夢につつまれて、茫然《ぼうぜん》とし、深い幻滅感を味わっていたのは例外ではなかった。しかし、あれほど悲惨な状態にあっても、日本国民はすべて最低の生活でありながら、秩序正しく生活を続けていた。これはマッカーサー元帥が占領のもっとも初期の段階において下した判断が、正しかったことを示していたのである。

はじめワシントンの国防省幹部は、日本占領には七十万一千名の軍隊が必要だと計算していた。しかし、マッカーサー元帥は総司令部を横浜から東京へ移してから一週間後に、日本の占領には二十万名しかいらないと本国へ通告したのであった。ワシントンは、この数のひらきに驚き、元帥に決定されていたとおりの兵力を受けいれるように命じた。しかし、元帥は頑固《がんこ》に譲らなかった。いくつかの電報が東京とワシントンの間で交換され、ついに占領軍の兵力は元帥の主張にしたがって縮小されることに決まったのである。

総司令部筋によれば、マッカーサー元帥はワシントンに送った電報のなかで、「どういう結果がでるかみていてほしい」といったというのだ。この時、すでに進駐軍の増強は急速に進んでおり、日本に注入された兵力は四十万一千名にまで達していた。しかし、この新しい決定により、太平洋上を日本へ向かっていた部隊を含めて、日本にいた米軍は引き揚げを開始し、二十万名までに減ったのである。

いっぽう、日本国民の食糧事情は最悪の段階を迎えていた。栄養失調により、多くの生命が危険にさらされていた。そこで占領軍総司令官は米国政府へもっとパンを送るか、それでなければ銃剣を送るか［口減らしをするという選択を皮肉を込めて述べたものだろう］、要請したのである。ワシントンは賢明な、そして人道的な選択をした。この島国へ向けて食糧を満載した船団が急ぎ、そのために食糧事情はかなり好転したのである。

国会が召集《しょうしゅう》され、新しい憲法が採択された。この憲法はあきらかに米国の着想によるものであり、一部から〝翻訳書〟とよばれているものの、他の一連の改革とならんで明るい明日への希望をひろめたのである。東京の街路を埋めていた三百万トンと推定された瓦礫《がれき》はとり除かれ、終戦から三年以内で、すでに再建が始められた。私は隅田《すみだ》川の河畔《かはん》で焼けた自動車と自転車が積まれた巨大な山を見たことがあるが、これほど多くの自動車と自転車の残骸が集まっているのをそれまで見たことはなかった。

店頭に商品が徐々に姿を現わしはじめた。炭鉱夫は〝奨励物資制度〟のもとに増産にはげんでいた。工場や、造船所も活動を再開した。インフレも、終わったのは他の諸国よりもだいぶ遅かったが、進行速度が緩められた。占領軍によって〝商業入国者〟とよばれた外国人バイヤーの第一陣が東京に姿を現わして、竹ボウキをはじめとする二、三の商品を買い付ける、ということもはじまった。もっとも、当時、日本の輸出品目といえばこのほかになかったのである。

これは苦悩に満ちた復活であったが、同時に日本の底力は驚嘆に価《あたい》するものであった。私は東京に戻ってきてから、多くの日本人と会って話したが、そのなかに野村吉三郎《のむらきちさぶろう》提督と加藤《かとう》シヅエ夫人がいた。私は駐米大使であった野村提督と真珠湾攻撃の日までワシントンで親しく交際していたし、元石本《いしもと》男爵夫人であった加藤夫人も旧友の一人であった。

野村提督は、太平洋戦争が終わった直後にこう話してくれた。「私は日本が戦争に勝てないことは承知していました。しかし、これほど敗北が厳《きび》しいものであるとは予測していませんでした」

今日、高名な国会議員であり、一九五六年（昭和三十一年）の参議院選挙では全国で最高点をとり、四年後の選挙では全国第二位の投票を勝ちとった加藤女史も、提督と同じように暗澹《あんたん》とした気持ちをいだいていた。彼女も、日本が「これほどの苦難」に見舞われたことはないといった。

しかし、結論としていえば、日本は最悪の事態を覚悟していたにもかかわらず、そのような事態は起こらなかったのである。一九四六年（昭和二十一年）八月の降伏一周年記念日にあたって、東京の大新聞の一つは次のような論説を掲げた。

「今日、日本国民は予想しなかった敗戦によって救われたのみか、奴隷化されるかわりに、解放されたのである。現在、日本は自由な、民主主義国家となる道を急いでいるのだ」

4

日本が立ち直るまえのこれらの暗い日々から、私はとくに強く三つの思い出をもちつづけている。まず思い出されるのは苛酷《かこく》な試練にもかかわらず日本人の大多数が示した忍耐力と勇気である。当時、私は日本人があまり不平をいうのを聞かなかったし、私の日本の友人たちは私が米軍のPXに出入りする特権をもっており、また、米国から小包を取り寄せることができるのを知っていながら、私に薬以外の物資を頼んだことはなかった。当時、日本にはアスピリンすらなかったのだ。

もちろん、このような時に友人の力になれないのは胸が痛かった。そこで、一九四八年(昭和二十三年)に私が戦後初めてワシントンを訪れた機会に、私はトランクいっぱいの抗生物質を買ってきて、知り合いの医者や病人たちに配ったものである。

また、占領軍人が暖かい衣服を着て、よい食事をとっており、日本人の生活水準からかけ離れてよい生活——といっても米国の一般の生活からみれば質素なものであったが——をしていたのに、日本人は何らの羨望《せんぼう》も示さなかったことが強く印象に残っている。当時の日本人からみれば、占領軍人は別の天体に住んでいるようにみえたのだろう。ある時、私は日本の政治家に会って民主主義を支持するかどうか尋ねたことがある。すると彼は「私は注意深く米国の友人たちを観察しました」と答えた。「私が考えるところではデモクラシーは自動車にのってPXにゆき、日本の家庭が二週間も食べられるほどの食料を一時に買いこみ、暖かい家へ帰って楽しむことだと思います。もちろん、私は民主主義を支持しますよ!」

三番目の思い出は、あの困難な時期においてあらゆる階層の日本人が、日本人に対して好意や理解が示された時には、深く感謝したことである。保安隊《ほあんたい》〔陸上自衛隊の前身〕が設立された後に、私は新しい軍隊を取材しようと思いたった。そこで、外務省というよりは正しくいえば日本政府の連絡局に申請書を提出したのである。私はマッカーサー総司令部へは行かなかったのだ。

指定された朝に、私はプレス・クラブまで迎えにきてくれた外務省の役人と出発した。「あなたにお礼をいわなければならないのです。われわれの国防部隊をごらんになるのに日本政府へ申請されて感謝しています」と彼はいった。これに対して、私は当然なことをしただけだと答えた。すると、彼は「そうかもしれませんね。しかし、今ではだれもそう考えないんですよ」といったのである。

終戦時代の初期に、私にとってもっとも楽しかったことといえば、箱根の仙石原《せんごくはら》に日本の友人から家を借りて遊びにいった時のことだろう。私が、故人となっていた松岡洋右《まつおかようすけ》元外相の子息といっしょに箱根の家につくと、その家に住み込んでいた老婦人が、私たちの乗ってきたジープを見て、遠慮がちにこういうことをいった――その日の午後、サツマイモの配給があることになっていたのだが、彼女はあまり丈夫ではなく、いつも重い荷物をはこぶのに苦労している、もし配給所までジープのような乗り物に乗れたら、どんなにすばらしいことだろうか――というのである。

私はもちろん、彼女のたのみを引き受けた。そして、占領軍の制服を着た私が老婦人をエスコートして、ジープに乗って配給所の前にあらわれると、行列をしていた婦人たちはあきらかに驚いた様子だった。ここで老婦人は、私が彼女の荷物を運ぶためにやって来たことをみんなに説明した。すると、私はすぐに十数人の同じような服装をした〝オバサン〟たちにとりかこまれ、彼女の分がすんだら、またもどってきて自分たちのほうも手伝ってくれないか、と頼まれたのである。

その日の午後、私は四時間にわたって、老婦人たちとサツマイモをジープに乗せ、村の中を往復した。私は、東京に帰ってきてからはじめて、幸福な思いに満たされていた。日本人のなかにとけこむことは、何と気持ちのよいことであったろうか。

ヤンキー将軍の決断

1

私が初めてダグラス・マッカーサー元帥に会ったのは一九三六年（昭和十一年）のことである。その時、彼はマニラにあった古い旧スペイン要塞のなかの執務室にいた。フィリピン軍の唯一人の〝元帥《フィールド・マーシャル》〟であり、フィリピンが米国の保護から独立する日に備えてフィリピン軍を組織し、訓練する任務にあたっていたのである。

私はマッカーサー元帥が迎えてくれた部屋を今でも覚えている。この部屋は一九〇一年まではスペインの守備隊長によって使われていたのだが、その時はすでに壁には真新しいフィリピン軍の連隊旗が飾られていた。

フィリピン連邦議会はこの一年前に誕生したばかりだったが、この議会が最初に立法した法律が国防法だった。そして、この法律によって設立されたフィリピン軍は、当時米軍が引き揚げると予定されていた一九四五年（昭和二十年）までには、一万名の常備軍と四十万名の予備兵力、それに二百五十機の航空機を有する空軍がつくりだされることになっていた。

ダグラス・マッカーサー〝元帥《フィールド・マーシャル》〟は、これだけ強力な軍備があれば、いかなる国も、高い犠牲を払ってフィリピンを攻撃するような愚行はおかさないだろう、と私に語ったのである。

マッカーサー元帥は、それまでに米陸軍の重要なポストをすべて歩いてきた。ウエスト・ポイント陸軍士官学校校長、第一次大戦の師団長、陸軍参謀長——そして、フィリピン政府の軍事顧問となったのである。彼は、私が後に東京で再会した時にも、ちょうどマニラで会ったときのように暖かく迎えてくれ、そしてちょうど一九四五年までに四十万名のフィリピン軍をつくる計画が成功することを自信をもって語ったように、米軍が主役となっていた連合軍の日本占領が成功することを語ったのであった。

一九三六年に、マッカーサー元帥はこう語った。「過去三十五年間に、私は米軍に編入されたフィリピン部隊を、連隊長、旅団長、師団長として指揮してきました。彼らは世界一流の兵士です。この国の気候条件で、十分な補給をえ、有能な指揮官が与えられれば、どの国の軍隊とも互角に戦えるでしょう」

当時、フィリピン兵は、フィリピン連邦三千の島々に散らばる百二十九のキャンプで軍事訓練を受けていた。しかし歴史は、だれが予想したよりも早く、このフィリピン青年の戦闘能力についての予言が正しいかどうかを、ためそうとしたのである。

もちろん、一九三六年には、マッカーサー元帥は、日本人も含めて極東の大多数の人々が予期していたように、この地域におけるもっとも大きな平和への脅威はソビエト極東軍であると考えていたのだった。

私がマニラで会った日、元帥はきわめてくつろいでいた。彼はきれいに整頓された机に向かって、世界情勢にまで話題をおよぼしたのであった。インタビューが終わると元帥は私を自動車のところまで見送ってくれ、さよならといった。そして私は、戦争が起こり、彼が百三十回にわたる上陸戦闘を戦って、東京へくるまで、彼に会わなかったのである。

元帥に再会したのは、一九四六年（昭和二十一年）のことである。マニラで別れてから東京の第一生命ビルに設けられた連合軍総司令部で会うまでの十年間に、この世代が生んだ米国のもっとも傑出した軍人であるダグラス・マッカーサーはフィリピンから追い出され、再びルソンに勝利の軍団を率いて帰還し、休むことなく硫黄島《いおう》と沖縄《おきなわ》を奪取し、天皇が戦争を終結させた時には、日本本土を侵攻する準備を終えていたのであった。

彼は、世界の偉大な戦略家や軍人のなかに多くの称賛者をもっていた。これらの人々にとっては、一九四五年（昭和二十年）八月三十日に、東京に近い厚木《あつぎ》飛行場に降り立ち、日本の軍事占領を立案し、実行した最高司令官は、「優《すぐ》れた地位にあり、優れた評価をもつ、優れた人物」であった。しかし、あらゆる傑出した指導者は、批判者をもっている。そして、とくにマッカーサー元帥のように自らを雲の上においた場合、これは避けられないことであった。

日本にいた間、元帥は東京の市街を一度しか視察しなかったし、米国大使館の外で食事をしたのはたった二回であり、「政府のうえの政府」の首長として過ごした六年間のうち外国人特派員たちと一回しか昼食をとらなかったのだ。批判者たちは元帥を徳川将軍ならぬ〝ヤンキー将軍〟だとか、〝星条旗の星をちりばめたミカド〟とか、〝あらゆるものの総司令官〟と呼んだのである。

日本の土を踏んで以来、トルーマン大統領との意見の対立から一九五一年（昭和二十六年）四月十六日午前七時二十二分に羽田《はねだ》を発《た》って米国へ帰るまで、マッカーサー元帥は六年間近く、一九五〇年（昭和二十五年）に朝鮮戦争が起こって韓国へ行っていた期間を除けば、総司令部の六階にあった執務室で毎週七日間働き続けていたのである。この間、彼が日本についてえた知識は、元帥に面会を許されたわずかな日本人と、彼に近づきえた補佐官の小さな一団と、机のうえにのった報告書と、彼の直感にもとづいていた。

2

このような状態のもとでも、マッカーサー元帥の占領政治は、われわれの時代における政治的な偉業の一つに数えられるべきものとなった。もっとはっきりいえば、日本は四つの主要な政策決定において、マッカーサー元帥に感謝しなければならないのである。これらの決

ミカドをふるまうマッカーサーを揶揄した
ニューヨーク「デイリーニュース」紙の風刺画

断は日本と世界にとって、歴史の進路をより良い方向へむけたが、この功績はマッカーサー元帥に与えられるべきものである。

第一の決断は、占領政策が、寛大で建設的な精神にもとづいていたことである。マッカーサー元帥は占領の初期から、ワシントンへの報告書、または海外からの来訪者との会話など、あらゆる機会をとらえて日本の窮迫した経済状態の重大性を強調したのだった。元帥は一九四八年（昭和二十三年）に八千万人に達した日本の人口が、二十四時間ごとに四千人の割合で増加しており、このような状態の日本国民から重い賠償を取り立てることに強く反対した。

総司令官は日本が満州、中国、台湾をはじめとする外地で失った四十兆ドルにのぼる財産が、賠償として十分だという意見をもっていた。日本から、工業能力をいっさい剝奪《はくだつ》して賠償に当てようという主張は、マッカーサー元帥の頑強な拒否にあったのである。工業力にこそ、日本の再建と膨張しつつあった人口をささえ、日本人の文化的生活水準を取り戻すためのあらゆる希望がかけられていたのだ。「日本から最後の一台のミシンまで取ろう」というのが、当時〝厳格な平和〟を主張する者のスローガンであった。しかし、このかわりに元帥の主張により、深刻化しつつあった栄養失調を救うために食糧が輸入され、他の援助物資もつぎつぎと日本に到着したのである。

第二の大きな決断は、天皇陛下の退位と、さらには天皇を戦犯として指名すべきだという連合国の中から出た要求を、マッカーサー元帥が断固としてこばんだことである。

総司令官は、戦争による荒廃のさなかにあって日本国民が皇室に希望の曙光《しょこう》をみいだしていたのをよく認識していたし、ヒロヒト天皇が真珠湾攻撃の前と戦争を終結するのにあたって果たした称賛すべき役割をよく知っていたのであった。彼は天皇制の存続を強く主張し、その結果、あの歴史が激動した時代において、はるかに悪い憲法改定が行なわれることが避けられたのであった。

第三の決断は、ソビエト軍が北海道を分割占領し、日本占領に参加するというソビエトの要求を拒絶したことである。

もし、この要求がいれられていたとすれば、日本は今日でも、ドイツ、朝鮮、ベトナムのように敵対しあう二つの勢力圏に分割されたままであるだろう。マッカーサー元帥のこの決断は、天皇制の存続とともに、日本の平和と繁栄にもっとも大きな貢献をしているといえよう。

第四の決断は、マッカーサー元帥が日本の現在の〝模範的〟民主制度をつくるのにおいて、大きな力を貸したことである。

ここでもっとも大きな成果は戦争を放棄した憲法を制定したことであるが、新憲法は自由と人権を保障し、国会を改組し、天皇の大権を（というよりは戦前のように大権が天皇の名において他人によって行使されることを）制限し、全国民に参政権を与え、法のもとにおける男女

の平等を規定したのであった。また、大規模な、そして遅すぎたとさえいえる農地改革は、農村における生活水準の大幅な向上に役立ったのであった。

3

もちろん、長い歴史をもち、極度に様式化された社会を、一夜にして——そして外国人の手で——西方式な民主社会へつくり変えようとする偉大な実験の過程で、誤りがおかされるのは避けられなかった。

もちろん、目を輝かせていた数千人の総司令官のスタッフは、すばらしい能力を発揮して改革にあたっていたが、時には自分たちの仕事に無関心になることもあったし、またまったく愚かな措置《そち》をとることもあった。

たとえば——日本の各分野における指導官は、ただ愛国的な日本人として活動していたという罪のために公職から追放された。商社はただ過去において業績がよかったという理由から解体されたのだった。そしてGHQに登録された特派員が占領を客観的に報道しようとして、このような事実について書いた場合、その記者と総司令部の関係は悪化したのである。

実際、一ダースほどの特派員が事実を歪曲《わいきょく》した記事を書き総司令官の不興をかったという理由で本社へ抗議されたが、私もこのなかの一人であった。私の場合は、太平洋戦争終結の四周年記念日に掲載された記事のなかに引用した統計について、ワシントンの新聞社に抗議がだされたが、編集者はこれを無視してしまったのである。GHQに非難された他の特派員の場合も本社は記者を信頼し、一人も呼び戻された者はいなかった。しかし、もし記者が直接マッカーサー元帥に対して、自分たちの取り扱いについて不満を述べる機会に恵まれれば、事態はほとんどの場合に改善されたのである。

マッカーサー元帥の業績については、「功績も、勝利も、失敗も、あらゆるものが巨大なスケールで行なわれた」といわれている。吉田茂元首相は、元帥をもっともよく知っている日本人であるが、このことをきわめて的確に要約している。引退後に、まとめられた回顧録から引用しよう。

「米国人はわが国へ敵としてやってきたが、七年足らず続いた占領を通じて、両国民の間に近代世界の歴史に新時代を開いた理解の絆《きずな》をもたらしたのである。米国人を批判する権利は、米国人にも与えられていよう。しかし、米国人の失敗を指摘する時に、日本の占領は含まれないのである」

占領時代を通じて総計すれば、百五十の占領指令と、千六百以上の国会によって立法された改革法（正確な数字を日本政府はもっていない）が施行されたのだった。そして日本は、紙のうえでは政治、経済、社会において近代的民主国家に新たにつくり変えられていったのである。マッカーサー元帥が、この大事業に取り組むのにあたって掲げた精神は、「われわれは日本に日本を屈服させるためにきたのではなく、日本が諸国のなかで尊敬されるべき地位を取り戻すのを助けるためにきたのだ」という彼の言葉に、よく表わされていただろう。

その瞬間から、総司令官はもっとも熱心な、そして華やかな日本の代弁者であった。一九四九年（昭和二十四年）に、マッカーサー元帥は外国人記者団と非公式の会見をしたが、その席上で短期占領と早期講和締結の方針を発表した。そして、同時にそれまで行なわれてきたことについて、感想と見解を述べたのである。

私のノートをみよう。総司令官は日本において個人の権利が突然、そして平和的に確立され、また、あまりにも静かにもたらされたので、この革命の巨大さを理解できる者が少ない、と述べた。降伏後の三年半において日本は大幅に民主化された。かつていかなる国もこれほど急速に平和裡《り》に民主化された例はない。……これから一千年後に、この世紀についての歴史がしるされる時には、ほとんどの事件には一行しか費やされないだろうが、この事業には少なくとも一ページがさかれるだろう。

これまで日本国民は一つの政治体制しか知らず、この体制は大きな音をたてて崩壊してしまった。戦前の日本の政体はいくらかは西方的な形態をとっていたが、西方的な内容はまったく乏しかった。この政体を支えていた日本国民の信念は、下部の天皇崇拝からはじまり、原始的なものであった。

日本において成熟した民主主義が確立されるまで、どのくらい時間がかかるかは誰にも予想できない。もし、平和が続くなら、向こう十年間に日本国民は大きな成果を生むだろう。一九四五年（昭和二十年）以後に始まった民主化は、今や単に法律書にしるされた文字ではなくなっている。今や民主化は日本人の心をとらえはじめ、彼らの慣習に影響を与えつつある。

4

私のその日のノートはまだ、続いている。これは一言一句正確ではないとしても、大意は伝えられているだろう。総司令官の言葉を続けよう。——一部の理想主義者は婦人参政権が与えられたものの、日本女性はまだ男性と平等ではないといっている。また、自由選挙が施行されたものの、政治的腐敗がまだはびこっていると、労働組合が組織されたものの、スト権が制限されているといっている。

「だが」と元帥はいった。「このような人々はユートピアを一日で築こうとしている。われわれだって百五十年の自由の歴史をもっているのに、まだ米国にユートピアはないではありませんか」

日本が独立を回復してから十三年たった今日までを回想すると、占領政治が掲げた目標のほとんどが日本国民の賛同のもとに成しとげられ、生き続けているのである。これは、一つの大きな事実を明らかにしている。占領時代にマッカーサー元帥の総司令部から大河のように流れでた「近代史に類例のない政治的、社会的革命」を称賛する「すばらしい事業」の報告は無視しよう。これらの報告は、当時から多くの外国人や日本人の不評をかっていた。

しかし、それでも歴史を展望する場合に、マッカーサー元帥が日本国民の積極的な協力をえて、日本を歴史的な〝つまずき〟から回復させ、日本が過去に成しとげたあらゆる業績よりも輝かしく健全で、躍動的なアジアの大工業国への道を開く卓越した大事業を成しとげたことは、否定することはできないのだ。

伝説的だとさえいわれているマッカーサー時代について、最後の連合軍総司令官であったマシュー・リッジウェイ大将は、一九五二年（昭和二十七年）四月二十八日、日本占領が終わる数日前に私が総司令部でインタビューした時に次のようにいった。

「もし、日本国民の思考が六年の期間で根本的に変えられたと考えるとすれば、誤っています。日本には強力な、中央政治を求める強い傾向があり、これは過去に深く根をおろしています。私は日本が完全に民主化されたとは考えられません」と、大将はいった。

「しかし、反面、戦前にくらべて日本の多くの自由主義的機関がいちじるしく強化されています。国会は独立性と強い権力を獲得し、この権力を奪うような試みはきわめて困難なことだと思います。地方自治体は自らの権利を守ろうと固く決意しています。また、日本女性は公的生活において新しい地位を手にいれつつあります。日本の言論機関はかつてなかったほど広大な力を保証されている。日本には全般的にいって国民の間に文民による国家政治を守り、軍国主義者の支配に戻すまいとする確固たる決意が深く根をおろしています」

「われわれが日本政府と行なった一連の話し合いから、一言にしていえば、私たちは日本の将来へ深い信頼をおくことができると思います」

このインタビューは日本が独立を回復しようとしていた瞬間に行なわれたが、その後に過ぎ去った歳月は、リッジウェイ大将の判断と予想が正しかったことを証明したのである。

還《かえ》った者、還らなかった者

1

終戦の年に、海外各地や旧帝国領に散在していた日本人は六百万人にのぼったが、これらの人々は、急ぎ日本本土に帰ろうとした。これは、アジアの歴史における、もっとも大規模な人間集団の帰還ということができたが、帰郷して行くこれらの日本人の姿を私がはじめて見たのは、一九四六年（昭和二十一年）中国北部の塘沽《トンク》埠頭においてであった。ここでは元関東軍と北支《ほくし》派遣軍に所属していた将兵たちが軍服のまま、米軍のＬＳＴ船［戦車揚陸艦］へ列をつくって乗り込むところであった。これらの日本将兵の大多数は、九年間も日本を離れていたわけである。

次に日本人の列をみたのは、私が空路奉天《ほうてん》におもむいた時であり、この満州の主要工業都市からソビエト軍が撤退し、かわって蔣介石政府の軍隊が進駐した直後であった。それでも、ヤマト・ホテルの従業員の大半はまだ日本人であったし、市内と近郊には大勢の降伏した日本人が日本にいる血縁や友人に自分が生きているのを知らせることもできずに、帰国できるのを待っていた。

そして、私が生まれて初めて郵便配達夫になったのはこの時である。私が東京へ帰る時がくると、ホテルの従業員がひと抱えの手紙を持ってきて、自分たちと友人たちのために、日本に着いたら投函《とうかん》してくれないかと頼まれたのだった。

しかし、ここで私が注目したのは、中国から撤収する日本将兵も、満州でロシアの〝一週間戦争〟の落とし穴にはまった日本人市民も、志気を失っておらず、規律正しく、逆境にも冷静を保っていたことである。当時の満州の日本人市民は、中共軍に囲まれ、米軍か国府軍［中華民国の国民政府軍］の飛行機によってのみ外部と連絡できる都市へ集まっていた。しかし、将兵も市民も、私が後に上海や、シンガポールをはじめ各所の外地でみた降伏した日本人と同様に、一つの目的しかもっていなかった。故国へ帰ることである。

こうして、一九四六年（昭和二十一年）末までには、敗戦によってアジア大陸や南方の諸島に取り残された日本人の大多数の引き揚げは終わっていた。この大規模で整然と運営された帰還作業の絶頂期には毎週二十万人近くの旧陸軍将兵と失われた旧帝国領の住民たちが日本へ帰還していたのだ。彼らは日本へ着くと、当時日本の一般国民には手にはいらなかった衣類や寝具の優先的な配給を受け、鉄道の無料パスを与えられて出身地である都市や農村へ帰っていったのである。

この大事業はある地域を除いて、完了した。ある地域を除いてというのは、満州国でソビエト極東軍へ降伏した百万人以上の日本人がシベリアの強制労働キャンプへ送られ、帰国が遅れていたからである。マッカーサー元帥は一カ月に三十万人を帰国させるために船舶を提供するむねを申しでたが、ソビエト当局はこの数字を五万人に減らした。そして、一九四九年（昭和二十四年）五月にはソビエト国営のタス通信社がソビエト領内には九万五千人の元日本軍将兵しか残っていないと発表したのである。しかし、日本政府の統計によれば、この時、ソビエト支配下の領内にはまだ四十六万九千四十一人の未帰還者がいることになっていた。

さらに、一九五八年（昭和三十三年）十二月の日本外務省の発表によれば、この年になってもまだ行方《ゆくえ》不明になっていた三万六千三百八十六人について、情報をえるために約百五十万人に質問状が発送されたのである。これらの行方不明者の八十三パーセントがソビエトと中国大陸で消息を絶っているということであった。しかし、このほかの地域では、引き揚げは一九四八年（昭和二十三年）初頭に完了していたのである。

私は日本人が秩序正しく故国へ帰ってゆくのを、アジアのいくつかの港でみた。天津では、私は帰国するまで道路の補修や復興作業に従事していた元日本将兵と話をした。上海では私は虹口《ホンキユウ》の中国街の中心部に抑留されていた旧陸軍将兵と日本人市民を訪問した。

ここで私は、日本へ向けて出発する帰還船に同乗するために許可を申請したが、申請書は東京のマッカーサー総司令部へ回され、衛生上の理由から拒否されてしまったのである。私は当時、特派員として日本占領軍総司令部に登録されており、占領軍の指令に従わねばならなかった。そこで私は計画を中止せざるをえなかったのである。

その後、私はシンガポールで帰還を待っている日本軍将兵を収容したいくつかの仮キャンプにいって取材した。これらの将兵は帰るまでの間、下水溝《げすいこう》の清掃作業のような公共施設の整備や修復にあたっていたのだった。

キャンプでは、旧日本軍将校がほとんどの事柄については指揮をとっていた。病人の治療や、退院患者が労働に適するかどうか判断するのは、英軍医の監督下に行なわれていたものの日本人軍医にまかされていた。これらのキャンプでは供食《きょうしょく》［食事の提供］は十分であったし、最小限の英警備兵しか配置されていなかった。全体的にいえば、シンガポールで送還を待っていた旧日本軍将兵の生活状態は、私がかつて日中戦争の勃発《ぼっぱつ》まえに満州や中国北部の日本軍兵舎でみたよりも、かなりよかったといえたのである。

私はシンガポールから日本占領任務につく英連邦官吏や軍人と、数百人の日本軍将兵を乗せて日本へ向かう英軍輸送船に乗り込むことができた。船上では上甲板の客室に英国人がおり、下の船室に日本軍将兵が入れられていたが、日本軍の将軍が一人いたので、彼だけには上甲板の客室の一つが割りあてられていた。船が動きだすと、将軍は甲板にでて埠頭で挨拶する日本軍将兵の一団へ向かって深く頭を下げたが、部屋にはいるとそのまま日本へ着くまででてこなかったのである。

しかし、私たちは航海中、他の日本軍将兵の姿は多く見かけた。毎日、定刻になると、主甲板は日本軍将兵が運動し、新鮮な海原《うなばら》の空気を吸うために開放されたのだった。そして、船いっぱいに乗っていた武器を失った日本軍将兵がおかれていた状態も、やはり私が九年前に同乗した神戸から中国北部の戦場へ向かう日本軍輸送船のそれよりも、よかったのである。武装した英軍警備兵が立っているということだけが、これが敗北した軍隊であることを示していた。

2

しかし、彼らは幸運だったのである。満州にいた日本人で、日本へすぐに帰還することができた者はわずかだった。侵入するソビエト軍よりも早く、機敏に朝鮮にはいり、さらに米軍占領地域まで南下した者だけが脱出できたのである。

満州に残って捕えられた者は、長い苦難の年月を送らなければならなかったのである。膨大な数の関東軍将兵と、また新京《しんきょう》で捕えられた日本人外交官でさえ、貨車に積み込まれてシベリア深く送られ、強制労働キャンプへ入れられて、そのうち多くの者が二度と帰ってこなかったのだ。そこでは多くの旧日本軍将兵が日本へ帰るまでに徹底的に洗脳され、共産主義思想を教えこまれたのであった。これは、日本共産党を拡大するためだったのであろう。

私はある朝、シベリアからの帰還兵が品川駅《しながわ》へ到着した駅頭の光景を覚えている。将兵を満載した列車が止まり、彼らが降りてくると、この旧日本軍将兵たちは、出迎えた家族や市民のほうを見向こうともしなかった。そして、ただちに号令がかけられ、軍隊式の隊列が組まれ、世界共通の共産党歌である〝インターナショナル〟を歌いながらそのまま代々木《よよぎ》の共産党本部まで行進していったのである。出迎えにでていた多くの日本人たちは驚き、唖然《あぜん》とした顔をしていた。

しかし、もちろん、多くの日本軍将兵はすぐにこういう考え方をあらためたし、また、彼らが祖先の代から住みついてきた農村や畑へ帰ると、共産主義教育の効果も薄れてしまった。しかし、シベリアからの帰還船のはいる舞鶴《まいづる》や東京をはじめとする日本の各地で、北方からの帰還将兵をみた日本人たちは深い衝撃を与えられたのであった。

日本政府当局は旧関東軍将兵からなる潜在的な共産主義の〝第五列［敵方に寝返える者］〟を、深い脅威の眼をもってながめ、赤い教育を受けさせられた帰還者に対して、官憲がより強い対抗力を持てるような法律を、急いで国会で成立させた。また、シベリアから帰還が行なわれていた間、マッカーサー総司令部は毎日、帰還兵の動向について報告書を作成していた。この報告書は、まことに内容にふさわしく、全文赤インキで印刷されていたのである。

しかし、ロシアと共産思想を憎悪して祖国を出発していった日本軍将兵が、シベリアで強制労働に就《つ》かされていた間に、どうして共産主義教条の狂信的な信奉者になったのであろうか？

私たち外国人記者は一九四九年（昭和二十四年）に数十人の帰還者にインタビューしたが、彼らは親共的な者から反共的な者までいろいろだった。彼らがいうことによると、多くの者が共産主義へ転向するにいたった原因は、ソビエトの努力とならんで、日本軍将校の傲《ごう》慢《まん》で、利己的な態度にあったというのである。

シベリアにあったほとんどの捕虜収容所は、初めちょうど日本陸軍の兵舎のように日本軍将校によって統率されていたという。こういう収容所はハバロフスク地区だけでも約二十あったが、これらの日本軍将校に、ソビエト軍は階級章のみならず軍刀の佩用《はいよう》まで許していたのである。この時期ではソビエト軍は背後にあって表面にでず、日本軍将校が、兵たちが毎週ソビエト軍から割り当てられた労働目標量を満たすように監督した。

帰還兵たちは、一部の日本軍将校はキャンプのなかで日本陸軍の伝統的な規律を苛酷《かこく》に維持したのみならず、ソビエト軍から捕虜へ配給された食糧を横領したと訴えた。そして兵たちが不満をいい出すと、その者をなぐりつけ、ロシア軍へ不服従のかどで報告したというのだ。

ここで、ロシア軍がまだ収容所の運営を日本軍将校にまかせていた間に、いくつかのキャンプでは下士官や兵の間で彼らを搾取《さくしゅ》している将校の略奪〝政治〟へ対して、徐々に、自発的に〝階級闘争〟がめばえていったというのだ。すわり込み〝スト〟が頻発《ひんぱつ》し、規律は乱れた。これに対し将校たちは兵士たちをもっと激しく働かせることによって、この反抗をくじこうとした。

そして、ついにあるキャンプで兵たちが反撃にでたのである。彼らは抗議集会を開き、多くの理由をあげて将校を糾弾《きゆうだん》した。しかし、ソビエト軍は兵たちの行動に冷淡な態度を示し、〝反乱〟の指導者たちを別のキャンプへ移して、将校たちに監督をまかせ続けたのだった。

この時期まで、ソビエト当局は、捕虜に共産教育を施《ほどこ》そうとはまったくしなかったのである。ロシア人たちは、捕虜から最大限の労働力を得ることにのみ関心をもち、この目的を妨害するいかなる動きも弾圧したようである。

しかし、同時に変化が起こりつつあった。ソビエト当局が発行し、捕虜に配っていた日本語の宣伝新聞である『日本新聞』に、将校が兵たちの食糧を盗み、それを天皇制と結びつけているという記事が現われはじめた。

その後、ロシア軍は各キャンプから〝代表者〟を集めて会議を開き、下士官と兵からなる〝戦友会〟がそれぞれのキャンプで組織されることが発表された。しかし、捕虜たちは、戦友会が日本における天皇制廃止を要求し、日本共産党を支持するものであることがわかると、わずかな者しか入会しなかった。兵たちは将校に対して深い憎しみをいだいていたが、まだ天皇への献身的な愛情と、共産主義に対する嫌悪の念において、強く団結していたのである。

次の段階では〝戦友会〟は共産主義教室を設けたが、この勉強にもっとも熱心な捕虜が先に帰国を許されるといわれたので、出席率は非常に高くなった。誰もが帰国を一日も早く待っていたのである。

将校と兵の間のこの奇妙な〝階級闘争〟は、一九四七年（昭和二十二年）末に最終的に爆発した。将校たちが食糧を盗み続けていることは明らかであったし、近づきつつあるシベリアの厳冬に多くの戦友が倒れることを恐れた兵たちは、力をあわせて立ち上がり、自分たちの手で〝責任者〟を選挙して将校たちに辞任することを迫ったのだ。代表者はロシア軍に面会を求め、苦難と窮状《きゆうじよう》を訴えた。

ソビエト当局は初めはこれに同情しなかったが、最後には兵たちがいくつかのキャンプを自分たちで運営することを許した。この〝勝利〟が兵たちに伝わると、彼らは一段と作業能率をあげた。ここで、ロシア人たちはこの方法がよいことに気付き、日本軍将校を新しくつくられた将校用キャンプへ移し、今までのキャンプを兵たちにまかせた。

いくつかのキャンプで捕虜たちが〝ソビエト〟（勤労者代表評議会）を結成したのは、この時期である。ここで初めて階級闘争は共産主義運動の性格をもった。長く反動的な将校を利用してきたロシア当局は方針を変え、兵たちを支持するようになったのである。それぞれのキャンプでは捕虜からなる〝ポリトビューロー〟（ソビエト共産党政治局）が設立された。政治講義が盛んになり、将校は天皇制のシンボルとして非難されるようになった。このようにして数十万の日本軍捕虜たちの頭脳のなかに共産主義の種がまかれていったのである。

ロシア人が次にとった措置は、選ばれた捕虜のためにいくつかの学校と一つの〝大学〟を開くことであった。このような学校では長い間共産主義者だった日本人や、特殊教育を施された日本人が教壇に立っていた。これらの学校から卒業した多くの捕虜は、キャンプの戦友たちを共産主義へ転向させ、そして彼ら自身をキャンプのなかで高い権力の座につけた。親共的な捕虜は一日の労働が終わると、キャンプの外へでることが許されたのである。キャンプの外ではロシアの女性がダンスを教え、赤軍兵士が歓待した。これは、それまでロシア人たちに軽蔑されてきた日本陸軍の〝大砲の餌食《えじき》たち〟にとっては、新しい世界であったのだ。

やがて彼らは強制労働に就かされていることを恨むかわりに、「シベリア再建事業」に参加しているのだ、というようになっていった。そして、多くの兵たちが共産主義のみが、祖国を奴隷化しようとねらっている〝米帝国主義〟から祖国を救いえると心から信じるようになったのだった。彼らが舞鶴港へ帰り、故郷の町や村へ着いた時に、インターナショナルを歌っていたのも無理のないことであった。

3

しかし、私が会った帰還兵に聞いたなかで、もっとも驚くべき話は、外蒙古《そともうこ》のウランバートルにあった日本人捕虜収容所で起こった〝暁《あかつき》に祈る〟という陰惨な事件であった。この事件は日本の新聞によって報道されると、全国に深い衝撃を与えた。

私はウランバートルの収容所から帰ってきた帰還兵から体験談を聞いたのである。このキャンプには熱河《ねっか》で降伏した数百人の日本兵と、他から連れてこられた将兵が収容され、強制労働に服していた。

このなかに、降伏した時に前歴を隠すために〝吉村伍長〟の変名を名のった元ケンペイ曹長がいたのである。キャンプから生還した者の話によれば、〝吉村〟はモンゴル人の収容所長に、捕虜の労働生産量を二十パーセント増加させると約束してキャンプの監督権を手に入れたといわれた。これが成功すると、彼は捕虜のなかにいた元ギャングたちを手下として、二年間にわたる恐怖の支配をはじめたのである。

その日の生産目標高を遂行できなかった捕虜は拷問され、死ぬまで殴られるか、また、シャベルで殺害されることもあった。しかし、このような処罰法が、衰弱しつつある捕虜の作業能率を向上させることにはならないのを知ると、〝吉村〟は〝暁に祈る〟と名付けられた残酷、また野蛮きわまる処罰法を考えだしたといわれた。

その日の仕事の割り当て量を完遂《かんすい》できなかった日本人捕虜は第一日目には午後九時まで、次の日には午後十一時まで働かされた。その後は時間が次々と遅らされたが、朝まで仕事をしても割り当て量を全うできず、体力の限界までつかいはたして衰弱しきった捕虜は、十人の組ができあがると縛りあげられ、〝吉村〟が〝暁に祈る〟につけるように判決をいい渡した。

これらの犠牲者はあらゆるものが凍りつく蒙古の冬の夜に収容所の庭へ連れだされ、木に縛りつけられた。彼らは、すでにほころびた衣服をはぎ取られ、裸のまま、運命にまかされた。しかし、一晩中生きぬこうと努めても、やがてもっとも寒い時間がくる。日の出直前だ。ここで、すでに極限まで力をだしきった男たちは、生きようと最後のあがきをする。凍傷にかかった足は東へ伸び、手は祈るようにあげられる。そして、ここで最後の祈りをつぶやきながら、多くの者が凍りついて死んでいったのであった。キャンプにおける死者数は人によってまちまちであったが、四百人から二千人までの推定があった。

しかし、幸いなことにキャンプで同胞を虐殺した事件は、〝吉村〟によるといわれるもののほかには聞かれなかったのだった。シベリアでも、どこの収容所でも、日本人は高い規律をまもっていたのである。そして、私が品川駅をはじめいたるところでみた帰還者の姿は、体力からいっても、精神力からいっても、ヤマト民族が厳しい苦難にあっても十分に耐えられる人々であることを証明していた。

東京や日本の各地で私がみた幸福な、感動的な再会の光景は美しいものであった。長く留守をしていた夫と家族の再会、思い出のみを長い間抱きしめていた父と子の出会い、駅頭で姓名を書いた長い大きな旗をひしめく群衆のうえにさしだした母親、軍服や作業服を着て戦争と敗戦から持ち帰れた汚れた荷物を肩にした将兵の日焼けした顔、目を輝かせ、それでも礼儀正しく長い間別れていた夫へ頭を下げる妻、見知らぬ父親に抱きしめられて泣きだす幼い子供。

この偉大なる帰還ほど日本精神が明るく、燦然《さんぜん》と輝いたことはなかっただろう。

天皇の人間宣言

1

私が昭和十年にはじめて東京に着いた時に、私より以前に日本にきていた同僚の外国人記者たちから最初に受けた忠告は、天皇陛下についてであった。天皇陛下について外では絶対に口にするなというのである。たとえ、こちらがまったく悪意なしに天皇のことを話したとしても、だれかに聞かれて誤解を招くおそれがあるというのだ。

そこでわれわれ外国人記者は、神話の建国者であり、天皇家の創始者であるジンム天皇の百二十四代目の直系の子孫にあたるヒロヒト天皇について、公衆の面前で話さなければならない時には、われわれの間だけで通じるよう〝チャーリー〟と呼ぶことにしていたのである。もちろん、私はここで、こういう呼び方に何ら不敬の念がなかったことをいっておきたい。ただ、つねに刑事か、ケンペイか、あるいは超国家主義者が立ち聞きしている危険があったからなのである。

この時代には、日本国民の大多数にとって、偉大な明治天皇の孫として一九〇一年（明治三十四年）四月二十九日にアオヤマ宮殿［現在の赤坂迎賓館《あかさかげいひんかん》］で生まれ、学習院へ通った後、対馬海峡の海戦の英雄である東郷平八郎《とうごうへいはちろう》元帥から個人的指導をうけた日本の統治者は、天から遣《つか》わされた神の子であるテンシサマ、あるいはアキツカミであるとみなされていた。神性を備えた日本の統治者は、ヤマト民族の精神と徳性を一身に備えていると考えられていたのである。

同時に彼は世界の主要国の統治者のなかで、もっとも公衆の面前に姿を現わすことのない統治者でもあった。彼が軍隊を観閲《かんえつ》する時には、市民はだれもその姿を見ることはできなかったし、彼の発言や演説が一言として日本の新聞に載ることもなかった。当時の日本においては、陛下を人間として論じることは、地上の君主に対して行なわれる〝冒瀆罪《ぼうとく》〟にはならず、神に対して行なわれる〝不敬罪〟となったのである。

何千万人の日本人は、毎日、この絶対的な存在であるテンシサマに忠誠を誓い、崇拝し、礼拝していたのである。そして、日本本土と帝国領土における多くの者にとって、一日は朝夕東京の皇居の方向へ向かって礼拝することによって始まり終わったが、このような人々は天皇の外貌《がいぼう》、身ぶり、声、あるいは何を考えているかについていっさい読み聞きしたことがなかったのに、そうしていたのである。

これらの人々にとっては天皇が生きており、国事をみているということだけで十分であったし、彼の存在と恵み深い徳性によって日章旗が限りなく輝き、世界に宣明された光栄ある使命を全うすることができると考えていたのだった。

天皇の名をもって日本を支配していた者たちは、彼の神性について神話をつくりあげることに熱中していた。戦前、ある米国の雑誌が日本特集号を発行した時に、なかに皇室について一行、感受性の強い東京の当局を刺激する表現があり、ただちに日本国内で発禁処分に付されたことがある。私はこの号を上海で買い、日本で輸入禁止になっていることも知らずに脇にはさんで税関を通ってしまったが、この雑誌は外務省の報道部でさえ、私が彼らに見せるまで、まったく見たことがなかったのだった。

当時も天皇は、葉山《はやま》の海岸沿いにある別荘で、しばしば国事から頭を休め、特別に設計された小舟に乗って、趣味である海洋生物学の研究にあたるため、東京を離れることがあった。このような時には、天皇の車の列が通る皇居から葉山まで約五十キロの道筋には、人っ子一人いなかった。市電は、窓に日除《よ》けをおろさなければならなかったし、天皇の車が通る間、ビルの窓側に立ったり、屋上にのぼったりすることは天皇を見おろすことになり、罪となったのである。

しかし、私が一九六三年（昭和三十八年）の夏のある週末を葉山で過ごした時の体験は、これとはまったく違ったものだった。その時は、ちょうど天皇と皇后が戦前と同じ御用邸に滞在していたが、海岸には東京や横浜などから暑さをのがれてやってきた日曜日の海水浴客が、見渡すかぎりあふれていた。すると、私の耳に海岸からマイクを使って呼びかける警察官のふとい声が聞こえてきたのである。警官は、あきらかに向こう見ずな水泳客にこうよびかけていたのだ。

「陛下の船からおりてくださあい」

海岸にでてみると、天皇の船が波打ち際近くに繋《つな》がれており、警官は船を飛び込み台に使わないでくれと懇願《こんがん》していたのである！　戦前であったら、このような神聖な船をけがすような行為は、御用邸の近くへさえ寄るのを許さなかったほどだから、夢想もできなかったことだろう。そして、もしこのような離れ業をした者がいたとしたら、翌朝、銃殺されていたにちがいない。

私は一九四五年（昭和二十年）に天皇が絶対的支配者から立憲君主へ変身して以来、海水浴客に天皇の船からおりてほしいという警官の嘆願するような声を聞いた時ほど、皇室と民衆の間にうちたてられた新しい関係をまざまざと見せつけられたことはなかったのである。

2

ヒロヒト天皇が太平洋戦争前、宮廷の窮屈きわまる儀礼的な生活から抜けだした唯一つの時期は、一九二一年（大正十年）に十九歳の皇太子として、戦艦香椎《かしい》に乗って英国とヨーロッパの訪問旅行を行なった時である。これは歴史上、日本の皇太子の初めての海外旅行となったが、若い皇太子は滞英中にはイートン校を見学し、スコットランドで釣りを楽しみ、ゴルフを試み、ロイド・ジョージ首相に会った。フランスではフィリップ・ペタン元帥に案内されてベルダンの旧戦場を視察したほかに、パリでは民衆にまぎれて誰にも気づかれずに半日買い物をして過ごしたのであった。

しかし、六カ月後にヒロヒト皇太子は東京へ帰り、〝菊のカーテン〟の背後に消えてしまったのだ。そして戦後、一九四六年のある冬の日に立憲君主という慣れない役柄で、ふたたび公衆のまえに姿を現わすまで、皇室を国民の目からさえぎったこのカーテンに隠されていたのである。あの寒かった日に、私は天皇が皇居を初めてでて日本の首都から川崎、横浜へ、戦争で瓦礫《がれき》と化した街路を自動車で進むのを目撃したのである。車の列には、宮内省の高官と占領軍護衛兵とマッカーサー総司令部付きの一団の外国人記者が従っていた。これは世界でもっとも古い皇室のもっとも新しい章をしるした天皇による第一回目の民主的巡礼というべきものであったのだった。

この初めての公衆との接触の少しまえに、ヒロヒト天皇は一部の旧指導者によって主張されていた彼の神性を否定する勅語《ちよくご》をだしていた。

「皇室とわが国民は、つねに相互信頼と愛情の絆によって結ばれてきた。これはけっして単なる神話や伝説にもとづくものではない。さらにこの絆は天皇が神であり、日本国民が他民族よりも優秀な民族であり、世界を支配する使命を与えられているという架空の信仰にもとづくものではない」

この一九四六年（昭和二十一年）元旦《がんたん》にだされた勅語は、天皇が二十年間も菊のカーテンのかげから日本を統治した古い時代を、過去の歴史のなかへ押しやってしまったのである。

玉座《ぎょくざ》からこの歴史的な勅語が国民へ発せられた数日後に、私は高松宮《たかまつのみや》に会って、天皇が日本における皇室の将来についてどのように考えているか聞くことができた。高松宮は、いった。

「太平洋戦争を終わらせた勅語のなかで、天皇は〝善良にして忠勇《ちゆうゆう》なる臣民よ、われらはつねに汝《なんじ》らとともにあろう〟と呼びかけられました。これは天皇が全国民の父であられたいという希望を表わしています。日本国民の天皇に対する敬いの念は生来のものであり、そこでこの天皇の願いは実現されなければなりません。日本の将来は天皇と国民の結びつきを固めることによって開かれなければならないのです」

高松宮は続けた。「日本の皇室と外国の王室の基本的な違いは、歴代の天皇がつねに日本国民の血をひいているということです。したがって日本人の見方によれば、玉座と国民の結びつきは海外の王制とは根本から異なっています。国民とともに生きたいという天皇の願望は、日本人としての本性から、また、日本という家族の家長であることから生まれるものです。日本の民主化の第一歩として、天皇と国民の直接の結びつきこそもっとも重要です」

「天皇は時々、国民を天皇のもとに寄せるために、国民へ放送されたいと願われています」

と、高松宮はいった。「しかし、まず、こういう天皇の活動を避けようとする根深い慣習と伝統は乗り越えられなければなりません。天皇は都市や工場に行かれたいと願われていますが、まだ天皇を囲む多くの役人が反対しています。天皇は、未《いま》だかつて〝東京の囚人〟になっていることで満足されたことはありません。私の兄は、立憲君主となり、彼の国民の近くで生きられることを楽しみにしています」

3

高松宮がいったこの「活動を避けようとする根深い慣習」と長い間つちかわれた伝統からくる強い制約は、一九四六年（昭和二十一年）から宮廷のなかに吹きはじめた改革の嵐にもかかわらず、そのころではまだ残っており、天皇の足どりは厳格な儀典《ぎてん》によって定められていた。しかし、その後、二十年のうちに日本の皇室は英国の王室にきわめて近い性格をもつようになった。この事実は、最近になってヒロヒト天皇がかなり自由に国民と接触できるようになったことによって示されている。

絶対君主に近い地位を占めていた天皇の民主的統治者への変身は、彼の名を用いて支配していた者たちによって主張された天皇の神性を否定することによって始まったが、この過程においていくつかの措置がとられた。一九四五年（昭和二十年）まで、天皇はアジアで一番の大金持ちであったが、この皇室所有の土地と財産が処分されたのである。

同時に、国家が負担する皇室費が縮小された。天皇が〝民主的〟君主となった年の皇室費は四千万円と報じられていたが、このころ、ある東京の新聞が驚くべきニュースをのせた。天皇の靴が十年間もはき古したもので、底に穴があいてしまったので、「特別に注意」して四百円かけてなおしたというのだ！　その他、天皇の兄弟以外の皇族は一般市民へ格下げされ、貴族制度は廃止された。

新憲法が発布されると、天皇は第四章のもとに「国家の象徴」として「憲法によって規定される国事のみを」つかさどることになり、何ら政治的権力をもたないことになったのである。そして、一九四八年（昭和二十三年）になると、確固たる民主的信条をもった宮内庁長官（宮内大臣の新しい称号である）が任命され、皇居の春の大掃除にあたるといえる仕事に取り組むことになった。

ここで宮廷のなかで〝革命〟が起きたのだ。これは一部の人々にとってはまだ不十分なものであったが、きわめて大規模な変化がもたらされることになった。太平洋戦争が終わった時には玉座を囲む廷臣《ていしん》は八千七百三十一人を数えたが、これが千百五十人にまで減らされたのである。

しかし、この残った者の大多数は天皇神聖主義にもとづいて長く教育されていたので、できるだけ玉座を民主化する試みを無視しようとした。彼らは宮廷の古い言葉をもって話し、会話のなかで天皇をよぶ時にはかしこまって「オカミ」というのであった。

それにもかかわらず宮廷で行なわれたこの歴史的な大改革は成しとげられていったのである。これは明らかに天皇を喜ばせていた。天皇は、かつて玉座を取り巻いていた役人たちの大多数よりは、はるかに民主的な考えをもっていたからである。

しかし、私が高松宮と話してから七年たった後にも、ヒロヒト天皇はまだ玉座をつつむ儀典によってかこまれており、彼の行動は日本の新聞から〝頑迷な官僚主義者〟とよばれた宮内庁役人によって事前に承認されなければならなかった。

そして、一九五三年（昭和二十八年）一月に世論と国民を憤激させる事件が起こった。天皇は夜になって、国民に人気があったもっとも年長の弟である秩父宮《ちちぶのみや》が、藤沢《ふじさわ》で臨終《りんじゅう》におちいったことを知った。その時天皇は、すぐにでも秩父宮の病床に駆けつけたいと考えた。しかし宮内庁の役人は「陛下がかつて夜中に旅行した前例がない」といって反対したのである。そこで、天皇は出かけられなかったのだ。

さらに、役人たちは天皇が弟の葬儀に臨席することも、日本の天皇は二千六百年このかた、皇后、皇太后、太皇太后《たいこうたいごう》の葬儀のほかには出席したことがないといって許さなかったのである。もし天皇が出席すれば、葬儀は〝天皇による国事〟となってしまい、大がかりな祭礼を必要とする公式な行事になってしまうから、というのが反対の理由であった。

私はこの人気の高かったプリンスを親しく知る大きな名誉を与えられたことをうれしく思っている。そして、私は最後の葬礼が催《もよお》されるまえに東京で行なわれた告別式に祈りを捧《ささ》げるために参列した。したがって天皇の願いが拒否され、戦前の古い頭をもった廷臣と顧問官たちによって玉座の周囲にふたたび〝菊のカーテン〟がおろされようとしているというニュースが伝わった時に、新聞が示した憤激をよく覚えている。

しばらくの間、宮内庁の役人へ非難が向けられたが、ある新聞は、戦前であったらこのような事件は考えられないことであり、すぐに責任者は投獄されていただろうと皮肉な論評をしたのであった。

戦後、私はたびたび民衆と接触する天皇の姿を見る機会に恵まれた。天皇が国内を旅行する時に、また葉山へ行く時に。このような時の車の列はきわめて簡素なものである。また、天皇と皇室の幸運を願う人々のために一年に二回皇居の門が開かれるたびに、私は群衆にまじって中庭へはいった。さらに私は数回にわたって皇居で毎年催される園遊会に招かれる名誉にもあずかった。

私は、かつて天皇と皇室が今日ほど広く敬愛され、自発的な深い愛情と尊敬の焦点になったことはないと思う。そして、これには十分な理由があるのだ。日本ほど現代史において苛酷な苦難を体験した国家は、他に少ないのである。国民が教えられ、信じてきたすべてが挫折したのだった。しかし、天皇はこの暗澹《あんたん》たる時代を通して人々が仰《あお》ぎ見る巌石《がんせき》のように、国民の希望と明るい明日への願いの結集点として立っていたのである。

日本共産党の最高指導者である野坂参三《のさかさんぞう》氏でさえ、国民の愛国的感情のもつ力を認めていたのだ。彼は一九四六年（昭和二十一年）にソビエトと中国における十六年間の亡命生活を終えて帰国すると、共産党の主張を国民感情にあわせるために政治的戦術として天皇を戦犯として逮捕せよという党の要求を、表面に押し出すべきでないと結論したのである。

天皇への崇拝と皇室への尊敬が今日も続いているもう一つの大きな理由がある。それはヒロヒト天皇が外界からほとんど完全に遮断《しゃだん》された中性的な宮廷の雰囲気のなかで生まれ、育ち、また、彼のあまりにも高い地位が課した厳しい制約にもかかわらず、一九三一年（昭和六年）の満州事変から真珠湾攻撃にいたる最後の瞬間まで、軍国主義者に対して、自由主義的な影響を与え、これを制肘《せいちゅう》しようと努めた事実である。これは周囲に対する性格の勝利であった。

この重大な時期において天皇がはたした役割を語るものは、人々の見聞録しかない。天皇への拝謁《はいえつ》や、御前《ごぜん》会議の記録はまったく存在していないのだ。しかし、後になって参列者によって書かれ、語られたところによれば、一九三一年（昭和六年）以後、天皇が帝国陸軍の中国における独断的な行動に反対し、日中関係の改善を希望していたのは明らかである。

4

ヒロヒト天皇は太平洋戦争を終結させるのにあたっては、さらに輝かしい役割をはたし、成功したのだった。天皇は一九四五年（昭和二十年）六月二十二日以後、再三にわたって御前会議の構成員へ終戦が急がれなければならないことを強調している。そして、最後に、天皇の決断のみが狂信的な軍人の反対を乗り切り、無条件でポツダム宣言を受諾《じゅだく》することができるのを知ると、天皇は外務省によって起草された降伏受諾通告書に承認を与え、戦争を終結する決定を下したのである。

一九五二年（昭和二十七年）に私は皇居において行なわれたアキヒト皇太子の立太子礼《りったいしれい》に参列するように招待されたが、この時に皇室がいかに国民から敬愛されているかの深い印象を与えられた。十一月十日にあたったこの日に成年に達した皇太子は皇位継承者として公式に宣言されたのである。式典が終わって皇太子が皇居をでて、渋谷《しぶや》の御所［現在の常陸宮邸《ひたちのみやてい》］へ向かうと、道筋は若い皇太子を歓呼する五十万人の大群衆によって埋められた。

これは平和が回復されてから日本において行なわれた最初の大きな、華やかな国事であり、官庁、学校、民間会社をはじめとする各施設は半日を休日として祝意を表したのである。この日、皇居の宮殿内の大広間に集まった約三百人の招待客のなかには――何千年の伝統を破って――在日外国外交官や、各分野で功績をのこした日本市民と、東京にいる外国人記者団の代表二人がまじっていた。

私は厳粛な式典が進行し、輝くような宮廷服をまとった皇太子が天皇陛下に誓詞《せいし》を読み、「未熟な態度を捨て、私に課せられた義務を十分に果たすために知識を求めます」と約束した時に、偉大な民族の壮健《そうけん》な魂と、はつらつたる精神に打たれたような気持ちがした。

しかし、玉座と国民の関係は、一九五八年（昭和三十三年）にアキヒト皇太子が前例を粉砕して正田美智子《しょうだみちこ》嬢と婚約すると、さらに密接なものとなった。この若くて秀でた素質と性格に恵まれた令嬢は、従来まで日本の皇后が選ばれてきた貴族社会の娘ではなかったのである。

皇太子のロマンスは、すべてこの世に実現されたおとぎ話というべきものであった。皇位継承者が自分自身で決め、電話でプロポーズし、彼が〝平民〟の娘と婚約するのについて皇室会議の出席者全員の賛成をえたのである。

これは、また、日本の将来を大きく変えるできごとであった。皇太子の婚約がもつもっとも重大な意義は、それが歴史の進路に与える影響であったろう。アキヒト皇太子の選択は、もはや天皇が〝東京の囚人〟であった〝過去への復帰〟が行なわれる可能性がまったくなくなったことを意味していたのである。そして国民は未来の皇太子妃を一致して、歓喜して迎え、彼女は一夜にして国中でもっとも人気のある女性となったのだった。

長い間、神話と伝説の牙城《がじょう》であった皇室は、かつてなかったほど固く全国民と結びつけられた。民主主義は皇居のなかにも達し、国民は皇室の新しい姿に深く満足している。数十世紀の古い伝統との訣別《けつべつ》に対して、国民の間からは一つも反対する声は聞かれなかったのだ。

1 国敗《やぶ》れた山河の巡礼

戦後、天皇が慣れない立憲君主の役柄のもとに、はじめて公衆と接触するために皇居をでたのは、一九四六年（昭和二十一年）の冬の凍るような日であった。これは、天皇が自らの神性を否定する勅語をだした直後のことである。

寒い朝、午前十時、この日本の〝統治者〟はダブダブの背広を着て、つぶれたような灰色のソフトをかぶり、自動車に乗って古い皇居の城門からでてきた。天皇のこの服装をみて、われわれ外国人記者たちは、すぐさまこれに〝民主運動服〟と名づけたものである。天皇の自動車の後にはうやうやしく畏《かしこ》まりながら心配顔をした宮内庁［当時はまだ宮内省］の役人や警察幹部、それに占領軍高官とともに外国人記者団の車がつづいた。車の列は約九十キロの予定されたコースへ出発したが、この間、天皇は工場や、県庁や、罹災者《りさいしゃ》の収容所を訪れ、市民や労働者と言葉をかわしたのである。

この視察によって、天皇は彼の国土と国民に対して加えられたB29の焼夷弾《しょういだん》攻撃の惨禍《さんか》を、まざまざと見せつけられたのである。もっとも、皇居の主宮殿も空襲の時の飛び火によって焼失していた。そして、それ以来天皇と皇居は皇居内に建てられていた仮宿舎に住んでいたのである。私が宮内庁高官にインタビューするために、はじめて皇居のなかにはいった時は、焼け跡のなかに皇室の菊の紋章がついたカワラが数枚まじっていた。私はこれを拾ってきたのを覚えている。

ところでその冬の日、私は七時間にわたって記者用ジープに乗り、天皇の車を追いかけ、天皇が車を降りて人々に話しかける様子を取材してまわった。これは、この島国の数千年の歴史のなかで劇的な、忘れられない瞬間であった。しかし、いかにこの瞬間が劇的なものであり、歴史的なものであったか、太平洋戦争の悲劇のまえのこの国を知らない私の同僚たちには十分に理解できないようであった。

天皇を乗せたリムジンが通り過ぎると、道筋に並んでいた市民のなかから感動を抑《おさ》えきれず高い嗚咽《おえつ》の声があがった。ある者は頭を地につくほど低く下げており、また、ある者は畏《い》敬《けい》の念から天皇の顔を直視することができず、車の列へ背を向けたのである。軍服を着た復員兵は、車の列がみえると不動の姿勢をとり、視界から去るまで銅像と化したように動かなかった。

天皇が工場を訪れ、工員に話しかけると、ほとんどの者は感きわまって声も発せられなかった。そして、午後になって東京へ戻る途中、天皇が車をとめ、罹災民の急造バラックの入り口に立つと、主婦は、このジンム天皇の百二十四代目の直系の子孫が、突然オンボロの〝わが家〟の玄関に立っているのを見て驚きあわて、夕飯をたいていたナベを自家製のヒバチのなかにひっくりかえしてしまい、声を殺して泣いたのである。

私は日本に来てから、日本人がこれほど公衆の面前で感情を激しく表にだしたのを一度も見たことがなかった。その日、四時に車の列が皇居の城門をくぐると、日本の新しい立憲君主はあきらかに疲れているようにみえたが、それでもはりつめた気持ちをまだ顔にみなぎらせていた。この視察には約五十人のマッカーサー総司令部づきの外国人記者が同行したが、この日の各地の光景を目撃して、天皇に対して深い敬意を払うようになったのである。

一年後に、私は天皇がもうひとつの歴史的な視察旅行にでかけた時にも同行した。行き先はヒロシマである。この都市は世界最初の原爆の怒りの洗礼を受け、数十万人の市民が死んだのだった。

その日、広島市庁の屋上に立ったヒロヒト天皇は原子戦争の戦慄《せんりつ》すべき荒廃をみた。みわたすかぎりの焼け野原で、終戦前からたっていた建物といえばビルの残骸を十五数えるだけであった。しかし、東京から、同じ特別列車に乗ってやってきた外国人特派員たちは、この原子戦争の戦慄とは別に、新たな発見をしたのである。それは天皇崇拝の新しい〝高まり〟であった。

私は天皇の自動車のすぐ後に続いて、何キロもひしめきあう市民の間を進んだ。そしてヒロヒト天皇が周囲によって主張されていた神性を否定し、大衆が彼を生身《なまみ》の人間のまま見ることに慣れてきていたにもかかわらず、天皇崇拝はいささかも衰えていなかったと結論したのである。

天皇の車を囲んだ群衆は、あまりにも数が多く、しばしば道路の中央へ押しだされてきたので、ＭＰが整理に苦労しなければならなかった。熱狂する市民は、時々警官の列を破り、警官と占領軍人を押しのけて車へ近づこうとした。何キロにもわたって沿道を埋めた市民は、かわるがわる両手をあげて大声で「バンザイ」を叫び、天皇が通過すると低く頭をたれて敬礼した。これはちょうど、麦畑を強い風がわたっていくようにみえた。

その日の午後に、天皇は原子爆弾の爆発点へ行き、用意された壇上にのぼってつめかけた群衆へ手をふり、短い挨拶を行なった。ここでも、ＭＰと警官は天皇が車へ戻ろうとするとき、人波をやっとのことでかきわけたのだった。ここで天皇は一人の労働組合員へいくつか質問したが、天皇が去ると彼は同僚たちに囲まれ、もまれるように次々と天上の神の子と話した幸運を祝福されていた。

2

その後、天皇は各地を訪問したが、ある銅山へいった時に労働者の一人が天皇に握手を求

昭和天皇の巡幸。写真は1947年６月７日に大阪市の小学校を視察した時のもの

めたことから、その是非について鉱山の労働組合の意見が二つに分かれて激しく対立したことがある。事件というのはこうだ。天皇が精練所へやってきた時に、労組の幹部のなかの一人が天皇へ「日本の労働者を代表して」握手を求めたのである。天皇はちょっと避けるようにわきにどくと、幹部へ向かってお辞儀されたのだった。

これについて、一部の組合員は、このような申し出は事前に投票に付されるべきであったといって、幹部に対して強く抗議した。しかし、支持派は幹部の行動が正当なものであると主張した。「労働者たちは天皇の訪問によってあまりにも感動し、天皇の肩にすがって泣きたいほどだった」ので、「天皇に握手を求めることで、胸いっぱいに満ちていた気持ちをもっともよく表現できたのだ」といったのである。

また、天皇が和歌山県へ行った時には、熱狂した群衆はあまり民主的になりすぎて、天皇が乗っていたリムジンをミコシのようにかつごうとしたのである！　もちろん、フェンダーや車体がへこむまえに地上へおろしはしたが、その熱狂ぶりはたいへんなものだった。

私は各地へ天皇の一行に従って旅行したが、私が目撃した光景は、すべて占領軍総司令部の宗教問題主任担当官であったW・K・バンスの言葉が正しいのを証明していた。彼は皇室の民主化が進められていた時にこういったのである。「何をいうよりも事実をみよう。日本国民はいまだに天皇を崇拝しているのだ」

そして占領軍が全能であった時代に、ある日本の世論調査機関が皇室の将来について行なった調査は、国民が圧倒的に天皇制の存続を支持していることを示していた。調査の結果、十六パーセントが天皇へ再び大権をもたせることを望み、四十五・五パーセントが統治者が政治の外にたつ英国式の立憲君主制度を求め、二十八パーセントが国会と天皇が権力を分けるべきだと主張していた。そして、二・五パーセントのみがソビエトのような政体を要求していたのである。

皇室の民主化の過程において、宮廷における儀典制度の簡素化の問題が論じられると、しばしば「英国ではどうなっているだろう？　バッキンガム宮殿だったらどうするだろうか？」という声が聞かれた。

しかし、場合によっては英王室ではあたりまえなことでも、まだ古来の伝統によって強く縛られていた日本では受け入れられないことが多かったのである。天皇は御簾《みす》のかげから国民のまえに姿を現わしたばかりであったのだ。宮廷のなかでは過ぎ去った旧時代と新しい民主時代の間に慎重なバランスがとられるべきだという意見が圧倒的であったのである。

ここで私は、あらゆる事実が、あきらかにしていることだが、天皇自身が民主化に喜んで協力していたことを強調したいと思う。そして、宮廷では、地方に住んでいた人々と、都市にありコスモポリタン的で、外国の影響を強く受けた人々との考え方の大きな違いも考慮しなければならなかったのである。私の目には、宮廷の高官たちが、途方もなく困難な問題に直面しているようにみえた。

3

このころ、私は定期的に宮内庁に話を聞きにいったが、ある日、反対に質問を受けたことがある。「あなたはよく日本をご存じです。天皇が皇后といっしょにいるのを国民に見られていいものでしょうか？」

このような質問はユーモラスに聞こえたが、当時の宮廷官僚たちにとっては、もっとも真剣な問題だったのである。私が聞きかえすと、日本の歴代の天皇はかつて、皇后または他の女性とともに公衆の面前にでたことはなかったというのだ。

このように〝東京の囚人〟から、かつてもっていた大権を放棄した立憲君主への変身——右翼の〝過激〟派はヒロヒト天皇が再びあの大権を行使することを望んでいるが——は、もともと本質的に民主的な気質をもった統治者であった天皇にとっては、困難なことではなかった。

天皇の名のもとに日本を支配した誤った指導者たちの意見に対して、異論を唱《とな》えるのに真の勇気を必要としたあの戦前の時代を通じて、天皇の統治の記録は、彼の民主的な信念を実証しているのである。この記録は、感銘に満ちたものである。私はあの時代をくわしく研究したが、これはこの国の戦後の世代によってもっと深く知られ、正しく評価されるべきものであると考えている。

天皇が情勢の進展に対して深く憂慮していることを表明したのは、満州〝事変〟が勃発した一九三一年（昭和六年）までさかのぼることができる。天皇は事変の起こるまえと後に、中国との友好関係を回復することを要望している。そして、日本と西方勢力との関係が悪化するにしたがって、ヒロヒト天皇の憂慮もつのった。

一九四一年（昭和十六年）七月二日に天皇臨席のもとに開かれた最高会議では、「必要なら、英米と開戦を辞さないという決定が行なわれたが、天皇は、〝きわめて不満そうにみえた〟」と記録されている。

次に九月六日に皇居で催された御前会議では、日米交渉が十月十日までに好ましい進展を示さなかった場合には戦争に訴えるという最後の致命的な決定を行なったが、参加者が後に書いたいくつかの記述によれば、天皇は深い悲しみにうたれ、参列者に対して、明治天皇がよんだ詩［「よもの海　みなはらからと　思ふ世に　など波風の　たちさわぐらむ」の御歌］を読みあげて、自分の気持ちをうったえるという前例のないことを行なったのである。

わが国の岸から海は全世界へのびている
そして私の心は全世界の国々へ向かって叫んでいる
どうして風が海を騒がせ、われわれの間の平和をかき乱そうとするのだろうか？

このようにして天皇は、この国の歴史がもっとも激動した瞬間において、国家の指導者たちが集まった席上で、みんなに深く考え、反省するように求めたのである。参列していたのは閣僚と大本営の代表者であった。しかし、惜しまれることにこのうったえも、役に立たなかったのだ。御前会議の決定は事前から用意されているものであり、戦争準備が進められ、もし米国との交渉が早急に、満足しうる結果をもたらさないかぎり、大本営によって開戦を計画されていた、諸国に対して戦端《せんたん》が開かれるという決定が、事前になされていたのである。

天皇は太平洋戦争を終わらせるのにさらに輝かしい、決定的な役割を果たしている。天皇は一九四五年（昭和二十年）七月二十二日以後数回にわたって、最高戦争指導会議の席上で戦争を早急に終結させる必要があると説いたが、最後に玉座のもつ権威のみが降伏条件の秩序正しい履行を保障できることがあきらかになると、終戦の決定が下ったことを自ら放送したのである。この歴史的な天皇のラジオ放送は、一九四五年八月十五日に行なわれた。

そして、それ以来、ヒロヒト天皇は〝国家と国民の団結の象徴〟として君臨し、かつてある高名な英憲法学者によって定義された立憲君主のもつ三つの権利を行使することによって満足しているのである。この三つの権利とは、「協議される権利、激励する権利、警告する権利」である。日本の天皇は今日、これらの権利を戦前、周囲が天皇の大権を彼の名のもとに行使していた時代よりも、はるかに十分に享受しているのである。

戦前においては、彼は国民と同じように事のなりゆきにまかせる囚人であったのだ。平和が回復されてから十二年目に、東京のある新聞は次のように論じた。

「天皇、皇后のみならず、皇太子や親王たちが国民のまえに姿を現わすことが頻繁になった。彼らは国民を慰め、激励し、国家が重要な目標を達成するのを助け、海外において日本の友をつくるという義務が増大したのを十分に果たしてきた。彼らは国民よりもはるかに自然に、たくみに、有能な立憲君主の役割に移行したようにみえる」

私はかつて高松宮からヒロヒト天皇の「もっとも強い願望」は皇室と国民のさらに強固な結びつきにあると聞いたが、その願いはこのようにして満たされていったのであった。

4

皇室と国民の絆がかつてなかったほど強くなり、また、両者の結びつきがさらに固くなりつつあることは、国民のあらゆる階層が皇太子と皇太子妃に向けている深い敬愛によって示されている。私は皇太子妃が病気から回復した後に葉山で静養していた時に、この湘南《しょうなん》の町をタクシーで通ったことがあったが、街頭に多くの警官が並んでいるのを見た。そこで運転手に何事だろうと尋ねると、彼はこう答えたのである。

「ミチコサンに会いにダンナサンが来るっていってましたよ」

このなにげなく発せられた言葉こそ、専門家によって何冊も本が書かれるよりも、皇室と国民がいかに固く結ばれているかを教えていたのである。戦前には、天皇の乗った自動車を違った道へ誘導した警察官が、自らおかした〝犯罪〟を悔いてハラキリをしたし、誤ってチョコレートの包装に皇室の紋章である十六の花弁をもった菊を印刷してしまい、不敬罪のかどで投獄された製菓業者があった。

私が三十年前に初めて日本の土を踏んだ時に、長い歴代の天皇のなかで自らの意志をもって統治した天皇は僅《わず》か五、六人しかいなかったと聞かされた。そして、近代になっては明治の王政復古をなしとげた明治天皇が唯一人いるだけである、ともいわれたのだ。明治天皇は、〝東京の囚人〟ではなかったのだ。

しかし、今日では自らの意志を持った天皇は明治天皇の他にもう一人増えたことになる。ヒロヒト天皇は、その人格と能力をもって、王者が大権を放棄して、立憲君主と国家の象徴となっても、かえって玉座と国民の結びつきを強め、国民の深い崇敬と敬愛と献身を受けられるのだということを、りっぱに証明したのである。

吉田ルネッサンス時代

1

一九四九年（昭和二十四年）一月のある寒い朝、私は本州北部の選挙遊説《ゆうぜい》に向かう吉田茂《よしだしげる》首相に従って東京の上野駅から列車に乗り込んだ。

あの困難な時代では、日本の総理大臣の貸し切り列車といっても二等客車を一両借り切ることで満足しなければならなかったが、それでも、客車は機関車のすぐ後につながれていたので、暖房だけは十分にされていた。このなかに吉田首相と数人の政治家、秘書とならんで首相から選挙戦を見るように招待された三人の外国人記者が乗りこみ、福島《ふくしま》、仙台《せんだい》を中心にいくつかの都市をまわろうというのである。

車中で吉田氏はずっと上機嫌であった。彼は情勢報告に目を通したり、サー・ウインストン・チャーチルの本を読んだり、私がもってきた〝占領軍〟食糧をいっしょに食べたりして過ごした。この間に、彼は外国人記者たちに日本の政治情勢についてかなり長時間にわたって話をしたが、新聞については何一つ苦情をいわなかったので、私はホッとしたのである。

というのも、この少しまえに、東京のプレス・クラブの昼食会にゲストとして彼を招待した時に、彼は演説のなかで米国の新聞が彼のことを〝保守主義者〟とよぶといって抗議したことがあるからだ。彼にいわせれば、自分は〝自由主義者〟だというのである！

とにかく、総理大臣がこの〝選挙超特急〟のなかでわれわれ外国人記者たちの仲間入りするのを拒否したことはたった一つしかなかった。彼は礼儀正しく、しかし断固としてわれわれがやっていたダイス・ゲームに加わることを拒絶したのである。おそらく、すでに窮乏していた日本政府の財政をこれ以上圧迫したくなかったのだろう。

私は、それ以前にも太平洋戦争が終わってから、何回も吉田氏に会っていた。そして、この総選挙において彼の率いる自由党が圧倒的な大勝利を収めた後にも、私はしばしばこの日本の元老政治家に会い、また、いく度となく彼の大磯《おおいそ》の自宅に招かれた。私は現在まで吉田氏について多くの記事を書いてきたし、また、彼の七十五歳、八十歳、八十五歳の誕生日には、その功績について日本国内で放送したこともある。しかし、このため私は一度、吉田氏から苦情をいわれたことがある。「ティルトマンの奴さえ黙っていれば、ワシの年はわからないのに！」。私は彼を数えきれないほど多くインタビューしている。

また、彼の招きで外務省研修所で二回にわたって若い外交官たちへ「日本の外交官の心得」について講演したことがある。そして私は年を追うごとに、敗戦の混乱と荒廃のなかから日本の再建を指導し、明治以来この国のどの指導者よりも長く政権を担当した政治家に対する称賛と敬意の念を深めていったのであった。

今日、吉田氏は、日本の現存する政治家のなかで、世界にもっともよく知られ、尊敬されているが、すでに歴史のなかに輝かしい地位を確立している世界の指導者のなかでも高い位置を占めているといえるだろう。

吉田茂氏は一九四六年（昭和二十一年）に六十七歳で、国家指導者たる政治家として登場し、敗戦の惨禍にあえいでいた国家を導く運命を負わされることになった。それまで彼は卓越した外交官として活躍したが、一九三九年（昭和十四年）三月には第一線から引退していたのである。

彼が一九四六年に国家指導者として登場したのは、主として二つの事件のためだった。一つは終戦の年、一九四五年（昭和二十年）四月十五日に〝平和を陰謀〟したかどで軍部によって逮捕されたことであり、二つ目は占領軍総司令部が日本自由党の創立者であった鳩山一郎《はとやまいちろう》氏を公職から追放したことである。

吉田氏がケンペイタイによって逮捕されたのは、近衛公爵が一九四五年二月に太平洋戦争を終結させる平和交渉への道を開くことをすすめた上奏文《じょうそうぶん》を天皇へ提出したが、吉田氏がその内容を知っており、かつ支持した疑いによるものであった。近衛公はこのなかで日本の敗北が必至であり、もし戦争が続けばこの国が共産主義の脅威にさらされることを強く警告していたのである。吉田氏は大磯の自宅で捕われ、その後いくつかの留置所を転々として四十日にわたって留置されることとなった。
最近、私が彼から聞いた話によれば、当時軍部は近衛公が秘密裡に天皇へ拝謁《はいえつ》し、意見を述べたことを知り、近衛公が何を天皇に上奏したかについて、信頼できる情報をえようとしていたのである。そして公爵を拘留するわけにいかなかったので、そのかわりにその上奏の内容を知っていると思われた吉田茂を捕えたのであった。尋問が始まると、第一の質問は「拝謁の主旨は何であったか?」だったという。

吉田氏は、上層部にあった友人たちの奔走のおかげで、一九四五年(昭和二十年)五月末に釈放された。逮捕されてから約四十日後である。しかしこの間、彼のはいっていた留置所がB29による空襲で炎上し、幸運にも看守によって安全な場所に誘導されたので九死に一生をえる、というようなこともあった。

このような吉田氏の無キズな民主的経歴は、戦後の日本の政界が求めていた数少ないおあつらえむきのタイプだったわけである。こうして、駐英大使として卓越した業績を残していた元外交官は、政治家として第二の生涯を迎えることになるのである。

故鳩山一郎氏が公職から追放されると、吉田氏は近代日本においてだれが直面したよりも困難で、しかも感謝されない仕事を突然引き受けさせられた。これは突然のことであった。

当時、戦禍によって荒廃した日本における最終的な権力は、すべて連合軍総司令官であるマッカーサー元帥がにぎっていた。そして総司令部がほとんどすべての決定を行なったのである。

しかし、この時代における吉田氏のもっとも大きな功績は、日本人があまりにも卑屈になり、日本人であることをさえ詫《わ》びていたような時に、自信と自尊心をもち続けたことであろう。「マッカーサー元帥は一度も私に命令したことはありません。彼は私と協議してから決定を下しました」と、吉田氏は後に私へ語ってくれた。

そして、吉田氏は占領軍当局の尊敬をかちえたのみならず、政治家としても強力な個人的な指導力を確立したのである。もっともその反面、批判者や政敵——彼は多くの政敵をつくった——から〝ワンマン政権〟をつくっているといって非難をうけたのも事実であった。

2

しかし、彼は政治家として新人であったかもしれないが、政治家としてふさわしい経歴をもっていたと私は考える。まずなによりも彼は〝メイジ・マン〟［明治の男］であったのであり、私はこの言葉の意味するものを理解できるほど、長い間日本に過ごしているが、この言葉は、誠実であり、強固な愛国心をもっており、長期的な国家的利益への深い関心をもっている人物を意味しているのだ。

そして彼の義父牧野伸顕《まきのしんけん》伯爵は近代日本の建国の父の一人である大久保利通《おおくぼとしみち》の子であり、

また吉田氏が生涯の師と仰ぎ、故人となるまで忠告を求めていた古島一雄《こじまかずお》は日本の傑出した政治家の一人であった。

彼の政治思想は、吉田式の健全で、愛国的な保守主義であったが、これは日本国民の大多数のいだいていた政治哲学と一致していたのである。彼は西方世界の真の友人であり、軍人、軍国主義者を嫌った。制服を着た者で彼の信頼をうけた者はわずかしかいなかったのである。彼の傲然《ごうぜん》としているようにみえる態度は多くの批判を招いたが、このなかでもだれ一人として、彼の誠実さや、日本を諸国家のなかで正当な地位につけるために努力した過程において発揮された不屈の勇気を疑おうとした者はなかったのであった。

しかし、吉田氏は、批判や、また称賛さえも少しも気にかけなかった。多くの者が沈黙しているほうが賢明であると考えていたあの時代に、日本のために語ることをやめなかったのである。彼は一部から批判を招いたように〝気むずかしく〟、いらだちやすく、短気であったかもしれないが、当時の日本のシンボルとなったということができる。

彼についてもっとも悪くいえば、議員としては討論にあたって十分な忍耐力を欠き、PRの才覚に乏《とぼ》しく、この方面での成績はかんばしくなかった。彼は新聞と絶え間なくケンカしていたし、大衆と距離をおいていたのだ。

彼についてもっともよくいえば——そして彼は称賛されるべきであるが——彼は人気のためにも、票をえるためにも原則を絶対に犠牲にしない政治家であった。これは、彼の著述が十分に語っている。

吉田氏は、首相の座から引退してからほどなくして回顧録を著わしたが、——私はこれが英訳されて海外で出版されたとき、少し手助けをしたことがあるが——太平洋戦争について次のように論じている。

「日本は、何らふさわしい理由もなく大戦争へ乗りだし、それまでに成しとげたすべてのものを失ってしまった」

そして、このような歴史的な過失から立ち直らなければならないと説いてから、「今日、わが国が直面している事業は、他のいかなる問題よりもはるかに重大である。日本はかつて近代日本の建設者である明治と大正の偉大な国家指導者たちが遺《のこ》した事業を、現在のように廃墟の下に埋めておくことを断じて許さない」と述べている。

さらに吉田氏は、当時、〝反対者〟たちが占領時代の成果を否定するのに狂奔《きょうほん》していたのに対し、米国の日本占領を非難するのは誤っているともいいきっている。

吉田茂氏は七歳の年から大磯で暮らしてきたが、この大磯の私邸へ今日でも日本の指導者たちが国家の諸問題について報告し、協議するために通っているのである。そして、この訪問客のなかには、海外からきた重要な賓客《ひんきゃく》もいるのだ。彼らは日本に政治的、国際的ルネッサンスをもたらすのにもっとも大きな役割をはたした戦後の〝ゲンロウ〟〔元老〕に敬意を表するために訪れるのである。

この国の近代史はそれまでに歴史的に五つの段階を通ってきた。第一に今世紀初頭からみられた議会の発達と自由主義の台頭である。第二は帝国主義的膨張の時代。次に軍部の影響力が強まり、全体主義的な画一化が進められ、ついにアジアにおいて十年近く戦争を戦うことになる。第四は外国による占領時代。そして吉田首相の最後の第五次内閣が総辞職するまえに独立が回復され、戦後の復興が終わり、経済的な〝奇跡〟の時代が幕をあけるのである。この〝奇跡〟は東でも西でもこの世紀最大の戦争が終わり、平和が荒廃した世界に取り戻されて以来、もっとも驚異的であり、輝かしい偉業の一つに数えられているのだ。

3

傑出した政治家であり、日本の大政党の党首であった吉田茂氏の歩んだ道は、その意義、期間、困難の大きさにおいて現代に比類がない。彼は一九四六年（昭和二十一年）三月から一九五四年（昭和二十九年）十二月までの波乱に富んだ期間、片山《かたやま》［哲《てつ》］、芦田《あしだ》［均《ひとし》］両内閣の短い一時期を除いて、休みなしに政権を担当した。

この時代は、平和がやっとよみがえった灰色の日から、吉田氏が日本全権団の首席代表としてサンフランシスコ講和会議に赴《おもむ》いた歴史的な〝和解の日〟まで続く。サンフランシスコでは、日本は主権のみならず自尊心と国際社会における名誉ある地位を回復したのであった。この後、最後の吉田内閣は二年計画をもってインフレの進行を止め、生産価格を安定させ、健全な経済を育成するのに努め、〝ジンム景気〟への道を築いたのである。

ここで吉田首相——と日本——にとって不幸なことに、長く吉田茂氏に対して政治的な復讐を試みてきた反対諸党が、国家的利益と社会の良俗とよい伝統をひとしく踏みはずして、その日まで道を切り開いてきた政治家を官邸から追いはらうことに成功したのであった。しかし、彼こそは日本の長い歴史においてもっとも深い傷を負い、困難をきわめた時期を通じ、称賛すべき手腕をもって巧みに日本を導いた政治家なのである。吉田氏が政権を預かっていた時代は終わった。しかし、日本の政界に対して、吉田氏がのこした影響力は、今なお生き続けている。そして、この力は今日の日本の政治において大きな役割を果たしているのである。

日本において〝ワンマン・ヨシダ〟または〝ミスター・シロタビ〟としてひろく知られたこの政治家に対する評価は、ちょうど吉田氏自身の機嫌のように政権を担当していた時期にも転々と変わった。彼は在職中百人以上の大臣を任免し、国会の歴史にある種の記録を樹立したのである。

彼の功績を認める者にとっては、偉大な愛国者であり、首相として〝世界を見る目〟と優《すぐ》れた歴史的感覚をもっており、よい時にも困難な時にも疲れをしらぬように日本の最大限の利益をはかる政治家であった。このような彼の称賛者は、日本にも、海外にも数多くいたのである。

しかし、彼の批判者もまた、吉田氏が太平洋戦争の悲劇から生まれた不安定な、混乱した民主主義時代を指導した七年間にわたって、同じように無数であった。彼らは、吉田氏が頑固で、きわめて短気であり、独裁的傾向をもっていると考えていた。吉田氏は民主主義思想と議会制度を信奉し、その擁護者であったにもかかわらず、議会と言論機関における批判にきわめて傷つきやすかったのである。

筆者にとって、吉田茂氏は首相として在職中から今日にいたるまで、高潔で、偉大な日本人であった。私はジャーナリストとしての半生において民主主義、共産主義、ファシズム、軍国主義から、あるいはスウェーデン、デンマーク、トルコのような中立的な国にわたる二十以上の諸国の指導者に会ったが、この体験からみて吉田氏はどの国でも一世紀に一人か二人しか生まれない傑出した指導者であると結論する。吉田氏は、ヤマト民族が光のように放つ素質のすべてを備えている。

もし私が彼の人格のなかで、なによりまして心を打たれたものを一つあげてほしいといわれれば、忠誠をあげよう。祖国へ、党へ、理想へ、そして友と決めた者へ捧げられる忠誠である。彼はひとたび友人であると決めれば、いっさい差別しない。吉田氏にとって友はみな平等であり、きわめて地位が低い者も大臣や大使と同じ扱いをうける。私はたびたび英国へ一時帰国したが、そういう時には出発まえに吉田氏によく大磯の自宅へ招かれた。そして過去二十年間、彼が首相であった時代を通して、私が会いたいと申し込めば、かならず数日以内に会ってくれるのである。

こういう吉田氏の大磯の自宅は、友人や訪問客を心からもてなそうとする彼の願いがあふれている。もちろん、彼がまだ公的生活から引退していないことはいうまでもない。この家は、もともとは純日本家屋であった。しかし、やがて位が——そして背が——高い米国人の賓客が現われるようになり、彼らがカモイに頭をぶつけることが重なると、吉田氏は大工をよび、西洋式の応接間と食堂をつくったのだ。

そして、さらにアイゼンハワー大統領が来日し、吉田氏を訪問することになると、迎賓館が建てられた。しかし、一九六〇年（昭和三十五年）に行なわれるはずであった米大統領の訪日が中止になったので、第一番目に予定されていた客は来なかったのである。しかし、私がこのまえに大磯へ昼食に招かれた時に、この迎賓館の建築はまだ続いており、このまま工事が続くと吉田邸が小田原《おだわら》まで拡張されそうな勢いであった！　私がこういうと、吉田氏は一瞬子供のような笑顔を浮かべたものである。

吉田氏は歴史上もっとも忙しい引退政治家として、第三の人生を迎えてから、くつろぎつつも、深い関心をもって国家情勢を観察してきた。そして、つねに政局についてユーモアにあふれた、あるいは鋭い論評をさかんに加えてきたのである。私は吉田氏がついに首相を辞職した時に、十歳も若がえったようにみえるといった。すると、「いや、たった十年でなくて、二十年ですよ」という答えがもどってきたのである。

引退してからは、かつて新聞記者とカメラマン嫌いで有名だったこの政治家は、よろこんで記者と会う苦痛に堪《た》えるようになった。そして私が大磯へ連れてゆくことを許された外国人記者は、そろって彼の歓待に魅惑されて帰るのである。

吉田時代はその期間からいっても、多彩な教訓や、直面し解決した諸問題の規模からいっても、長い歳月をへだてているが、伊藤《いとう》〔博文《ひろぶみ》〕公、山県《やまがた》〔有朋《ありとも》〕公をはじめとする近代日本の建国の父たちの時代と比肩《ひけん》すべきものであった。そして、吉田時代は一九四六年（昭和二十一年）に始まったが、政治的にいって国家の進路へ与える影響から考えれば、まだ続いているのである。

4

大磯の賢人は、日本の将来をどうみているであろうか？　私は最近、吉田氏に質問してみた。

「将来の日本の発展には三つの基本的な、不可欠な要因があります。政治的安定と外交関係と市場です」と吉田氏は持論を次のように要約した。

「第一点については、この国の民主的訓練と議会制度は比較的新しく、未熟なものです。しかし、国会が創設されてから七十五年たった今日、民主主義は強固な根をはったといえます。私は国民が政治的に成長するのにしたがって、この自由の機関がひき続き発展し、強化されることを願っています」

「近年の出来事と日本において進行しつつある政治的ルネッサンスの速度をみれば、海外において一部の人々が日本で行なわれた改革が永続的なものであるか、また、何らかの破壊的な行動によって過激主義が復活するおそれがないか疑問をもつのは当然であると思います。しかし、このような危惧《きぐ》は非現実的なものです。ひとたび自分たちの主人となった日本国民は、二度と彼らの運命――そして国家の運命を極左にせよ極右にせよ、いずれにも託するようなことはないでしょう。今や、名もない大衆の大多数にとって民主主義は生活様式となっています」

吉田氏は対外関係については、次のように説いた。「日本と国際社会の関係は、三つの基礎のうえにたたなければなりません。国連憲章の擁護、自由世界との協調、アジア・アフリカ諸国との友好関係です。わが国はつねにあらゆる手段をもって国連を強化し、世界平和が維持され、世界機構がその力と道徳的圧力を正しく行使できるように努めなければなりません」

「輸出競争が激化しつつある世界において日本の商品に必要な市場を確保するという第三点については、わが国は近年、勤勉な素質と高い技術を十二分に活用して多くの顧客を得ています。しかし、将来がつねに今日のように明るくみえるとはかぎらないでしょう。日本は一億の人口をかかえて、もし十分な輸出市場がなければ、産業はただちに打撃をうけ、困難な事態に直面します。この事実は、今日も、そして将来においても、日本の経済的、また社会的福利に不可欠な条件となります。太平洋をはじめとする世界全域において、諸国間に密接な協力関係をうちたてれば、各国の経済発展に大きく貢献するでしょう。世界を〝持てる国〟と〝持たざる国〟に分割している経済ナショナリズムは、植民地主義と同様に時代遅れになっています。今日、日本は顧客であり、消費者であると同時に生産者であり、輸出者です」

ここで吉田氏は、世界情勢へ目を向けた。「今世紀が終わるまで、日本も、そして世界の諸国も人口膨張から起こる諸問題に直面するでしょう。教育、厚生福祉、上昇する生活水準といった問題は年を追って大きくなるでしょう。日本はこれらの問題を、人口増加率の低下と工業発展によって多くの者が予測したよりも順調に解決してきました。かつてこの島の人口が九千万台を突破した時に大量失業は避けられないと考えられていたのに、そのような事態は起こらなかったのです。日本の非識字率は世界でもっとも低いなかにはいっており、教育水準は高いものです。たしかに貧困は、まだ存在しています。しかし、生活水準は戦前よりも高まり、国民一人当たりの所得はアジアで最高です。そして、まだ上昇しています。日本は福祉国家として成長しつつあるのです」

「日本が明治時代から成しとげた業績を回顧し、きたるべき半世紀を展望すれば、私は一九六四年が日本史のうえで転換期となったと考えます。この年に日本はアジア的な国家から、国際協調と進歩へ捧げられた先進国家への転換を全うし、先進工業諸国のなかで確固たる地位を築くとともに、過去の神話と過失から解放されました。そして日本は平和のもとに今日の世界の進路に合った国家的使命を果たすべく前進を続けています」

私はこれに一つだけつけ加えたい。私が日本を報道してきた三十年の体験からいって、今日の日本国民はいろいろな困難に出会ったとしても、戦前よりははるかによい生活を送っているのだ。そしてこのような恵まれた状態のかげには、かつて政権を担当するために引退生活から呼び戻され、日本のもっとも暗かった日に日本を代弁した元外交官の大きな功績があるのである。

共産党の戦術変転史

1

一九四六年（昭和二十一年）一月十三日、この日は日曜日にあたっていた。午後九時二十一分に、その急行列車が福岡から東京駅頭にすべりこむと、プラットホームに待ちかねていた五百人ばかりの粗末な身なりをした日本人の一団が赤旗を振り、大声でバンザイを叫び、革命歌が夜の空気を震わせた。

そして、私が目をこらしてこの光景を見つめていると、背の低い、眠そうな目をして、短くかりこんだ口ヒゲをたくわえた日本人が客車の戸口に姿を現わし、プラットホームに降りたった。私の目には、彼は人のよい町医者のようにみえた。彼が野坂参三《のさかさんぞう》氏だったのである。

日本の左翼の古い闘士であった野坂氏は、当時からの最高幹部の一人であり、戦略家であった。彼は妻の龍《りょう》さんとともにそれまでの十六年間、海外で亡命生活を送ってきたが、この日東京へ帰ってきたのである。

この夜の駅頭の光景を「凱旋《がいせん》将軍の帰国を迎えるような大歓迎がくりひろげられた」と翌朝の東京の新聞は報じていたが、この描写は、まことに適切であった。熱狂的な、そしてみな一様に栄養不良の顔つきをした共産党幹部たちの歓呼が静まると、志賀義雄《しがよしお》氏が数歩進みでて、熱烈な歓迎演説を行なった。この寒い夜東京駅に集まった共産党幹部たちは、それまで日本にいて占領軍に解放された人たちであったが、この英雄が一九三一年（昭和六年）に警察によって行なわれた共産党弾圧を逃《のが》れて日本を脱出した時以来、はじめての再会だったのである。

野坂氏は駅からまっすぐに神田《かんだ》の共立《きょうりつ》講堂へ向かったが、ここには約三千人の同志が彼を待っており、歓呼をもって迎えた。十一時半には、彼は代々木の共産党本部に着いた。ここには百人以上の内外記者団が今後の共産党の方針について質問しようと待ちかまえていたが、彼はほとんどの質問にハッキリ答えようとはしなかった。とくに皇室の将来とモスクワによって行なわれた天皇の戦犯指名要求については、いっさい口を開こうとしなかったのである。

翌朝七時に、数時間の睡眠をとったのちに野坂氏は党中央委員会によって主催された歓迎会に出席した。この会合でどのような話し合いが行なわれたか、まったく公表されなかったが、二日後に彼が党の名において初めて公衆のまえに姿を現わし党の最高方針を発表した時に、天皇制廃止要求はきわめてひかえめなものとなっていた。もともと、終戦の年の十月にマッカーサー元帥の命令によって長い間つながれていた監獄から釈放された共産党指導者たちは、共産党を再結成すると天皇制廃止要求を強くうちだしていたのだが、結局日本国民の不人気を招いていたのである。

しかし、この時の野坂演説は少し違う趣《おもむき》をもっていた。

「天皇を頂点として、軍部、官僚、資本家、大地主から構成される封建的な、暴虐な、帝国主義機構のみが日本と日本民族に破壊と苦難と荒廃をもたらした責任を問われるべきである……われわれは天皇制廃止要求の正当性を認めている。天皇制は国家制度として廃止されなければならない。しかし、皇室が存続するべきかどうかは、まったく別の問題であり、将来、民主化が完了された時に……日本人民の願望に従って決定されるべきである。われわれはみだりに暴力を使うことを支持しない……民主主義者はただちに共同戦線を結成し、全員が参加しなければならない！……批判の権利は友情と愛情の精神に基づいて行使されなければならない……われわれは各党の相違点を論ずるよりも、妥協の精神を掲げなければならない」

私はこの演説が行なわれる一日まえに、野坂氏に会った。彼は日本の第一印象を次のように語ってくれた。

「日本は私が想像していたよりももっと破壊されていました。しかし、ひとつだけ喜んでいることは、人々の意気がさほど損《そこ》なわれていないことです。おそらく、戦争直後にはもっとひどかったのかもしれませんが、今や人々は新しい出発をしようと試みています。人々は、希望を見いだしつつあります。しかし、人民は廃虚のなかに立ちあがって光を求めようとしていますが、どの方角から光がさしてくるのかわからないのです。彼らは新しい政策と、新しい政党と、新しい指導者を求めています。古い政党は人民に失意のほか何も与えていません。共産党は人民が望むもの――政治的、経済的民主主義を与えます。ここでは共産党と社会民主諸政党が指導的役割を果たすことになるでしょう」

この野坂氏が、天皇制廃止を直接要求しないことについで行なった第二の政治的決定は、長く人々に記憶されることになったスローガンを発明したことだった。曰《いわ》く、「愛される共産党へ投票しよう」である。

2

しかし、平和が回復されてから数年間、日本共産党は曲がりくねった道をたどった。これは腕を振りまわして扇動演説を行なうのを得意とした徳田球一《とくだきゅういち》氏に率いられていた〝行動主義〟派と、〝愛される野坂〟を指導者、予言者として仰ぎ、柔らかい言葉をもって主張を表現していた漸進《ぜんしん》主義派の対立を反映していたのである。

徳田氏は一九五三年（昭和二十八年）に北京で死亡し、これが発表されたのは一九五六年

（昭和三十一年）だったが、少なくとも一九五〇年（昭和二十五年）まで、野坂参三氏の党戦略は平和的説得と占領政策への協力という魅惑的な音色を奏《かな》でつづけたのである。

しかし、この年に「反動主義から民主主義へ、帝国主義から社会主義への平和的変革の可能性について」という野坂〝平和主義的〟理論が、コミンフォルム・ジャーナル（当時モスクワにあった共産党情報局の機関紙）によって「ブルジョワ的なたわごと」であり、「マルクス・レーニン主義とまったく無縁なものである」として厳しく非難されたのだ。「このような反民主的、反社会主義的理論は、ただ日本を占領している帝国主義者と、日本独立の敵を助けるだけである。したがって、野坂理論は非愛国的であり、反日本的である」と論文は述べていた。

これに対して野坂参三氏は従順に主張を取り消した。こうして共産党は九十度の転回《てんかい》を行ない、柔らかな言葉をささやくのをやめて街頭で暴動を起こし、〝モロトフ・カクテル〟［火炎ビン］を投げはじめたのである。

ここでマッカーサー元帥は「公共の利益のために、共産党最高幹部を追放すること」を指令した。総司令官は、共産党主義者が「官憲へ反逆し、法秩序を無視し、扇動的な言語と破壊的な行動をもって……社会不安をつくりだし、究極的に日本において憲法に基づいて選ばれた政府を転覆しようと試みている」と非難したのだった。

この指令がでると、野坂氏は、日本へ帰国してから五年後に、ふたたび地下生活にはいらなければならなかった。野坂氏は一九五五年（昭和三十年）八月に姿を現わすまで潜行していたが、この間、有能な日本の警察でも彼がどこにいっていたかわからなかったのである。彼はふたたび姿を現わすと逮捕され、短期間拘留されたが、占領軍指令がすでに無効になっていたので、すぐに釈放された。そして、やはり潜行していて二年前に地下生活中に死亡した徳田球一氏のあとを継いで、党書記長となったのである。

しかし、これは後の話だ。まだ、共産党が礼儀正しいふるまいと、甘い穏健主義をとっていた時代には、野坂氏は頻繁に外国人記者に会い、私も彼に何回となくインタビューし、また、昼食を共にした。他の共産党幹部も同様だったのである。当時の選挙では、演説会へ行くと野坂参三氏がもっとも穏健で、静かな口調で話していた。彼は「愛される共産主義者」であり、「人民の最良の友」とよばれていたのである。私はこのころ記事のなかで彼が「アジアでもっとも頭のよい政治家の一人」であると書いたことがある。この記事は日本で翻訳されて掲載されたが、なんと野坂氏の選挙ポスターにまで引用されて使われたのであった！

3

私は一九四九年（昭和二十四年）二月に、五人のモスクワ育ちの共産党指導者と昼食をともにして、〝戦術〟についで話をきいたことがある。五人は、野坂参三氏、徳田球一党書記長、志賀義雄アカハタ主筆、当時東洋最大の労働組合組織だった全日本産業別労働組合会議の創立者である聴濤克巳《きくなみかつみ》氏、高名な共産主義労働組合の組織者である土橋一吉《どばしかずよし》氏であった。

この昼食は、興味深いものであった。テーブルでの主題歌は、ヨーロッパのあらゆる国の共産主義者の口から聞くこともできるもので、共産主義者のみが経済的安定をもたらし、賃金労働者を奴隷的搾取から守り、〝民族独立〟を獲得し、日本を〝ファシスト〟の手から救うことができるというものだった。ここで、野坂氏たちが〝ファシスト〟といったのは、吉田茂首相のことだったのだ。前月行なわれた総選挙で、吉田首相の自由党は楽勝していたのである。

しかし、共産党指導者たちは、マッカーサー元帥と占領について言及する時には、きわめて外交的であった。当時、共産党の集会では党員たちが「占領軍住宅を暖房するために重税を課せられている」といったような反占領軍宣伝文句をひろめていたが、この席上、誰一人としてこのようなことはいわなかった。しかし、彼らは共産党綱領にうたわれていた〝民族独立〟の意味は、はっきりと説明したのである。

徳田氏はいった。「これは外国が日本に干渉しないこと、民族自決、日本の主権の完全回復、外国資本による奴隷化への反対、文化的独立、そして思考や慣習の西方化の阻止を意味しています」。ところが、この言葉は私には戦前の軍国主義者と超国家主義者の叫びと同じように響いたのである。

民族主義の太鼓を打ち鳴らすのは、巧妙な戦術であった。〝民族独立〟はこの年の総選挙でもっとも魅力的なスローガンとなり、吉田茂首相の与党も、社会主義諸党もこの旗をふって、同じような叫び声をあげたのである。すでに候補者は早期独立回復を要求しないかぎり、当選しなかったのだ。

これは、共産党が望むところだった。共産党は当時、〝中道〟諸政党を放逐《ほうちく》して、右の保守党と左の共産党が対決する舞台をつくることを狙《ねら》っていたのである。日本の社会主義諸政党は、共産党が政権を握ることがあれば、生活水準は低下し、政治的自由が消滅し、民族独立も――モスクワの支配下におかれて――失われるだろうと警告した。

しかし、当時の日本共産党は、かなり多くの日本人に、共産党だけが東京の第一生命ビルにあった〝政府のうえの政府〟〔連合軍総司令部〕の脅迫に屈することなく、祖国の権利を主張する真の愛国政党であると信じさせることに成功していたのである。

この年の総選挙中に、野坂氏は東京で開催された集会で次のように演説している。「世界の半分は、すでに共産主義のもとにある。共産中国は非友好的な日本とは貿易しないだろう。今や、諸君がバスに乗りおくれないかどうか考えるべき時がきているのだ」

そして徳田氏は、「日本に外国資本の上陸を許せば、人民は外国資本主義の賃金奴隷となろう」と警告したのである。

共産党は戦術を決定するにあたって、労働者の税金が全廃され、〝空に浮かんだパイ〟のような明日を約束したが、その根拠を示すようなことはまったくいわなかったのである。このころ私は吉田首相に会ったが、吉田氏は「共産主義者は大きな口をきくが、米国から食糧を輸入しないでやっていこうというのかね？」と私に聞いたことがある。これに対する答えは、イエスだった。日本の共産党指導者たちは、日本を米国の影響からはずし、共産圏に入れる代価として、生活水準を下げることを覚悟していたのだろう。

4

共産党の暴力戦術は、一九五二年（昭和二十七年）に東京の皇居前広場でのメーデー暴動によって、クライマックスに達した。この日、私は暴動が起こった瞬間に皇居前広場の道路を自動車を運転して通ったが、警官隊が車を囲んで暴徒のなかを護衛してくれたので、窮地を脱することができた。さらに、共産党は名古屋、奈良をはじめとする諸都市で暴動を起こし、大阪では操車場を襲って米軍補給物資を積んだ貨車を焼き払おうとしたのである。

この米国人と米国資産に対する襲撃を含む一連の事件に対し、政府は法秩序の維持にあたる諸機関を調整する官庁を新設した。これらの諸機関のなかには警察や自衛隊の前身である警察予備隊や、検察庁が含まれていたが、この結果、治安維持力が大幅に強化されることになったのである。さらに政府の力は、破壊活動防止法を制定することによって拡大された。

また同時に、国家警察は共産主義者の〝行動隊〟に対抗するために〝突撃隊〟のような特別部隊を新しく編成した。それぞれ五十人からなるこの部隊は、独身の警察官から厳選された隊員によって構成されたが、〝シンセングミ〟という名前が授けられたのである。この名前は徳川幕府時代に有名なサムライ戦士の部隊に与えられたものだったが、この特別部隊の編成は、一九五二年のうちに完了したのである。

こうした不安定な時代の初期において、手製の〝火炎ビン〟〝硝酸《しょうさん》爆弾〟を投げた赤い〝行動隊〟の技術はあまり高くなかった。しかし、社会不安がつのるにつれて、これらの武器の供給も増え、投擲《とうてき》技術も正確になっていった。このころ、警察は東京近郊の岡に〝モロトフ・カクテル〟が散乱している〝練兵場〟を発見した。ここで共産党の〝行動隊〟が演習をしていたのだ。この共産党の戦術に対し、警察は暴徒鎮圧部隊を軽金属製の盾で装備し、共産党が得意とする〝兵器〟であった〝モロトフ・カクテル〟を、「人身、人命、財産に危険な」爆発物として所持することを非合法化したのであった。

当時の田中栄一《たなかえいいち》警視総監は、メーデー事件の数週間後に私にこう語った。「全般的な情勢をながめれば、共産党ではなく、警察がイニシアティブを握っています。しかし、アカの戦術はつねに積極的であり、攻撃的です。彼らは混乱と不安をつくりだすために、あらゆる手段をとります。アカの攻撃をくじくまでに、まだ時間と労力を必要としますが、私たちは方法について多くを学んでいます」

しかし、やがて共産党の方針がふたたび変わり、党指導部が、〝行動戦術〟が国民の怒りを買い、票を失ったことを認めると暴力行為は消滅していったのである。かつて〝愛される〟戦術が行なわれていた一九四九年（昭和二十四年）の総選挙では共産党は二百九十八万票を獲得し、議席数は四から一躍三十五にふえたが、これがモスクワの命令によって屑箱《くずばこ》にすてられ、行動戦術がとられるようになると共産党の支持票はつねに約百万票にとどまるようになってしまったのである。

あれ以来、もう一つ、共産党について変わったことがある。それは日本が独立し、もはや外国人記者を懐柔する必要がなくなると、野坂氏をはじめとする共産党最高幹部は外国人記者とまったく会わなくなってしまったことである。私は過去数年間、野坂氏にインタビューしようと申し込んでいるが、つねに多忙であるので、だれとも会えないという決まり文句をもって断られている。おそらく彼は永久に忙しいのであろう。

これは、残念なことである。私は、いつも一分《いちぶ》の隙《すき》もない服装をして、礼儀正しく、温和で、静かな口調で話す日本共産党の最高戦術家に会うのを楽しみにしていたのだ。私は遠い昔になったマッカーサー時代に昼食をしながら聞いた見解にくらべて、野坂氏が今日の、繁栄して、自信に溢《あふ》れた日本と、また中ソ対立をどうみているものか、深い興味をもっているのである。

東京裁判の罪と罰

1

一九四八年（昭和二十三年）十二月二十三日の真夜中を少し過ぎたころ、東条英機《とうじようひでき》元大将をはじめとする七人の〝Aクラス戦犯〟が東京の巣鴨拘置所で処刑された。彼らは、二年あまりにわたった二十五人のAクラス戦犯に対する裁判の結果、日本の侵略戦争と特定の戦争犯罪の個人的責任を問われて死刑の判決を受けていたのである。

この数時間後に、私は同僚である米国人記者と二人で東京の玉川《たまがわ》にある東条邸で、日本の戦時宰相のために行なわれた追悼会に出席した。これは家族と親しい友人だけのものであり、私たちのほかには〝占領軍関係者〟も外国人も、この厳粛《げんしゆく》な席には参列していなかった。

もっとも、彼らの死刑執行の日時は事前に家族に知らされることがなかったのである。そこでかならずやってくる〝ニュース〟を待っていた東条一家にとって、毎日の試練は計り知れないほど大きなものであったろう。しかし、やつれた未亡人も、息子たちも、娘たちもその夜はみな威厳をもってふるまった。彼らの落ち着いた態度は、まことに日本民族にふさわしいものだったのである。

その夜、東条家のいちばん大きな部屋には祭壇がつくられ、トウジョウの写真と彼が国家指導者として生前着ていた軍服が一着飾られていた。東条夫人は、友人や隣人たちが静かに祭壇へ進んで祈りを捧げる間、祭壇の左側に身じろぎもせずにすわっていた。人々はまた、はいってきた時と同じように静かに帰っていった。

私たちはこの部屋に二時間いたが、その間中、次から次へと人々はやってきて、私たちが帰る時にもまだ列は続いていたのである。しかし、この深夜から早暁《そうぎよう》にかけての弔問客のなかには、東条大将の罪がどのようなものであろうとも、また彼の——そして彼が代表した軍閥の責任がどのようなものであったにせよ、彼は太平洋戦争によって国家と国民にもたらされた荒廃と苦難の咎《とが》を、身代わりとして一身に負わされたのだと考えていた者も少なくなかった。

こうしてこの悲しみにつつまれた朝の集会を目撃した者は、生涯忘れることのできないような深い家族愛と固い人間の絆《きずな》にふれたのである。

この光景は、終戦直後から一九五八年（昭和三十三年）にいたるまでの日本の歴史の暗い頁《ページ》のクライマックスとなった。私が一九五八年というのは、この年半ばに、太平洋戦争中に行なわれた犯罪行為のために連合国軍事法廷によって裁かれ、刑に服していた旧日本軍将兵戦犯の最後の一団が巣鴨拘置所から釈放されたからである。

極東国際軍事裁判とアジア各地における連合国軍事裁判によって有罪とされた戦犯が受けた判決がはたして正当なものであるか、または〝勝利者の復讐〟の犠牲であったかについては、当時から今日にいたるまで論争されている。

〝Aクラス〟の被告たちについては、高柳賢三《たかやなぎけんぞう》博士が国際法に照らしてこの疑問に次のように答えている。この日本で高名な法学者は、東京裁判では弁護士として活躍したが、一九四八年（昭和二十三年）三月、彼は法廷において検察側に対する反論として次のように述べている。

「被告人たちは通常の凶悪犯罪者ではない。彼らは最高層の政治家、あるいは軍人であり、それぞれ異なった人生観と政治にあたっての世界観を持っていたことだろう。しかし、彼らはそれぞれ、前世紀に始まった極東と西方勢力の政治的接触の結果として起こった極東政治の怒り狂う海のなかを、国家という船を導くために最善の努力をはらったのであった」

戦時中の残虐行為のために裁かれた日本人たちについては、私は絞首刑の判決をうけた旧陸軍曹長《そうちょう》の話を覚えている。彼はシンガポールからオランダ領西インド諸島（現在のインドネシア）まで連合軍捕虜を輸送する任務にあたり、この間捕虜を殺害した責任を問われたのであった。

彼は処刑の日に、裁判で証言した英軍将校に一目会いたいと要求した。この将校は、私の友人だったのである。

「私は、たった一つだけあなたにききたいことがあります」と彼はいった。「英陸軍では下士官は将校の命令に従わなければならないでしょうか？　私がしたのは、そして訴えられたのは、これだけのためです。そして、そのために死ななければならないのです」

しかし、残念なことではあるが、日本軍が占領地域において、連合軍捕虜や一般市民へ対して大規模な残虐行為を加えたことは疑いない事実である。そして、戦時中におかされた犯罪的行為の問題と、これに対する贖罪《しょくざい》の要求は、巣鴨がカラになってからも長い間アジアをゆさぶっている。

最近では、一九六三年の暮れに、シンガポールで戦時中の中国系市民虐殺に対する日本の補償を要求して日本商品のボイコット運動が起ころうとした時に、私は取材のためにこの国際港に飛ばなければならなかった。この虐殺事件は一九四二年（昭和十七年）二月、シンガポール陥落直後に起こったものであったが、残虐行為を受けた人々の憎しみは、それほど長く続いていたのである。

2

日本の歴史の暗い頁は、日本の降伏後に連合軍当局が戦争犯罪のかどで数千人の日本将兵、捕虜収容所員、文官、一般市民を逮捕した時に始まった。そして、このなかで約四千二百人が一九四五年（昭和二十年）から一九四九年（昭和二十四年）の間に連合軍によって日本、あるいは外地で開かれた約二千の戦犯裁判で有罪を宣告された。このうち七百人以上が死刑に処され、一九四九年に裁判が終わった時には終身刑を宣告された者を含めて約二千五百人が東洋に散在する刑務所で服役していたのである。

裁判にかけられたこれらの者のなかで、もっとも大きな注目をひいたのは、トウジョウを頭とする二十五人の〝Aクラス〟戦犯被告の一団であった。彼らは侵略戦争を「計画し、準備し、開戦に導いた」かどにより、または戦争法規と慣習を破り、人道に対する罪を犯したかどによって告訴されていた。その他、戦犯裁判は訴因《そいん》によって、さらに〝Bクラス〟と〝Cクラス〟に分けられていたのである。

この〝Aクラス〟戦犯裁判は長く続き、実にマラソン裁判というべきものであった。そして、二年間にわたった審問と、判決を合議するために約七カ月にわたった休廷期間が終わると、一九四八年（昭和二十三年）十一月十二日に、七人の〝スガモ・マン〟が死刑の宣告をうけ、十六人が終身刑を言い渡されたのである。

しかし、これらの者のほかにやはり〝Aクラス〟戦犯容疑者として、二十人ほどの者たちが巣鴨に拘禁《こうきん》されていたが、この翌年のはじめ、連合国側はこれらの者たちを起訴しないことに決定したと発表したのである。

これら、もう一組の〝Aクラス〟戦犯は日本が降伏してから数カ月以内に逮捕されていたのだが、彼らを起訴しないという決定は一九四九年(昭和二十四年)二月にワシントンの極東委員会によって承認されている。ここで問題は東京へ差し戻され、マッカーサー元帥の総司令部の法務課でさらに彼らを〝Bクラス〟か〝Cクラス〟の訴因をもって起訴するべきかどうか検討されたが、このなかで起訴された者はわずか二人にとどまり、残りの者は釈放されたのである。

これら〝Aクラス〟の訴因をもって逮捕されていた残りの主要戦犯容疑者へ対する追及をやめる決定がなぜ下されたかは、当時の海外の新聞が次のように観測している。それは東条元首相以下二十五人の裁判が戦争の主要〝陰謀者〟の裁判であり、もし〝Aクラス〟裁判を再開することにすれば、さらに膨大な時間と費用を必要とするだけでなく、せっかく盛りあがった効果がうすらいでしまうというのだ。

3

しかし、あれから十七年たった今日、ふりかえってみると、この決定はその後の日本の世論にきわめて大きな影響を与えたといえるのである。これは、第一の、そして唯一つの〝Aクラス〟裁判のみが、歴史によって日本の戦前と戦争中の政策と行動について責任を負わされ、その反面、彼らと同じように責任があった多くの者たちが一度も世界の世論の疑問に答えることがなかったため、かえって処刑された者たちへの同情の念がわきおこったということである。

同じような同情は、横浜や、海外の軍事法廷で裁かれ、有罪を宣告された〝Bクラス〟、〝Cクラス〟の戦犯容疑者たちへも向けられ、年とともに、日本と連合国の関係が改善されるにしたがって高まっていった。一九五二年（昭和二十七年）四月にサンフランシスコ平和条約が発効した時でさえまだ千二百四十四人の日本人が戦犯として刑に服していたからである。

このような同情心が正しいものであろうか？　また、これらの裁判が太平洋戦争前や戦争中に一部の指導者と陸軍将兵によって犯された平和と人道に対する犯罪行為の規模と内容を日本国民に認識させるという目的を果たしただろうか？　このような疑問は、一九五〇年代を通じて今日まで、多くの論争を生んでいるのである。

真珠湾攻撃が行なわれるまでジョセフ・C・グルー駐日米大使の個人秘書をつとめたことがあったロバート・A・フィアレー氏は、著書のなかでこの問題を次のように観察している。本は『日本占領の第二段階・一九四八年から一九五〇年まで』である。

「戦前に存在していた日本の社会、政治機構のもとでは、国民の政府に対する関係は義務と服従のみによって表わされ、政府の政策に対して国民はまったく影響力をもっていなかった。したがって、一般の国民が自己を批判するようなことはまったくなかったのである。国民が指導者の行動について最終的な責任を負わなければならないというような思想は、まったく理解されていなかったし、まして信仰されていることはありえなかった……したがって東京裁判が進行するとともに、旧指導者に対する怒りと失望が深まったが、これは彼らがしたことに向けられたのではなく、彼らが互いに責任をなすりあったことへ向けられていたのである。ここで東条は、他人へ責任を転嫁《てんか》することを拒み、一人で戦争の全責任を負うことにより、天皇へいっさい直接的な責任を負わせなかったので、国民の間に忠誠な、勇気ある男としてふたたびかなり高い評価をかちとることになったのであった」

特定な残虐行為の責任を問われて有罪となった〝B・C〟クラス被告についても、意見は鋭く対立している。多くの日本人は、彼らが〝勝利者の正義と復讐〟の犠牲となったと考えようとしているのだ。これに対し、日本軍の手によって苦難を味わわされた旧連合軍将兵たちは、もし人道に対する犯罪をおかし、罰せられた者たちが許されなければならないとしても、彼らの行為は忘れられるべきではない、とまだ叫んでいるのである。

4

しかし、一九五八年（昭和三十三年）、戦犯として刑期に服していた者が最後に釈放される数年前から、わずかばかりの罪ある者を巣鴨の壁のなかに閉じこめておいても、何かの役にたつものであろうかという疑問の声が高まっていた。また、旧軍国主義者と超国家主義者が無力化され、民主主義へ捧げられた日本において、無用な不満を招くことを避けるためにまだ戦犯として服役している者を釈放する必要があるという考え方もあったのである。

私はこの問題について、一九五五年（昭和三十年）九月にロンドンの日英協会の席上で演説したことがある。私はこういった。

「狂信に駆られた一部の者による犯罪行為のために、ある国家全体を非難しようとすることは不当である。鉄の軍規を誇っていた日本陸軍のなかでさえ、上部から発せられた厳格な命令に従わなかった者もいる。私は、一九四六年（昭和二十一年）に北海道にいた元英軍捕虜から、その間の日本人の人道的な取り扱いに対して感謝したいので収容所の元司令官を捜してくれないかと頼まれたことがある。彼はこの司令官が、いかに食糧や日用品の配給を増し、労働に就いていた捕虜のために日曜日を休日とし、病人の就労を禁止したかを話してくれた。そして、この司令官はこのために東京の陸軍司令部の怒りを買い、捕虜の取り扱いかたが悪かったとして、やはり北海道にあった朝鮮人炭鉱労務者の監督官として左遷されてしまったというのである」

「戦前における日本陸軍は、絶対服従と過度な民族意識のうえにたっていた。そこで、よかれ悪《あ》しかれ何ごとでも将校を模範として行動した。この模範はさらに上部の命令者によって形成されたのだ。そしてこの命令者は一九四五年（昭和二十年）八月十五日までは統制派の指導者たちであったが、この日に天皇が介入して戦争を終結させて以来、日本の新しい頁が始まったのである」

極東国際軍事裁判の法廷と、アジアに散在していた軍事法廷で裁かれたのは、正しくいえば軍閥によってつくられ、指導された制度であった。この国を支配した軍閥は、自らの宣伝のみを信じてすべてに盲目となっていたのである。しかし、この制度は二十年前に完全に瓦《が》解《かい》した。そして、戦犯として服役していた最後の者たちが釈放され、巣鴨拘置所がカラになってからすでに七年たっている。

この年に日本の歴史の暗い頁が終わった時に、私は海外の新聞へ送った記事のなかで二つの点を強調した。第一点は、日本政府が最後の服役者の一団を一日も早く釈放したいと努力していたにもかかわらず、同時にこの問題に関する国際的取り決めを完全に守ったことであった。第二点は、私がみたところでは、巣鴨拘置所につながれていた〝スガモ・マン〟や〝B・C〟クラス服役者の生活状況が、一般にプリズンという名前から連想されるよりははるかに恵まれていたことである。

日本の独立回復後、巣鴨の服役者たちは所内で仕事をして賃金を稼《かせ》ぐことはもちろん、拘置所の外で〝職業訓練〟を受けることが許されていたのである。さらに、家族が重病になった時には、いつでも五日間の外出許可を受けることができた。一九四五年（昭和二十年）から一九五八年（昭和三十三年）にいたるまで、巣鴨における待遇は一般の刑務所におけるよりもはるかに良好であったのである。このために、巣鴨につながれた人々のみならず、日本国民が連合国諸政府へ感謝しなければならないだろう。

ここで私が一つのエピソードをつけ加えるのを許していただけるだろう。一九五八年五月に連合国軍事法廷によって有罪の判決を受け、巣鴨に服役していた最後の受刑者が釈放された時に、私は法務省からこの不幸な頁が終わったことについて法務省の機関誌に原稿を書いてほしいと依頼を受けたのである。この雑誌は全国の警察署長と刑務所長によって読まれているものであった。そこで私は記事をまとめ、自分で法務省まで届けた。

しかし、その原稿は掲載されなかったのである。あきらかに、法務省の担当者は、機関誌の読者に一連の不愉快な事実を思い出させたくなかったのだろう。そこで私は今日まで、巣鴨について日本の読者のために書くのを待たなければならなかったのである。

日本人への理解と誤解

1

日本は、華麗に満ちた国である。美しい風景、祭り、伝統、習慣、文化を、この国に住んでいる日本人と同様、訪れる外国人もふんだんに楽しむことができる。

しかし、この国をほんとうによく知り、理解しようとするとき、これらの多彩な魅力のなかでもっとも強く心をとらえるのは、住んでいる人々なのである。私がこういうのは、けっして日本人全部が天使であるというのではないし、また、中世期に日本を訪れた外国人が想像したり、また一部の日本人が信じたがっているように日本人が個性的であるとは考えていない。しかし、多くの日本人にはひきつけられるし、この民族を学ぶことによって大いに得るところがあると思う。

外国人特派員にとって派遣されている国の国民についての〝職業的知識〟を得ることは、務めである。とくに、その国の国民の信念や、感情や、人生観を知っていなければならない。そこで当然、私は日本へやってきてから可能なかぎり多く、いろいろな地位にある日本人に会うことに努めた。これが、私の仕事だったのである。

こうして私が日中戦争に従軍するころまでには、私は多くの日本人と知りあい、帝国領内で、また海外において、家庭に、工場に、あるいは兵舎における日本人の生活を観察することができた。私のこの努力は、今日でも続いている。私はさらに多くの日本人に会い、新しい友人をつくり、こうすることに喜びを見いだしているのだ。

このような日本人との出会いについてのいくつかは、この国を報道した九千日間について綴《つづ》っているこの回想録のなかですでに語ってきたわけだが、このほかにもいくつかの私にとって忘れえない出会いがある。とくに一九三六年（昭和十一年）に会った内蒙古《うちもうこ》に住んで馬の毛を販売していた日本商人は、変わっていた。彼は私にオミヤゲとしてゲイシャをくれようとしたのである。

この降ってわいたような事件は、私が唯一の外国人船客として満州へ向かう日本船で旅した時に起こった。この船に五人の若い日本娘を連れて内蒙古に帰る馬の毛商人が乗っていたのである。この商人は、いくらか英語が話せたので、四日間の船旅の間、私と言葉をかわすようになったが、彼は自宅の雰囲気を明るくし、客人を接待するためにこの娘たちを連れてきたというのである。

ところが、目的地へ到着する前日の午後に、私は彼に船のラウンジまでよばれた。いってみると、ラウンジで彼は五人の若い娘たちといっしょに私を待っており、娘たちを一列に並ばせると、他の船客が見ているまえで演説を始めた。大意は私といっしょに過ごせたのが楽しかったので、友情の証《しる》しとして娘たちのなかから一人さし上げることに決めたというのである。そして、並んだ娘たちのなかから一人、好みの女性を選んでくれ、というのだ！

私は彼の気持ちの大きさに感動するとともに、同じほど深く困惑させられた。私は彼の申し出を丁重に断わり、奉天から上海を通って香港まで大陸を縦断するので、ひと言も英語が話せない日本のゲイシャを連れていては誤解を生じるかもしれないし、国際的な紛糾《ふんきゅう》さえ起こりかねないと説明した。

結局、私は彼の友情に深く感謝しつつ、辞退することに成功したが、そのあとで私は全員にサケをおごり、われわれは友人として別れることができた。こうして、翌朝、船が埠頭に着くと、彼はデッキに五人の若い娘たちと並んで、深く頭を下げてタラップを降りてゆく私を見送ってくれたのである。

私がもし東京へ帰ってから愚《おろ》かにもこの商人について話さなかったら、この話はここで終わっていたはずであった。しかし、私は外務省の情報部員に会った時にうっかりこの話をしてしまったのである。するとこの外務官僚は極度に興奮し、外国人に対して、若かろうが、年をとっていようが、ゲイシャであろうがなかろうが、とにかく日本の女性を贈り物にすることは日本の国法に違反する行為であるから、その商人の姓名と住所を知らせるように私に要求した。商人に対して「適切な措置《そち》」がとられなければならないというのである。

私はおそらくあの申し出がたくみなイタズラにすぎなかったのだろうといったが、彼はこのような説明を信ずることを頭から拒否した。そしてその後長い間、彼は私の顔をみるたびに船上で起こった屈辱的だという事件について説明を求めたのである！

それからほどなくして、私はまた太沽《タークー》から門司へ向けて出帆《しゆつぱん》する日本船へ乗ったために、罪のない事件の犠牲者になってしまった。太沽は水深が浅いので、船に乗るためには埠《ふ》頭《とう》からかなりの距離を伝馬船《てんません》に乗らなければならない。さらに、もし天候が悪いと伝馬船が出ないために、二、三日も岸で待っていなければならないことがある。私が乗船しようとした時も、そうだった。

しかし、港のフランス軍守備隊の隊長であったシャルル・ビロレー大尉が私を客人として自宅へ泊めてくれたので、私は天候が回復するまで三日間、彼の家にやっかいになり、フランスから取り寄せられたすばらしいワイン、レコード、腕のよいコックに囲まれて、楽しく暮らした。守備隊といっても、安南《あんなん》［ベトナム中部］兵が十二人いただけである。

三日目の朝に、私は午前十時に伝馬船が出るという知らせを受けた。すると、快活な大尉は〝守備隊〟を連れて、私を見送るといって伝馬船のところまできてくれたのである。安南兵が私の荷物を持ってくれた。しかし、埠頭までくると、偶然、中国北部に駐屯している日本陸軍の憲兵隊司令官が同じ船に乗るために、ケンペイの一隊に送られてきていたのである。われわれが伝馬船に乗り込み、船が岸を離れるとケンペイは整列して指揮官が号令をかる。

け、捧《ささ》げ銃《つつ》を行なった。

ここで不幸なことにビロレー大尉はユーモアを持ち合わせていたので、ケンペイの真似《まね》をして十二人の守備隊員を並ばせ、指揮刀を抜いて、私に向かって捧げ銃を行なわせたのである。

しかし、船に乗った次の日に、私は船長に呼ばれた。私はまえにこの船で旅したことがあったので、この船長とは知りあいだったのだが、彼は、憲兵隊司令官が門司に入港と同時に私を拘留し、ケンペイによって取り調べさせるといっていると教えてくれたのである。司令官は、フランス守備隊が私を捧げ銃をして送るからには、私が英国の新聞特派員に化けたフランスのスパイにちがいないといったというのだ!

船長の言葉通り、船が門司に着くと、一団の警官や、役人が私のところへやってきたのである。尋問が進むとともに、情勢は私にとってきわめて悪くみえた。しかし、取り調べが始まって一時間近くたってから、幸運なことに偶然、門司の出入国管理局長がはいってきた。

私は以前、門司から朝鮮へ行った時に門司で数日過ごしたことがあったが、この時、暇にまかせて彼が当時書いていた英語の教科書のなかの二章を監修したことがあったのだ。彼は私を一目見るなり、「フランス人だって? ナンセンスだ! 彼は英国人だよ」と叫んで、手を差しのべて私と握手してくれた。これは、私が戦前日本でスパイと間違われて拘禁された唯一《ただ》つの事件だったが、まったくふさわしいハッピー・エンドだったのである。

2

私は太平洋戦争が終わってまた日本へ帰ってくると、あらゆる種類の日本人と会った。首相、大学総長、シントウの神官、銀行家、労働組合指導者、保守党政治家、共産党員……。首場所からいえば北端にある礼文島《れぶんとう》の住民から、南のいわゆる〝李《り》ライン〟を哨戒《しょうかい》する海上保安庁警備船の隊員にまでおよんでいる。しかし、私はこれらの人々に会ってからも、日本国民が規律、勤勉さ、忍耐力、統一性、親切心において卓越した民族であるという、私が戦前にえた印象を、あらためて再確認したのである。

私は占領時代初期に北海道の北端の沖合約八十キロに浮かんでいる礼文島へ旅行したことがある。私が着いたのは、この小さな漁民の島の〝首都〟である香深《かふか》であった。

この礼文島の最北端に立つと、晴れた日にははるかに現在ソビエト領となっている樺太《からふと》が見えた。この島が本土からいかに隔絶されているかは、米軍が岩に覆《おお》われた海岸に〝上陸〟したのが、太平洋戦争終結のラジオ放送があってから六カ月後であったということからもわかるだろう。この時、約五千人の島民は初めて米国兵を見たのである。

私がこの島へ行く機会を得たのは、この島で日食の観測が行なわれることになり、米海軍が派遣した駆逐艦に十数名の外国人記者と占領軍関係者の同乗が許されたからであった。私は日食を見るほかに、島の漁民と話すのを楽しみにしていた。

たしかに、戦前、満州国の荒涼たる北部平原《へいげん》を耕していた日本開拓団でも、礼文島の漁民ほどは隔絶《かくぜつ》された生活は送っていなかっただろう。島の約八百世帯の住民にとって、東京は月ほど離れた存在だったのだ。礼文島の島民のなかで、北海道北部よりも南へ旅行したことのある者はわずかで、彼らは米国とソビエトの対立による東西緊張や、ヒロシマに落ちた原爆でさえ、まったくといってよいほど知らなかった。彼らのもっとも大きな話題は、島から数キロの太平洋上におろされ、彼らの従来の漁場を両断してしまった〝鉄のカーテン〟についてだったのである。

当時島の男たちはマッカーサー元帥が日本の改革を進めていることを聞いていたが、民主主義がどのようなものであり、何を意味するか、ほとんど知っていなかった。私はある漁師と話をしたが、彼はこういったのである。

「民主主義はきっといいことにちがいない。しかし、もっと魚が獲《と》れるようになりますかね？」

おそらく、この言葉は一般的な態度を表わしていたのだろう。私は彼にさらに最近の総選挙で投票したか尋ねた。

「もちろん、投票しました。しかし、私がいれた候補者が当選しないんです」。ここで彼は私を非難するような眼差《まなざ》しをした。「投票したヤツが勝たないとすれば、いったい民主主義は何の役に立つんですかね？」

それにもかかわらず、礼文島にも新しい風が吹きはじめていた。平和が回復されてから三年目に、島には初めての観光ホテルが交通公社の手によって完成し、夏期観光客を待ってい た。私が一九四八年（昭和二十三年）に礼文島で週末を過ごした時には、第一陣の日本人観光客が稚内《わっかない》からちょうど着いたところであった。ホテルはなかなかよかったし、窓の外の景色は息をのむほど美しかった。もっとも、島の八百世帯の家族は春のニシン漁期にあたっていたので景色などにはかまっていられなかったのである。海岸沿いの道路の両側には、太陽の下に何キロにもわたって魚が干されていた。

またある時、私はシントウについて記事を書いたことがあった。私はこのなかでシントウが日本の精神史において長い間はたしてきた意義のある役割について述べ、現在軽んじられているのが残念であると書いたのである。ほどなくして私はこの問題について講演するように依頼を受け、不注意にもどのような人たちが集まるのか詳しくきくことなく引き受けてしまった。

当日、私が外務省から推《お》された通訳をともなって会場に着くと、なんと聴衆のほとんど全員が神官であったのだ。なかには伊勢《いせ》や熱田《あつた》から、外国人記者が日本の国民生活におけるシントウの役割について演説するというめったにないスペクタクルを見るために、はるばる来ていたのである。

3

私はしばしば学生や、他の日本人との研究会や、懇談会に出席したが、日本人のなかには日本人の思考法が謎めいているというきわめて不必要な説をひろめようとする者がいるのである。すべての日本人が不可解であるという神話は、もともと外国人によって発明されたものであろうが、このようなウソがまだかなり広く信じられている責任の大半は、日本人にあるのだ。

私はかつて東大の卒業生のクラス会に講師として出席したことがあったが、この時日本人の友人から聞いた話をしたのである。すると出席者の一人が、私がこんなに長く日本に滞在しているのなら、日本人が誰一人として外国人に本心を打ちあけないことぐらい知っているべきだと反論したのである。このような発言は私の体験に照らして誤っているばかりでなく、日本にとってまったく役にたたないものなのだ。

このように日本人が不可解だという妄想は、海外において日本に大きな損害を与えてきた。そして、私は一九五六年（昭和三十一年）に二回にわたって外交官のタマゴの訓練機関である外務省研修所で講演するように招かれた時に、この点を強調する機会を与えられた。私は未来の大使たちが耳を傾けている間に、当時、世界がどのように日本をみているかを語り、四つの忠告をした。

私が講演してから十年近い歳月が流れているが、この間に日本の国際的地位はかつてなかったほど高まったのである。しかし、一九五六年に私がした忠告は、今日でもあてはまると思うのだ。私が青年外交官へ与えた忠告を、要約すればこうだ。

第一に、海外へ派遣されたら日本の友人を獲得することを第一の務めと考えなければならない。私は重光《しげみつ》葵《まもる》氏の例をあげた。「重光氏が戦前上海に駐在した時に、日本はまったく好まれていなかった。しかし、彼は当時の日本の対華政策に反対していた者たちからも尊敬をかちえたのである」

第二に人種的意識をできるかぎりみせないことである。また、不愉快なことがあってもあまり簡単に怒ってはならない。

第三に外国政府と交渉する場合、自国の要求を強く主張するだけではいけない。自国の立場を説明し、相手の立場を評価するのにあたって、正直かつ率直な態度をもって通さなければならない。

そして、最後の第四点であるが、どのようなことがあっても、絶対に、絶対に日本人が不可解な人種であるという誤った説をひろめてはならない、といったのである。

最後の点について、私はこう述べた。

「海外で日本について話をする場合に、この国と他国との相似点について話すようにし、相違点を強調しないで下さい。外国人はあまりにもしばしば日本がサクラや、ゲイシャや、茶道や、生け花の国であるということを聞かされています。ここで当惑した外国人は日本人がほんとうに不可解であり、理解しがたい人間であると結論します。しかし、私は日本に長い間住んだ結果、日本人について不可解なことはひとつもないと断言できます。日本国民も他国民と同じように暑さや、寒さや、空腹や、渇《かわ》きを嫌い、満員バスの混雑や、税金に苦しんでいます。彼らも安定した生活を求めています。彼らも笑い、恋愛し、生活しています。諸君はこれらの共通点を強調しなさい。日本について何か外国人へ説明する時には共通点を捜して、勤務国に共通な面と比べなさい。おそらく日本が個性的な国であるという評判は、国際関係において何よりも日本へ害をもたらしたでしょう。現在でも世界の日本のイメージは、あまりにも多くの場合、不可解さとか、低賃金といったような誤ったキマリ文句によって歪《ゆが》められています。そしてこれと同じように、日本人も外国人が野蛮人ではないにせよ、理解しがたい人間であるというあまりにも多くのキマリ文句によって毒されています」

私は、講演を次のように結んだ。

「戦前の軍国主義時代には、日本はよからぬ主張をもっとも効果的にひろめるために膨大な労力と金を注ぎ込んだ。しかし、今日では日本はよい主張をもっているのに、これをひろめるのにあたって人員と、訓練と、予算の不足と、時には政府の無関心な態度によって障害にゆきあたっています。……今日、日本はロンドンや、ワシントンや、ニューデリーにある政府がその政策を世界に知らせるのと同様に、日本の政策をひろく知らせる必要に迫られています。もし、ここで日本政府と日本国民がこの必要を痛感するならば、ここ二、三年のうちに現在、外国人の頭にある多くの誤解が解かれることになるでしょう。このために他国民にこの国について説明する任務を課せられている人々は、非常に忙しくなるでしょう」

私がここで講演の一部を引用したのは、一九五〇年代に述べられたこれらの言葉が今日にもあてはまると思うからである。しかし、戦前に比べると、時代の発展と世界の変遷に適応してゆこうとする日本の努力は、今日でも、人員と予算と想像力の不足によってあきらかに妨《さまた》げられている。私は数年前にあるヨーロッパの重要な国の首都で日本大使館員と話したことがあるが、日本について講演の依頼を受けたとしても、人員が足りないために首都から半径八十キロ以内でないかぎり断わるほかないというのであった。

そのころ、外務省の情報二課が『日本・知られざる国』と題するパンフレットを発行したのも、これが一つの理由だったのかもしれない。当時、大平正芳《おおひらまさよし》外相は私に次のように語った。「私は海外を旅行してみて、日本がひろく尊敬され、西方諸国でわが国の国民とその業績について深い関心が懐《いだ》かれていることを知らされました」

そして、彼はつけ加えた。「われわれは海外において日本をもっとよく理解させるために、広報とPR活動をいっそう増強する必要を痛感しています」

この仕事は、多くの者によって助けられている。外国の新聞、ラジオ、テレビ局の特派員たちや、日本に関心をもっている団体や、来日する旅行者たちも、このなかに入る。しかし、この仕事におけるもっとも大きな責任は、日本政府と、その在外公館と、広報専門家はもちろんであるが、誰よりも日本国民の一人一人に負わされているのだ。

私が会ったもっとも有能な日本のＰＲ専門家の話をしよう。彼らは電車に乗って箱根へ遠足にゆく小学生たちであった。私は、たまたまこの遠足電車に乗りあわせたが、この新日本の代表者たちは、まことに元気いっぱいでさわぎたて、電車が終点の箱根に着くまで車内をとびまわっていた。しかし、この日の天候は暑く、湿気がこもって、車内はきわめて不愉快な状態であった。おまけに私はハンケチを忘れていたので、ひどい汗をぬぐうこともできなかった。

するとこれを見ていた十歳ぐらいのヤングレディが、淑女のように私のところへやってきて彼女が顔をふくのに使っていたゾウキンのようなハンケチをさしだしたのである。私はこれで汗をぬぐった。東京へ帰ると、私はさっそく記事を書いたのである。

「あの子供たちと、今日の日本の子供たち全員が、大人になってどのような職業につこうとも、超友好的な国民になるにちがいない。彼らが封建思想を信じたり、超国家主義者のような過激主義者には絶対ならないだろう」

私は日本へ来てから三十年たった今日でも、どの国民を知るためにも、その国でその国の人々と親しく知り合わなければならないと信じている。このほかに道はないのだ。

〝李《り》ライン〟戦わずの記

1

太平洋戦争が終わってから、一九五二年（昭和二十七年）に韓国の一方的な宣言によってひかれた〝李《り》ライン〟ほど、日本で怒りをよび、多くの日本国民の日常生活に直接影響を与えた国際的紛争はなかった。

この〝李ライン〟と称される線は、現行の国際法と国際慣習を破って、日本と韓国の間によこたわる公海のうえにひかれ、このため約三万五千平方マイルの公海が日本の漁船に対して閉ざされたのである。この線は一点では本州の海岸から六十マイルを通り、また、日本領である対馬の沖合五マイルをかすめていた。

この水域は日本近海でもっとも豊かな漁場であり、戦前には秋の漁期になればつねに五百から六百隻の日本漁船が出漁していた。したがって韓国がこの漁場の周囲に一方的に〝線〟をひき、日本の漁船が立ち入るのを禁止すると、たちまち西本州と九州の漁民に深刻な打撃を加えることとなったのである。

ここで韓国が公海の自由の原則をジュウリンしたことに対する日本国民の憤激は、韓国のパトロール艇が日本漁船を捕獲し、乗組員を拘留しはじめるとさらに強まっていった。一九五三年(昭和二十八年)九月には捕獲件数は増加し、約四十隻の漁船が禁断の海において韓国〝海軍〟によって捕獲され、乗組員が〝逮捕〟された。このために日本漁船はこの豊かな漁場を捨てて、中国本土の沿岸水域に向かわなければならないようになったのである。

そこで、根拠のない〝李ライン〟のなかへ定期的に入る日本船は、海上保安庁の非武装の巡視船だけになった。この公海の自由の原則に対する横暴な挑戦は、日本全国にわたって国民の憤激を呼び、とくに門司をはじめ影響をこうむった漁港ではもっとも大きな話題となったのである。

私はさっそく注目を集めている〝李ライン〟に乗りこみ、これを報道することに決心した。私は日本政府と海上保安庁から許可を受けると、米国人のベテラン・カメラマンであるジーン・ゼニアー氏といっしょに門司へ向かった。ゼニアー氏は太平洋戦争中、ニミッツ提督が指揮する米軍艦隊に従軍して名をあげた〝エース〟報道写真家である。

私たちは門司へ着くと、すぐに当時〝李ライン〟哨戒《しょうかい》任務についていた日本の〝沿岸警備船〟のなかの一隻であった『はちじょう』に乗り込んだ。四百五十トンの『はちじょう』は、五日間にわたって〝李ライン〟のなかをパトロールするために出発するところであった。距離にすれば〝李ライン〟内を約千六百キロ航海するのである。

『はちじょう』の斎藤《さいとう》船長は、日本の海軍士官にふさわしく親切で、礼儀正しかった。彼は、自室を私たちに提供してくれたのである。『はちじょう』が岸壁を離れ、港を出ようとすると、港内に錨《いかり》をおろしていた他の海上保安庁の僚船のうえに乗組員が並んでいっせいに帽子をふり、「バンザイ」を唱えた。私はこの光景をみて、十六年前に輸送船で中国へ向けて神戸を出発した時のことを思い出していた。

ただ、今度は戦争はなかったし、『はちじょう』は、前甲板と後甲板に砲台があり、必要があればまたすぐに取りつけられるようになっていたが、武装をはずしていた。それにもかかわらず、船上には、いくらか緊張した空気が流れていた。日本の〝沿岸警備船〟は韓国側から禁断の海へはいってはならないと警告を受けていたので、門司へ再び帰るまでにどのようなことがおこるか、だれにも予測できなかったのである。

私の同僚は、〝衝突事件〟があったらその時にこそというわけでカメラの準備万端をととのえていた。

『はちじょう』が門司を出港したのは、午後である。その日のうちに、われわれはすでに〝李ライン〟に突入していた。韓国が一方的に宣言した専用の水域は、日本の沿岸にそれほど接近していたのである。

午前一時四十五分に私たちは斎藤船長によって起こされた。船長は部屋に明かりをつけると、韓国のフリゲート艦が右舷《うげん》に約三キロ離れて追尾してきており、国籍と船名を問い合わせてきたといった。

しかし、この時『はちじょう』の乗組員には何ら興奮の色がみられず、すべてが非現実的に、何かゲームのようにみえた。とはいえ、何か起こるかもしれないというので私たちは衣服を着替えて甲板にでて、映画カメラを位置にすえつけた。もし万一、韓国側が〝衝突事件〟を欲していた場合に、私たちは映画をとっておきたかったのである。

2

しかし、二時間たっても、韓国〝軍艦〟はまだ『はちじょう』を追跡しており、もう一度、国籍と船名を明らかにするように要求してきた。今や、夜明けが近づいており、日の出とともに韓国の〝軍艦〟から臨検隊が乗船してくるのが確実視されるようになった。私が目をこらして着弾距離内を航行するフリゲート艦の明かりをみつめている間に、刻々と時間が過ぎていった。

しかし、夜明け直前に〝敵〟は突然、コースを変え、視界から遠ざかり消えてしまった。われわれは広大な海のうえに取り残され、十五ノットの速度をもって、さらに問題の海へ深く突入していった。しかし、われわれは二度と韓国の〝海軍〟艦艇の姿を見かけなかったのである。

斎藤船長は韓国政府当局が〝李ライン〟宣言によって日本にひきおこされた緊張感を知っており、日本の漁船が近辺にいないかぎり、通常哨戒任務についている日本政府の公船との衝突を避けるように命令したにちがいないと推測した。しかし私は、『はちじょう』にカメラをもった二人の外国人特派員が乗り込んでいるという情報が東京のどこかで韓国代表部に〝漏れ〟てしまい、もし手をだしたら世界中に報道されることをソウルがおそれたのだろうと考えたのである。

だが、説明がどうであれ、その後、われわれは一隻の日本漁船も韓国の漁船もみかけず、〝李ライン〟のなかで自由に釣りを楽しみ、乗組員の写真をとり、きれいな海原《うなばら》の空気を胸一杯に吸いこんで過ごした。

日本へ帰投するまえに、『はちじょう』は対馬へ寄港した。ここで私たちはこの海域における海上保安庁の最高責任者に会って話をきいた。彼は〝李ライン〟について激昂《げっこう》していた。〝李ライン〟がこの地方の漁民から伝統的な漁場を奪ってしまったのだから、深刻な問題だったのである。

韓国が一方的に広大な公海を閉鎖し、この水域に合法的に入漁《にゅうりょう》する日本漁船を捕獲することは、現実をみれば、途方もなく深刻な問題だったのである。さらに、多くの日本漁船乗組員が、韓国の裁判所によって懲役刑を宣告されているという事実もあった。

韓国では李承晩《りしょうばん》大統領が内閣に対し、日本漁船の〝ライン〟内への〝浸透〟に対して、警戒をいっそう厳重にするように命じていた。そして、韓国の内務部は〝李ライン〟を防衛する特別任務にあたるために、韓国警察隊員からなる新しい〝沿岸警備隊〟を編成しつつあることを発表したのである。

これに対し、日本では有力な一派が日本漁船を守るために日本の〝ポケット海軍〟を〝李ライン〟に出動させるように要求していた。さらに、この紛争は分立していた各極右団体がお互いに連絡をとって統合される契機ともなったのである。彼らは「日本の名誉が傷つけられたのみならず、国家の安全が脅かされている」といって、「海賊的李ラインを打破せよ」というスローガンを掲げた。日本と韓国の両国において過激主義者は紛争を悪化させようとして狂奔《きようほん》していたのだった。

一方、日本の国民一般は、日本の正当な権利が侵犯されていることに対して、西方の主要諸国が韓国に圧力をかけ、国際法で認められた領海の外側で平和に活動している日本漁船が干渉されないようにすべきだと考えていた。

西方諸国がこのような行動をとらないことがわかると、自国の権利を主張し、保護する手段を日本自身が持つべきだという声が高まっていった。多くの日本人が次のように考えていたのだ。もし韓国が一方的に日本の沿岸から百キロ以内まで接近する〝李ライン〟を設定し、そのなかから日本漁船を追いだすことができるのなら、日本も韓国の沿岸から百キロ以内まで伸びる〝ヨシダ・ライン〟を引いて韓国の漁船を締めだしてもよいではないか。

しかし、日本政府は挑発をまえにして称賛されるべき自制心と忍耐力を発揮した。当時、政権を担当していた吉田茂首相は過激主義者の声を無視し、外務省へ日本の権利を守るために一歩もひかず、〝最善の努力〟をはらうように指示していたのである。

3

もちろん、一部の者はこのような自制心や、高い次元における政治的判断を嫌っていた。彼らはこの紛争が続けば危険な事態を招来《しょうらい》し、小さな事件ですら爆発をよぶことになると警告していたのである。

このなかには、国会議員であり、高名な帝国陸軍の戦略家であった辻政信《つじまさのぶ》氏があった。私が門司から東京へ帰ると、数日後に辻氏から〝李ライン〟について話したいという招きがあった。元大佐であった辻氏は、〝李ライン〟による漁船への干渉を実力をもって打破すべきであるという強硬論者の一人だったのである。

そのころ辻氏は、政府へ〝李ライン〟に入る〝沿岸警備船〟に同乗する許可を申請したが、断わられていた。報道されていたところによれば、辻氏は韓国〝海軍当局〟と会談することを計画していたというのである。彼は申請が拒否されると、日本は韓国の〝侮辱〟に対して、現在の海上自衛隊の前身である海上警備隊（はじめ海上保安庁のなかにあり、のち独立して海上自衛隊となる）のフリゲート艦や、砲艦を出動させて、〝李ライン〟内で演習を行なうべきだと主張していた。

私が〝李ライン〟のなかを見てきたので、この水域にゆく許可が得られなかった勇敢な元大佐は、私の感想を求めていた。そして、自分の意見を述べたいと伝えてきたのである。私は招待に感謝し、東京会館の一室で夜食をともにした。この卓越《たくえつ》しているが、いささか激昂しやすい戦略家は、魅力にあふれた招待主であり、優れた話術をもって弁舌をふるった。

しかし、私はすぐに彼が何を考えているかがわかった。要約すれば、彼は米国が日本のために韓国へ圧力をかけるべきであるにもかかわらず、何ら行動していないという事実は、韓国が〝李ライン〟を設定するのを決定するのにあたってワシントンが参加しており、米国は日韓の間でマキャベリ的［権謀術数《けんぼうじゅつすう》］な役割を演じているというのである。彼が米国を日本とその旧植民地の間の紛争にまきこもうとするのに対して、私はこういった。

「私はここで米国が韓国の行動の正当性を承認することを一貫して拒否していることを強調したいと思います。したがって韓国はその一方的な決定を相手国があまりにも弱い場合と、主要諸国が――ここでは米国ですが――韓国〝海軍〟の行動を容認する場合にのみ、押しとおすことができます。しかし、在日米軍当局は〝李ライン〟が宣言されて以来、深く事態について憂慮してきました。米国が韓国の決定にあずかっているとか、これを事前に知っていたと考えることは、まったくナンセンスであるとしかいえません」

1948年８月15日、大韓民国の建国式に参加するマッカーサー（左）。
右は、初代大統領の李承晩

私は、さらにつけ加えた。「さらに両国とも米国の調停を求めてはいません。したがって、米国を問題からはずして、直接関係している両国についてのみ話をしましょう」

辻氏は、ここで紛争水域において日本と韓国の警備船が衝突する可能性について尋ねた。私はこの質問を予期していた。

「現在、日本の〝沿岸警備船〟は韓国の武装した警備船に対し、敵対行動をとろうとしてはいけません。また、だれも責任ある者は敵対行動をとるべきだとすすめるべきではありません。しかし、情勢は一般に認められているように大きな危険をはらんでいます。このために、私は日本と韓国の間にできるだけ早急に政治的解決がもたらされるべきだと考えます。日本が国際法の原則を掲げ続けるかぎり、その立場は絶対に強固なものであるでしょう」

4

そしてもっとも近い隣国である両国の将来の友好関係のために、たいへん幸福なことに、事態は私が話したように進展した。東京では過激論が排斥され、ソウルでは妥協精神が芽生え、高まっていった。これが戦前の満州問題や中国問題のようであったら、日本と韓国の間の和解は永久に望みえなかったであろうが、ハッピー・エンドに到達しようとしており、過去の歴史が生んだ反目《はんもく》は消えつつあるのだ。

この喜ばしい大団円をもたらしたもっとも大きな功績は、「韓国の海軍など沈めてしまえ」式の無責任で、危険な声に耳をかさなかった日本の政治家たちと、日本の巡視船の乗組員にあるのである。紛争水域のうえで勤務したこれらの乗組員たちは、自制心と微笑と高い士気をもってあの困難な任務にあたったのであった。

これらの任務に従軍していた係官たちと会って、私は日本の〝軍隊〟が戦前と比べてまったく変わったのを強く印象づけられた。私は海上保安庁の係官と門司、対馬におかれた司令部で、また、〝李ライン〟哨戒任務についていた巡視船のうえで知り合った。

そして、これらの日本の新しい防衛者たちは、帝国陸海軍の伝統をくみ、誇り高い精神を引き継いでいたが、私が戦前、約三十年前に満州国や中国で知っていた将兵とは、まったく異なっていたのである。彼らは、戦前の将兵に劣らず有能で献身的であったが、また民主的であり、さらに自分たちが国民から離れた存在であるとは考えず、その一部であるという意識に満ちていた。

すでに、日本の軍隊の増強は、ゆっくりとではあったが、着実に進められていった。私が〝李ライン〟を訪れた時には、海上警備隊の人員は七千八百人であった。しかし、十年後に海上自衛隊は三万二千人の将兵と十二万八千トンの艦船を擁《よう》するようになった。そして、新しい陸軍と空軍を合わせれば、二十万人を越える勢力となるのである。

私はこれらの軍隊を視察する多くの機会をもったが、この新しい軍隊は戦前の軍隊のすぐれた素質を受け継ぎながら、軍国主義的な教条によってもたらされていた悪い性格が取り去られているように思われた。防衛庁の高官は、私に次のように語ったが、それは正しい意見だったろう。

「今日まで築きあげられた成果によって、日本国民は自衛隊がだれのために存在しているか理解するようになりました」

私は海外諸国が日本にこのような大きな変化がもたらされたことを理解するとよいと望んでいる。この変化は、静かに、そしてあまり脚光を浴びることもなかったが、国民の願望と意思によってもたらされたのだった。私はいつも自衛隊の演習を見学したり、兵舎を訪問したり、兵士といっしょに食事したり、司令官に会ったりするのを楽しみにしてきた。さらに、私はある時には、将校の一団と愛国心の意味について討論したのである！　私は日本の新しい空軍部隊をみるために、浜松《はままつ》をはじめとする各基地へ行った。また、『はちじょう』の船上では一週間近く〝李ライン〟を航行し、寝食をともにしたのである。

このようにして、私は他の外国人よりはいくらかよく、戦前の軍隊と今日の将兵を知るようになったが、両者を比べてみて、ひとつの結論をもっている。それは、戦前の日本軍は国民から隔絶された職業的なエリートから成っていたが、今日では、陸、海、空軍の将兵はみな市民兵だということだ。これこそ、私がはじめて日本の土を踏んでからこの国に起こったもっとも重要な、そして健全な変化の一つなのである。

〝新〟日本軍の内容

1

戦後、一九五〇年（昭和二十五年）に朝鮮戦争がはじまった直後、「日本の平和と秩序を守るために創設された新しい軍隊」ほど、この国で論争をよんだものは他にわずかしか例がなかろう。

新しい軍隊は〝警察予備隊〟という名前を与えられて誕生した。そして、一九五二年（昭和二十七年）に日本が独立を回復すると、陸上の〝保安隊〟と海上の〝警備隊〟に改編され、さらに二年後には〝自衛隊〟に二度、改名された。この年には、三番目に誕生した〝航空自衛隊〟が加えられたのである。

当初、この〝軍隊誕生〟に対する国民の反応は、たとえ再軍備が最小限の規模をもって行なわれ、政府によって厳しく監督されていても、この問題について冷淡であるか、ないしは疑惑の目をもってながめる、といったものだった。

多くの日本人は、一九五二年に生まれた〝ホアンタイ〟が、戦車や百五十五ミリ砲や二百ミリ砲をはじめとする米軍兵器をもって装備されていたうえ、階級章にいたるまで米軍にそっくりな制服を着ていたので、〝イミテーション軍隊〟とよんだのである。実際のところ、新しい日本将兵は十五メートルも離れると、米軍と区別できなかったのである。

これに対して、極右主義者や一部の旧軍人は、民主的な軍隊などはいかなるものであろうとも役にたたないと断定していた。また一方では、一部の政治家をはじめとする人々が、新しい軍隊は、〝戦争遂行力〟があるから、新憲法にある〝戦争放棄〟条項に違反するとして反対の声をあげた。

さらに、日本国民は過去の軍国主義時代を思い起こさせるものをすべて嫌悪しており、限定された再軍備に対してさえ、意識的に、あるいは無意識に強く反発するということを、当時の防衛庁の幹部でさえ認めていたのだ。やはりこのころ、日本の新聞はある若い女性の婚約者が新しい軍隊にはいったので、彼女は結婚を拒否したという話を報道していた。兵隊と結婚するのはイヤだというのである！　一言にしていえば、一九五〇年代にはこの国の人々は制服に対してアレルギー症を呈していたのである。

私は戦前の帝国陸軍を平時、戦時において知っていた。かつて満州国北部の荒涼たる山岳地帯で中国人ゲリラと、また、中国北部と中部で中国正規軍と戦う日本軍部隊に従軍したことがあるのである。そこで、私は当然この日本の新しい防衛者たちに興味をもったのである。私は一九五〇年（昭和二十五年）に〝警察予備隊〟が発足すると、さっそく久里浜《くりはま》におかれた新しい軍隊の〝訓練所〟を見学に行った。

かつて日本軍の施設だった久里浜のキャンプは、行ってみると、どこの国の陸軍の訓練所ともかわりがなかった。訓練を受けていた若い〝警察予備隊員〟たちは、たくましく、熱意に溢れていたが、同時に慎《つつし》み深かった。ただ、キャンプにはきわめて有能な米陸軍顧問たちがおり、また隊員たちと話してみると、日本の戦後の軍隊が戦前の陸軍と比べて精神的な面で大きなへだたりがあることに、私は強い印象を受けたのである。隊員たちからは、だれ一人として日本の「神聖な使命」や「歴史的使命」といったような言葉は発せられなかった。久里浜で会った青年たちは、自分たちが他の日本国民とまったく異なっていないと考えていたのである。

そして、彼らは自ら自由意志をもって入隊し、熱心に与えられた職務をつとめようとしていた。もし、彼らが郵便局、鉄道に、あるいはトラックの運転手、会社の事務員として勤めても、同じように熱心に働いたことだろう。隊員たちは、除隊して郷里の村や町へ帰る時に役立つ職業訓練が受けられることに関心をもっていたのである。さらに彼らは、自分たちが警察官であり、兵隊ではない、とくりかえし主張した。

私は、この後に地方に旅行した時に〝警察予備隊員〟たちをみかけたが、なるほど真の民主主義者のように、街頭で女の子に口笛を吹いたのである。戦前の日本では、このような光景はまったく考えられなかったのだ。久里浜で私が若い隊員たちに東アジアで帝国陸軍に従軍したことがあると話すと、彼らはなにかボンヤリと聞いたことがある神秘的な団体について話されているような顔をしたものだ。

もっとも、これは隊員の大多数が太平洋戦争が始まった時には十歳前後の年齢であったことからも、当然であった。彼らは一般国民と同じように平和を愛好していた。いってみれば、当時の日本では左翼の〝活動家〟のほうがはるかに戦闘的だったのである。

とにかく、七万五千人の兵力をもってこの新しい〝軍隊〟は発足したが、自衛のために再び軍備をもつことに対する日本人の一般的態度は、まだ、街でささやかれていた次のような言葉をもって表わすことができた。

「この間は、将軍たちのためにひどい目にあった。しかし、また軍隊をもとうとするなら、将軍がいなければならないだろう。だから軍隊には反対だ」

いっぽう、私が当時会った一部の旧陸軍高級将校たちは、こういう陸軍の再建が進められていることに反対していた。米軍の影響化に再軍備が行なわれるかぎり、日本の新しい軍隊は〝傭兵《ようへい》〟となるから、というのである。さらに、穏健な人々の間でも、もし軍備が復活されれば、新しい軍隊は出発の瞬間から偏《かたよ》った思想的立場をとらされるので〝中立〟が望みえなくなり、外国を〝絶対的友好国〟と〝絶対的敵性国〟に分けてしまうことになる、と広く考えられていたのだった。

したがって旧職業軍人たちが望んでいたのは、要約すれば百パーセント日本によってつく

1952年10月15日、創設を記念してパレードする保安隊。
銀座の晴海通りから昭和通りを左折するところ

られ、海外から何らの影響もうけない完全な日本陸軍だったのであり、また当時、日本国民の大多数は〝警察予備隊〟と呼ばれようが〝防衛隊〟であろうが、〝平和維持隊〟であろうが、軍隊をもちたくないようにみえた。これらの三つの婉曲《えんきょく》な呼び名は、独立回復直後の一カ月に国会における政府答弁のなかでてきたものである。

2

しかし、このような状況のもとに、日本の新しい軍隊の育成は、ゆっくりと行なわれ、拡充は着々と進められていった。一九五三年（昭和二十八年）になると、新陸軍は部隊単位で比較した場合に、旧陸軍よりも三倍の機動力と五倍の火力をもっている、と推定されるようになった。

一九五六年（昭和三十一年）三月には、新しい陸海空三軍の将校のなかで旧軍出身者の占める比率は、陸軍で三十五・四パーセント、海軍では特殊技能を要求される関係上、八十五・一パーセント、空軍で五十八・六パーセントとなっていた。これに対して下士官や、兵卒における統計は発表されなかったが、これは彼らの大多数が十八歳から二十六歳の間であることから、比率があまりにも小さかったからであろう。

しかし防衛庁は、新しい軍隊のなかで旧超愛国者分子が勢力をえるようなことがないように、将校として旧軍人を採用する時には厳重に審査していると言明したのである。そして、この年には四人の幕僚長のうち、海軍のみが旧帝国軍将校であった。もっとも、当時〝海軍〟の将官についていえば、タマゴのような日本〝艦隊〟には、約四十人の現役の提督がいたが、肝心の〝軍艦〟のほうは、二隻の駆逐艦と小さな艦艇《かんてい》群からなっていたのである！

私はこのころ、日本の二つの重要な軍事基地を訪問した。東京の練馬《ねりま》におかれた陸上部隊施設と、浜松にある航空自衛隊の訓練基地である。

浜松基地は戦前にも主要な軍用飛行場の一つであったが、一九五六年にはこの国の再建された空軍最大の基地となっていた。二千四百メートルの滑走路は、大陸間ジェット爆撃機を除いてあらゆる種類の軍用機が発着でき、約四千人の訓練生が居住してあらゆる教育を受けていた。航空機整備についてだけでも十七種の教程があったし、通信、レーダー、武装、写真偵察、天候、航空管制、航空射撃法、空中写真自動現像処理をはじめとする多くの教科があった。基地には米空軍将兵の一団が顧問として滞在していたが、教官は全員、日本軍人であった。

練馬の兵舎には、東京〝守備隊〟である〝第一師団〟が駐屯していたが、私は将兵の規律が正しく、高い能率をもって作業していることに感銘した。あらゆる者が与えられた任務を、もっとも能率的に遂行しようと努力していたのだった。私はこの兵舎の空気をみて、日本人がいささかも軍事的才能を失っていないことを知ったのである。

ただこの時、私を案内していた将校が、誇らしげにキャンプの〝PX〟へ連れていってくれ、ここでは市価よりも約二十パーセント安く商品が買えると説明してくれた。ここで私はかつて帝国陸軍で登録されていた従軍記者として、日本陸軍のPXパスをもらえないものか尋ねてみたのである。すると、案内の将校はこの申し出にかなりあわてた様子で、ただちに上官の意見を求めにいった。しばらくすると大佐が姿を現わし、残念ながら日本軍のPXパスは、たとえ中国戦争の〝古参兵〟であろうともガイジンには発行することができないといって丁重に詫《わ》びたのであった。

浜松空軍基地では、訓練の水準はきわめて高いものであると、米軍顧問たちが絶賛していた。パイロットの場合では十六カ月間の訓練を受け、このうちジェット機操縦教育に三カ月半がついやされたが、〝及第率〟は七十五パーセントから九十五パーセントであった。米軍顧問たちは、とくに過去十二カ月間に航空自衛隊がわずか四機しか事故で失われなかったことを指摘したのである。

基地に配属されていた将校の五十パーセントと下士官の二十パーセントが、旧軍の出身者であった。兵士たちは戦後の世代に属していたが、平均年齢は十九歳と二十歳の間であり、九十九パーセントが独身者であった。将兵たちは義務として定められた徴兵期間なしに、自分から志願して入隊して、いつでも一定期間内に予告すれば〝辞職〟することができたが、辞《や》めてゆく者は少なかったといわれたし、士気はきわめて高いように見受けられたのである。

私は空軍将兵と話したが、彼らの唯一の苦情は、浜松市民の一部に基地を復活させたことに対して反対があるということだった。このような反応はこの国におかれた米軍基地の周辺でしばしばみられるものであるが、かならずしも米軍の駐屯に反対しているのではなく、この心理の一部には制服一般を排斥する気持ちが存在するのである。

しかし、当時、日本軍の軍事施設へのこのような地域的な反対が、志願者の数を減らすことはなかった。一九五五年（昭和三十年）には募兵が二回行なわれたが、第一回目には募集定員が二万四千四百人のところを十二万六千九百六十二人が志願して競争率が五・二倍となり、第二回目には一万二千五百人のところを七万五千百六十四人が志願して六・〇一倍となったのである。

3

一九六〇年（昭和三十五年）には、自衛隊は国家警察予備隊として誕生してから十周年を迎えた。そして、ゆっくりとではあったが、着実に強化されつつあったのである。しかし、拡充の重点は組織の改善と、装備の近代化におかれており、兵力は増加しなかった。

この年の一月に、陸軍兵力は十七万千五百人を数えたが、これは現在の英国の陸軍兵力とほぼ等しく、一九三一年（昭和六年）の満州〝事変〟まえの日本陸軍の常備兵力より少ないというものであった。海軍のタマゴである海上自衛隊は三万人の将兵と十一万六千トンの艦艇からなり、空軍は三万六千六百人の兵力と千百機の各種航空機からなっていた。

新しい軍隊では士気の高揚と、一般国民との関係の緊密化に大きな努力が払われてきた。私はかつて、当時、防衛庁長官であった江崎真澄《えさきますみ》氏から防衛庁が作製した規律書を見せてもらったことがある。江崎氏は規律書が、民主主義に基礎をおく「不動の愛国心」の育成、心体の鍛練《たんれん》とともに、「規律心と自尊心の向上」と、「一人一人の隊員が社会の一員として自己の完成に努めること」を目標としていると説明してくれた。

一九六四年（昭和三十九年）は、自衛のために限定された再軍備が始められてから十四年目にあたったが、陸軍の定員は十七万千五百人とまったく変わらず、海軍の保有艦艇が二百十一隻に増え、空軍は千百三十機からなっていた。国防費は一九六二年（昭和三十七年）に千九百九十四億円であったのが、一九六五年（昭和四十年）には三千十四億三千万円に増加した。しかし、国防費が国家予算に占める割合はまったく変わらず、八パーセントをわずかに上まわるだけであって、世界の主要国のなかではもっとも低いものなのである。

防衛庁――今に国防省に昇格されるだろう――と日本国民は、今日、二つの重要な面で成しとげられた大きな進歩について称賛されるべきである。

第一点は、国防機構のなかで文官の優先を保障した制度に対して、今日、国民の信頼感が増大しており、軍服を着た政治家が再び台頭するのを防いだことである。現行の国防機構では統合幕僚会議《とうごうばくりょう》の議長と三軍の幕僚長は、内閣と国会に対して責任を負う文官である防衛庁長官、政務次官、事務次官の下にあり、さらに彼らを通じて指揮する総理大臣と内閣の監督下におかれているのだ。

第二点は、再軍備の目的と規模に対する初期の段階における疑惑をめぐるものである。新しい軍隊が誕生すると、与党であった保守党の「青年にふたたび銃をとらせよう」という決断は、国民の多くから猜疑《さいぎ》の目をもって迎えられたのである。しかし、再軍備が進むにつれて、自民党がだれよりも国防費が増大するのを望んでいないことがわかるようになり、このような疑惑も弱められていった。

このような事実は、今年防衛庁によって提出された二つの法案が国会で成立しなかった時にも証明された。一つは海上自衛隊の定員を五百九十八人、空軍の定員を九百人増加させようとするものであったが、これが次期国会まで見送られたのである。このためにF一〇四迎《げい》撃《げき》戦闘機隊を二個中隊新設し、一九六五年中に就役する数隻の駆逐艦の乗組員の訓練に関する防衛庁の計画が遅らされることになったのだ。これは現在の日本の為政者たちがことさら軍備の増強に熱心になっていないことを示しているのである。

現在のジエイタイの任務は、防衛庁によって次のように規定されている。

「日本に対する直接、あるいは間接的侵略を防ぎ、国民の安定した生活と愛国心のうえに効果的な防衛力を確立し、国連の行動を支持することによって国際間の協調を促進し、世界平和へ寄与することにある」

この字句に、私はもう一行つけ加えたいと思う。近年、自衛隊の存在を容認する者が——なかには渋々している者も多いかもしれないが——着実に増えているかげには、台風や、水害をはじめとする緊急時に、市民や地方当局に対して部隊が迅速に与えている救援作業が大きな役割を果たしているということである。おそらく、ジエイタイのよいイメージは、一九五九年（昭和三十四年）九月の伊勢湾《いせわん》台風の直後に被災地域で行なった救援活動からつくられはじめたのではなかろうか。

私は新しい軍隊が一九五〇年（昭和二十五年）に七万五千人の規模をもって発足し、今日にいたるまで拡充されてきたのをみてきたが、日本は世界でもっとも民主的な軍隊の一つをつくりあげることに成功したといえる。もっとも、新しい軍隊もいくつかの面では旧帝国陸軍から引き継いだ特徴がみられる。規律の面でいささか厳格すぎるし、号令を怒鳴《どな》りたてるし、また、少なくとも西方世界から来た者には、兵士が上官に対して卑屈な態度をとっているように映るのである。

しかし、時代は大きく変わった。今日の軍隊はかつてのように洗脳された兵士から成っておらずに、〝市民兵〟によって構成されているのである。兵士や、水兵や、航空兵は一定の勤務期間の範囲内で志願して入隊し、もしこの間になにか家族的な緊急な必要が起こればいつでも除隊することができる。私がかつて知っていた日本軍からは、何と変わったことであろうか。

〝もう一つの日本〟からの報告

1

戦後の民主的な、開放的な日本にはもはや何も〝秘密〟がなくなった、といったら誤っていよう。新聞特派員たちは、そういう言葉にだまされるほどバカではない。もちろん、今日の日本に軍事秘密地帯はなくなった。しかし、このかわりに唇を固く閉ざした工業家たちと、猜疑心に満ちた官僚たちがいるのである。

私は九年ほどまえ、一九五六年（昭和三十一年）に、この国の工業生産高の四十パーセント近くをつくりだしている零細企業と家内工業の実態を見ようと思いたった時に、この〝壁〟と戦わなければならなかった。

この調査のために地方にでかけることにしたが、戦争が終わってから十一年目の当時、新聞は日本が〝ジンム・ブーム〟にはいったことを報じていた。しかし、この旅行は、私が戦前、この国と帝国領内で行なったどの旅行にもおとらないほど、多くのことを私に教えてくれたのである。

私は調査地域として、新潟県と山形県を選んだ。それは次の四つの理由である。まず、この二つの県は特に封建的な地域として知られていた。第二に、この地方には洋食器、刃物類、道具類、プラスチック製品、家具といったような商品をつくっている〝家庭工場〟が集まっている地域社会が多く存在していた。さらに第三に、そういう労働者の大多数が組織されていなかった。そして、第四にこの二つの県には日本の典型的な大企業と零細企業が同居していたのである。

私はこの旅行にでかけることによって、一九四七年（昭和二十二年）に占領軍の指令によってつくられ、日本の労働者の〝マグナ・カルタ〟となった労働基準法がどこまで実施されているかを、この目でたしかめることができたのである。当時、労働省は、この法律が新日本における〝模範的〟な労働条件を示すものとして、自慢していたのであった。

この労働法は、労働時間、時間外労働、安全基準、衛生、防火基準、婦人・少年の雇用について最低条件を定めていた。まず第一条は、労働条件が労働者の人間としての必要を満たすものでなければならないとうたっているのである。

これに対して、日本の経営者の諸団体は、この労働法の規定があまりにも〝進歩的〟であって、人口過剰であり、資源に乏しい日本では非現実的であるといって、その改定を主張していた。当時の日本では〝模範的〟な労働条件よりも、まず仕事にありつくことが大切であり、悪質な雇用主も倒産させるよりは〝説得〟し、〝教育〟すべきだというのである。とにかく、何がどうであれ、経営者にとっては生産価格を切りつめることがもっとも優先すべきことだったのである。

したがって、当時、私が調べたところでは、労働基準法は家族単位で行なわれていた家内工業には適用されていなかったし、また、従業員百人以下の中企業でも規定はほとんど無視されており、違反事項は何万件とあっただろうが、これを改善しようという真剣な努力はまったくといってよいほど行なわれていなかった。そして、家族単位の〝家庭工場〟は新潟県だけで約四千あったし、新潟と山形両県における工業の九十九パーセントが従業員百人以下の中企業と〝家庭工場〟によって構成されていたのである。

これらの中小企業では、法律によって八時間労働が規定されていたにもかかわらず、ほとんどの従業員は生活できるだけの給料を稼《かせ》ぐために毎日九時間から十時間就労しなければならなかった。〝家庭工場〟労働者の場合には、もっと長く働かなければならなかったのである。そして賃金があまりにも低かったので、一カ月二十五日間汗にまみれたとしても、多くの者は一日五百円にしかならなかった。

したがって多くの場合には妻も働かなければならなかったが、彼女たちの労賃は、東京の女性がとる半分、一日百五十円ぐらいだったのである。このために母親が夜遅くならなければ家に帰れず、学校が終わっても子供の面倒をみる者がないという児童問題も生んでいたのであった。

新潟県には、この年に工業として合計して約二万九千の大小の企業があったが、労働基準監督署には四十七人の監督官しかいなかった。六百の工場に対して一人といってもよかろう。「したがって労働基準法の対象となる工場は、原則的に三年に一回検査されることになりますが、もっとも特に問題のある工場にはもっと頻繁《ひんぱん》に足を運びます」と、新潟県の労基署次長であった水野健治氏が話してくれた。「一九五五年（昭和三十年）中には、われわれは一万六千三百七十四件の違反行為を摘発しました。これは平均すれば一回の検査あたり三・五件になります。といっても、このうちほとんどがたいした違反ではありませんでした」

この年に労働省の一部門である労基署は新潟で十二件について告訴し、このうち六件について当時すでに判決が下っていたが、それはみな三千円から五千円の罰金刑だったのである。

ある穏健な労働組合幹部は、現状を次のように描写してくれた。

「大企業と中企業は一般的にいって、労働基準法を守ろうと努めています。しかし、小企業や零細企業は生存するためにはこれを破らなければなりません。政府も現実を承知していますが、人々から仕事を奪うことになるので何もできません。労働者についていえば、大企業にいる者はこの法律があることを知っていますが、小さな工場で働いているほとんどの者は法律が存在していることも知っていないでしょう」

私がこの旅行中に会った役人の言葉をこれにつけ加えよう。「一般的に労働組合に対して強い反感がみられますが、とくに中小企業主の間では激しい敵意がありますよ」。このような状況は東京においてみられる状態や、日本の新聞紙上に報じられている経済発展とは、大きなへだたりがあったのである。

2

しかし、一方では全労に加盟している労働組合の幹部が、賃金や労働条件がしだいに改善されるだろうと述べていたし、現地で会ったある役人は、戦前からみれば「大幅な進歩をとげた」といった。この労組幹部は、「日本は貿易を拡大するために努力しており、時の流れとともに経営者は労働者をもっとよく待遇しなければならなくなるでしょう」と語った。

しかし、それはともかく、私が会った多くの現地の役人の新聞記者に対する態度は、東京をはじめとする主要都市からはたいへんに大きなへだたりがあった。

私は新潟市に着くと、すぐに親切な日本人記者から警告をうけたのである。「ここの人々はあなたがきたときいて、けっこう神経質になっていますよ。気をつけたほうがいいですよ」

事実、燕《つばめ》市の近くにあった工場の経営者は、工場を見学するように私を招待してくれていたのに、撤回してしまった。私が聞いた説明では「彼はあなたが新潟の労働者を扇動して労働組合を結成させるためにきたということを小耳《こみみ》にはさんだ」というのであった。

新潟労働基準監督署の水野氏は、私を微笑をもって迎え、労働省から私がくることを知らされたといったが、「私は外国人であろうと日本人であろうと新聞記者へ何らの情報も提供する権限をもっていません」といった。労基署のいっさいの活動は秘密であるというのである。私は外務省によって取材活動の便宜のために発行されている記者証をとりだして彼にみせたが、まったく表情をかえなかった。

やりとりがあった後、とうとう私は当時の外務大臣であった重光葵氏へ抗議するために電話をすると告げた。すると、水野氏はついに「できるだけ答えるように努力する」と約束したのである。これを契機にして、われわれの会話はやや円滑化したが、それでも水野氏はしばしば部下と額《ひたい》を集めて、特定な質問に答えてよいものかどうか会議しなければならなかったのである。

この後、この旅行で私が山形県の鶴岡《つるおか》市へ行った時は、ここの労基署の署長は山形市の上役へ電話をかけて指示をあおいでから、いっさい質問に答えることを拒否した。「労働省からいかなる情報も外国人へ提供してはならないとの指令がでていますから」と、彼はいったのである。

私は長い間、日本で記者生活を送ってきたが、政府官吏が一般的な非軍事情報の提供を公然と拒否したのはこの時がはじめての例であった。もっとも、一部の民間会社において私がうけた冷ややかな扱いについては「この人たちは労働組合幹部に対して礼儀正しい態度をとる者をすべて共産主義者だと考えてますよ」という言葉で説明されたが、おそらくこの説明はあまり的《まと》をはずれていなかったのだろう。

従業員が五十人に満たない裏町の工場は、新潟県のいたるところにあった。燕、三条《さんじょう》、加茂《かも》のような町では、ほとんど木と紙の家の二軒に一軒は〝工場〟であった。そして、これらの家庭企業の大部分は労働基準法の枠外にあったのである。そのうえ、これらの町では経営者が団結しているのに労働者の大多数が組織されていなかったので、雇用主と使用人の関係はまだ封建的なものであった。この地方には日本の第二の産業革命の波はまだ到達しておらず、戦前の社会様式からほとんど変わっていないといえたのである。

3

当時、私がこの新潟県と山形県を訪れた時に、工場労働者のもっとも高い月給は一万六千五百円であった。これは近代的ガラス工場における完全に組織化された男性労働者であった。もっとも低い月給は、新潟の小さなガラス工場で働いていた女性労働者のものであり、四千五百円であったから、生活するためには〝時間外〟手当を必要としたのである。

また、燕の小さな工場でプラスチックのコップや、スプーン、おもちゃをつくっていた十代の女子工員に支払われていた一日八時間で百円という賃金も、最低のなかにはいった。

したがって二つの県にいた二十万人の工場労働者の大多数はこの二つの線の間の賃金をとっていたのである。一九五六年（昭和三十一年）には両県の工場労働者の平均賃金は月に男性で一万一千円から一万二千円、女性で七千円から八千円であった。もっとも、男女ともほとんどの者が毎日お決まりの〝時間外労働〟を行なっていたので、実際に受け取る月収はこれよりもいくらか高くなっていたのである。また〝家庭工業〟の場合では、家族四人が一日十時間から十五時間働いて月に二万円から四万円になった。

この地方でも、労働賃金は各工場間でほぼ一定していたが、ある工場主はこれについてこう説明してくれた。「もしある工場がもっと払ったとしたら、激しい競争が起こり、労働者はよいほうへ行ってしまいます」

さらに、私は新潟の新聞記者からもっと詳しい解説を聞くことができた。「新潟県はまだ封建色にとざされているので、古い労使関係がそのまま残っています」と彼は語った。「ほとんどの労働者は、労働基準法が存在していることすら知りません。彼らに労働法について教えるまでには、まだ時間がかかるでしょう。現在の封建的人間関係と家内工業制度は、人々を無知のままにしておきます。経営者にとって労働者を労働基準法の枠外においておくことは、さほどむずかしいことではありません」

当時、労働者がおかれていた状態を説明する実例をあげよう。燕市のある中程度の工場は毎月、一万五千ダースの洋食器と刃物を生産し、米国とカナダへ輸出していたが、一日九時間労働の報酬として男性労働者は一万二千円、女性労働者は、八千円の月給をもらっていた。

また、燕市は全市をあげて洋食器と刃物を生産し、これらの大半が輸出に向けられていたが、三百人の従業員がいるもっとも大きな工場から約一千軒の〝家庭工場〟まであって、これらの〝家庭工場〟では全家族が「四六時中《しろくじちゆう》」働いていたのである。

さらにある〝家庭工場〟では五人の工員を雇っていたが、一日八時間について三百五十円と時間外一時間について四十円払っていた。こうしてここの工員たちは、毎日約二時間の定期的〝時間外〟労働をしていたのである。いっぽう、工場主は一カ月十二万円から十三万円の収入があったが、このなかから従業員へ給料を支払った後に、機械を買うために親工場から借りている資金を毎月返却しなければならなかったのである。また、この工場の前には、機械が一台だけすえられた〝工場〟があり、ヤスリを作っていたが、持ち主の稼ぎは月に二万円ということだった。

燕市の総生産量の七十パーセントから八十パーセントが輸出されていたが、これは当時、金額では月額三億円で、この総生産高の約十五パーセントが〝家庭工場〟によってつくられていたのだ。しかし、労働者の組織率は、二パーセントにしかならなかったのである。私は経営者団体の役員に会った時に、この点をきいてみた。「ここには労働争議などないですよ。私たちは労働組合などに興味はありません」と、彼はいった。

新潟の隣県である山形県の鶴岡では、八万五千人の市民のうち約五千人が工場で働いていた。おもな製品は絹織物とバドミントンのラケットであったが、このうち半分は家内工業によって生産されていた。

絹織物工場では工員の大部分が女性であり、ここでも月給は最高八千円から新入工員の三千円までにわかれており、男性は約一万円しか支払われていなかった。ラケット工場でも月給は平均して男が一万円、女が七千円という状態であって、例によって毎日一時間の〝時間外労働〟があったが、このほかに年二回少額のボーナスをもらった。この都市では毎月五万五千本のラケットが生産されていたが、その九十パーセントが米国へ輸出されていたのである。

労働者の境遇はこのようなものであったが、しかし経営者も、そして少なからぬ数の労働者も、「必要が先」であるとして現状を弁護したのである。そうしなければ仕事が失われ、社会不安が起こるというのだった。両県では、中企業でさえほとんどわずかな運転資金しか持っていなかったのだ。三条市で私が訪れた工具工場では三十二人の工員を雇っていたが、労働者一人当たりの生産高は四万円であり、平均給与は一万二千円であった。経営者は従業員の給与のほかに原料を購入し、このほかの経費を払うとわずかな利潤しか残らなかったのである。

給与水準を引き上げようとすることは、日本から輸出する時の価格が海外における小売価格にくらべてあまりにも低かったので、さらにむずかしくなった。燕で一本二十五円で買われて輸出されるスプーンやフォークは、バイヤー、問屋、小売商の手をへると、米国における小売価格は十倍になることさえあったのである。バドミントンのラケットについていえば、四十二セントで輸出されると、米国では小売商がこれを三ドルで売っていたのだ。

新潟市のガラス工場の労働組合の指導者であったイムラ・ギタロウ氏は、両県における工場労働者の賃金体系について、次のように私に語った。「安くても何もないよりいいですよ。生きなきゃ始まらないですからね」。当時、この地方では週給にすれば、平均して男が三千円、女が二千円とっていたのだった。

4

こういう状態は、当時賃金水準が低いといわれていた日本のなかでも、さらに低賃金ということができたが、物語はこれだけではなかった。労働条件は多くの場合、他の面においても悪かったのである。もっとも、これらの悪環境はもし雇用主がいくらかでも公民道徳意識をもっており、役人に熱意さえあれば、もっと簡単に改善しえただろう。

中企業でさえ、多くの工場は労働基準法に規定された安全措置をとっていなかったし、家内工業では労働者は危険な状態におかれていた。たしかに大工場では安全措置は優良であるか、適切なものであった。しかし、私がみた中小工場の大部分の状態は、中世紀的なものであるとしか描写できなかったのである。

床下は平坦でなかったし、ベルトは保護されていなかった。研摩機械の火花は飛ぶにまかせられており、女子や青年は金属粉からまったくの保護なしに働いていたのである。あるガラス工場では、炉や機械が小さな建物に雑居し、労働者は炉から溶けたガラスを鋳型台《いがた》へ運ぶのに、軽業《かるわざ》のように身をかわしながら行き来しなければならなかった。さらに、〝家庭工場〟では、工員は動いているベルトの下を日に何度も潜《くぐ》って通らなければならなかったのである。燕のある〝家庭工場〟では、五台の研摩機械が四メートル四方ほどの部屋におかれていたうえに、なんら安全措置がとられていなかったのだ。

私は旅行から帰ってくると、次のような結論にたっした。それは、日本政府は中企業の工場の大部分で労働基準法が不完全にしか適用されておらず、小企業ではまったく無視されていることを十分に承知していたということである。

これはあのころ、まだ貧しかった日本では嘆かわしいものの、国民の茶ワンをいっぱいにするためには必要であったのだろう。しかし、それにしてもこの現実を粉飾することは許されぬはずだった。当時、日本の工場の大部分を支配していた労働〝基準〟は、生活しうる賃金を稼ぐためにどれだけ人間が働かねばならないかという点によって決定された。労働者は家族のコメや必要品を買うために〝時間外労働〟を要求し、経営者にとってもこれが必要な状態だったのである。

私はこのように〝もう一つの日本〟で過ごした三週間についてしるしたが、けっして忘れられたほうがよいことを不必要にひきずりだしたのでも、だれを非難しようとしているのでもない。これは、一つには一九五六年に新潟県と山形県に存在した状態が、戦後の日本の物語に重要な一章となるからである。そしてこの章は、この国が今日の〝経済的奇跡〟を行なうについて、何と早く工業水準において進歩し、二十一世紀へ向かって発展しつつあるかを示しているからである。

変わらなかった日本人

1

占領時代にマッカーサー元帥を囲んでいた熱心な改革主義者たちは、いろいろな〝新しい神話〟をひろめた。このなかの一つに、日本国民の思考方法が、よい忠告とキャンデーを与えることによって根本から変わった、というのがある。

しかし、これは現実に起こったこととはいささか違っている。たしかに、戦後、専制政治と画一主義のカセから解放された日本国民は新しい国家を建設し、新しい生活様式を求める事業に精力的に協力した。彼らは忠実にマッカーサー風な世界に適応したものの、同時に新しく生まれた国家を好んでいたのである。そして平和が回復されてから三年以内に、日本におけるあらゆるものが変わった。しかし、たった一つだけ変わらなかったものがある。それは、日本人なのである。

私は、とくにこの基本的な、重要な事実を強調しなければならないと考えている。過去二十年間にわたって、どのようにして九千万人の日本人が一九四五年（昭和二十年）八月十五日に、日本内外において、一夜にして突然民主主義に染めなおされ、西方世界の崇拝者になったかということについて、これまであまりにも多くのナンセンスが書かれ続けてきた。しかし、このようなことは、まったく起こらなかったのである。

私は戦前戦後を通じて三つの日本を、よく知ってきた。まず、戦前の統制国家を。戦争が終わって、荒廃し、慰《なぐさ》めのなかった日本。そして、活力が満ち、自信溢れた今日の日本である。私の意見では、日本国民はこの三つの波乱にとんだ時代を通じて、たった一つの重要な面を除けば、今日でも戦前と基本的に同じ国民であると思う。

たった一つというのは、日本人の社会生活のことで、これは大きく変わった。現在の日本国民は軍国主義と戦争に対してアレルギー症にかかっており、そのどちらもまったく望んでいないこと、また戦前では一般の市民は、まったく意見を求められなかったので、国家の進路について影響力をもたず、ちょうど暴走するバスの乗客に似ていたが、今日、日本国民は国家の政策と自らの生活様式を決定する権利を獲得し、彼らが望む日本をつくりだしてきたのである。

彼らがつくりだした日本はうるさく、雑然として、落ち着きがないが、あらゆる基本的な自由と人権が保障され、解放された、気ままな国である。この国では新聞や、雑誌や、放送はなんら抑圧されることなく自由であり、労働運動は活発である。そして政治家は健全な世論の監視のもとに活動しなければならないのだ。

たしかに、〝新〟日本を論じる時に重要なことは、〝新〟日本が日本人自身によってつくられたということである。占領軍によって行なわれた改革のうち、日本人によって適当と判断されたものは残された。が、一方では日本人の考えにそわなかったものは改められるか、廃棄されているのだ。〝われら日本国民〟は、自らの思考と希望にもとづいて、この国をつくりだしたのである。

もちろん、あらゆる人間の他の創造物のように、この国も完全であるというにはほど遠いが、好むと好まざるとにかかわらず、日本国民の過半数の願望を反映しているのだ。そして日本は、過去五、六年の間に、もしヤマト民族が自立して進めばどのような成果がおさめられるかを、世界にしめしたのである。

まだ、これから成しとげられなければならない多くのものが前途にあることはいうまでもない。日本はいまだに恵みの少ない国であり、戦後二十年の今日、多くの人々が耐乏生活を強《し》いられている。そして、これから生まれる緊張は、社会を複雑化している。多くの改革が望まれているが、紙の上でしか存在していないし、まだ、その段階までもいっていないものが多い。新旧の生活様式の間の葛藤《かっとう》や、世代間での対立はまだ解決されていない。〝偉大な日本の社会〟を築くまでには、まだ道は遠いのである。

しかし、二つのもっとも大きな問題は、すでに克服されているのだ。第一は日本の人口が一億人に近づこうとしているのに、平和な産業活動によって深刻な失業問題が起こることもなく発展をつづけているということ。第二は、この国の最高権力が国民の選挙によって選ばれた代表の手のなかにあるということである。もし、私が日本に初めてきた三十年前に、向こう三十年以内に日本にこのような二つの改革がもたらされるだろうという者があったとしたら、気がふれたと思われたに違いない。

ただし、別の面における進歩はかならずしも順調とはいえなかったし、改革はいくつかの新しい社会問題を生んだ。若い世代が無分別に外国の習慣――思わしくないものも含めて――を真似《まね》し、批判に出会うと〝非民主的〟だといってはねつける傾向は、古い世代によって新しい社会を慨嘆《がいたん》させるタネとなった。古い世代はこの社会の〝ニュー・ルック〟が民主主義であるというなら、この制度の長所が誇大に説かれていたのだと考えるようになったのである。

政治面をみれば、エン（円）の力と派閥制度がいまだに大きな役割を果たしている。しかし、そうであるからといって驚くにはあたらない。日本では政治は七十五年まえに第一回の議会が開かれてから、ずっとこのような形態をとりつづけてきたのである。

私はこういう問題について一九五二年（昭和二十七年）に、故鳩山一郎氏と話したことを思いだす。当時、鳩山氏は、静岡県韮山《にらやま》の旅館で療養につとめていた。日本の独立回復の日が近づきつつあり、戦後自由党を創立した直後に追放されたこの政治指導者は、日本の政治について、次のように語った。

「日本国民は〝民主主義〟や〝自由主義〟という言葉の意味を知りません。〝共産主義〟が何を意味するかも知ってません。日本国民は集団保障の意味さえわかっていませんよ。国民はただ民主憲法をマッカーサー元帥によって与えられ、命令されているのです。〝さあ、これをあげよう。この枠のなかで君らの政治をやるんだ〟とね。もうすぐ生まれようとしている独立日本に課されたもっとも大きな仕事は、民主主義の長所と共産主義の欠陥について国民を教育することです。今日の世界が二つの勢力によって分割されているのは事実です。それなのに今日の日本では、米国かソ連を攻撃する演説をすれば、多くの者から喝采《かっさい》をうけます。私は日本がいったん民主主義と自由主義の道を歩もうと決意した以上、今後の歴代の首相の役割はわが国の進路と利益が西方世界とともにあることを国民へ説得することにあると信じています」

2

〝新《ニュー・ジャパン》〟日本についてもっとも大きな関心をひいたのは、日本社会における婦人の新しい地位と影響力である。海外における日本女性のイメージは長い間、マダム・バタフライと初代の米国領事であったタウンゼント・ハリスの欲望に身をまかせたオキチの悲劇によって象徴されてきた。そして、海外では今日でも、日本のオハナさんたち［遊女や芸妓《げいこ》など］をロマンチックな目でみている者が多いのである。百科事典『エンサイクロペディア・ブリタニカ』で、日本女性の項目を引いてみよう。

「おそらく日本女性ほど美しい性格をもっている人間は、他にいないだろう。彼女たちはまったく自己を主張しない。非常に謙虚で、優雅である……ただ知性に溢れているだけではなく、知性が利己心によって曇《くも》らされることがない。苦悩の時には忍耐強く、不幸にあっても屈することがない……」

こういう日本の女性も、やはりマッカーサー元帥の命令によって解放された。少なくとも、紙の上ではこういえたのである。しかし事実はいつもながらもっと複雑である。多くの西方のライターによって書かれたキマリ文句のように一言にしていってしまうと、誤解を生みやすいのだ。

日本女性の解放は、マッカーサー元帥が厚木に降りる約五十年まえから進められつつあったといえるが、広く宣伝された〝占領軍総司令官の命令により〟行なわれた解放は、ついに女性に法のうえで男性と平等な地位を保障し、投票権と政治における発言権を与えたのであった。しかし、解放されたとはいうものの、日本が男性の国であるという事実は、まだ変わっていない。日本が独立を回復したころには、婦人指導者たちは終戦直後のバラ色の時期に獲得した議席をまもろうと懸命に戦っていたのである。

こういう状態は、女性が紙のうえで獲得した新しい一連の権利とくらべれば、規模からいっても内容からいっても現実はそれに及ばないものであったが、それまで男性によって完全に支配されていた日本では、小さな社会革命ではあったのだ。しかし、一九六五年（昭和四十年）には国会における婦人代議士数は、第一回総選挙後の三十九人から七名に減ってしまったのである。

もっとも、かなり大きな進歩がもたらされたことは事実である。かつてこの国で女性として生まれるほど不幸なことはないといわれたのがもし真実だったとしても、今日ではあてはまらないのである。とはいうものの、大学をでた女性でも資格にふさわしい職場をえることはむずかしいという現実もある。男性はいまだに女性の上司から命令されることを嫌悪《けんお》するだろう。賃金も男女間では開きがあり、一九六三年（昭和三十八年）では同じ仕事に対して女性の給与は男性の半分以下であった。

しかし、この年には大きな変化が起こったのである。日本で初めて、自宅で働いている女性よりも、工場や事務所に勤務している女性の数のほうが多くなったのだ。そして、この年には日本の全賃金労働者の三分の一が、女性となったのである。しかしそれでも、女性の解放が成しとげられていないことは、専門的な知識を必要とする職業や、管理職についている女性がきわめて少ないことでもわかるし、大学を卒業した女性の大多数は、速記者かお茶《ティー》を運ぶ仕事にしかつけないのである。

これについては、私は自分の体験から語ることができる。私は一九四六年（昭和二十一年）

以来、六、七人の才能豊かな若い女性が米国へ留学するのを援助してきたが、彼女らは日本へ帰ってくると、きまって満足に就職できないことに失望するのである。この結果、私は日本では大学出の女性が求められていないのだと結論したのである。

日本のほとんどの経営者にとって女性にふさわしい場所は、次のａｂｃｄｅに限られているのである。ａは器用な指先を必要とする工場のアセンブリー・ラインだ。ｂは事務所でお茶《ティー》を入れ、男性職員の使い走りである。ｃは畑にでて、農作物を育て、かりとる手伝いをすることだ。ｄはナイト・クラブやバーで、疲れた実業家を慰安することである。そして、最後のｅは家庭であり、家族の世話や育児にあたることである。

このような状態は、一九四五年（昭和二十年）に、新しいよりよい時代の夜明けを高らかに宣言した者が企画し、また、戦後女性解放を強力に推進しようと努力した日本の婦人たちが望んでいたようなものではあるまい。しかしこれは、この国が西方の制度や習慣――洋服、作法、娯楽――を輸入しながら、自らは本質的に変わることなく吸収してしまうという日本特有の才能の好例なのである。

しかし、現在まで〝改革〟とまではいかないことは認めても、男女とも戦前の日本の抑圧された窮屈な空気と画一的な社会から解放され、あらゆる面で大きな進歩がもたらされているとはいえるだろう。

3

だがたとえ、〝インスタント・デモクラシー〟の初期において表明された多くの希望が消えさってしまったとしても、社会様式は根底から変えられたといっていいだろう。

離婚によってもはや社会的に深傷《ふかで》を負うことはない。貴族や、旧ザイバツ一族の名が納税者の上位にのることはない。このかわりに映画スターや、スリラー作家、流行歌手、漫画家といった職業を含む民主的なエン（円）の長者たちが登場したのである。有名人と報道陣を集めた豪華な結婚披露宴は、もはや社会的地位を示すものではなく、金力と売名のためでもある。閣僚の息子であろうが、野球選手であろうが、プロ・レスラーであろうが、もはや区別されない。有名な男優や、女優や、芸能人の結婚は新聞のヘッドライン・ニュースであり、つねに大きすぎる披露宴と記者会見が行なわれるのである。

政治的には、日本は戦後ずっと事実上の一党政治をもって、可能なかぎり困難な提案を棚上《たなあ》げしながらなんとか運よく今日までやってきた。

そして現在、日本がかかえている国内問題のなかでもっとも社会的な動揺をまねきやすい二つの問題の討議と決断の時が迫っている。ひとつは戦後の新しい憲法を改定すべきかどうかという問題であり、もうひとつは新しい日米安全保障条約を改めていかに交渉すべきかという決断である。これは現行の条約が一九七〇年（昭和四十五年）を期限としているので、一九六八年（昭和四十三年）ごろから起こるだろう。

同時に日本国民は戦後の日本が直面しているもっとも大きな政治的クエスチョン・マークに対して答えをださなければならない。

この国の政権が永久に与党のなかで抗争する保守主義者の派閥の間でたらいまわしにされ、〝革新〟左翼政党が永久に野党として苦しみ続けるのだろうか？

それとも、真の二大政党政治を育て、保守党も社会主義政党も民主理念と議会における討議の手続きを尊重するようになるだろうか？

遅かれ早かれ、真剣に政党政治の形態について再検討しなければならない時がくるのである。

しかしそれでも、明日への展望は、明るいといえる。一九四七年（昭和二十二年）にマッカーサー元帥は東京で外国人記者へ次のように語っている。

「民主主義は世界各地で花を咲かせているが、この島々にも深く根をおろしている。私は民主主義がこの国に定着し、将来もこの土地を去らないことを心から信じ、断言できます」

今日までの日本における発展は、この予言が正しいことを示している。新日本について、人々のもっとも深い関心をよぶのは、この国と国民が一九四五年（昭和二十年）に世界の歴史のうえでどの国も行なったことはない実験に乗りだし、成功したことである。

それは一億人に近づこうとしている人口を、米国カリフォルニア州より小さな国土にかかえながら、平和的な産業によって文化的な生活水準を維持していることだ。日本の国土は約十七パーセントしか耕地に適さず、残りは山と岩と森に覆《おお》われているのである。そして、実験を始めてから二十年以内に日本は政治的にも経済的にも、アジアのもっとも大きな〝プラス〟となったのである。日本は巨大な工業力を持ち、国民平均所得は西方世界を除けばもっとも高く、国民総生産の成長率はいかなる国よりも大きいのだ。

このようにして「遠く、小さく、狭い」列島は、人口過剰でひしめきあい、さらに工業文明に必要な原料をほとんど産出せず、科学の進歩がかつての日本の主要輸出商品であった絹を旧式化してしまったにもかかわらず、この国の友人たちが戦前の暗い時代に海外の悲観論者へ「いや、日本をみくびってはいけない」といっていたのが正しかったことを証明したのである！

私は数年前にロンドンで、英国国営放送（ＢＢＣ）から、〝新《ニュー・ジャパン》〟日本がどのくらい新しいか数回にわけて放送してほしいと依頼された。この番組は国内、海外ともに放送されたが、私はいっしょに生活してきた日本国民について、最終回を次のような言葉でしめくくった。

「今日、日本の善良な平均的市民は、どこについて〝親《プロ》〟でも〝反《アンチ》〟でもない。彼らはプロ・ジャパニーズなのである。日本人は小さな島国に住み、あまり旅行しないので、態度や感情が狭くなりがちであり、また、侮辱に対してきわめて怒りやすい。しかし、日本人は同時に世界でもっとも丁寧な国民であって、愛国的な熱情に駆られた時にのみ政府の政策をめぐって個人を攻撃する。このために日本の一部で強い反米運動が起こったと伝えられたにもかかわらず、私はこの間、日本で米国人が一人として個人的に不愉快な目にあったという話を聞かなかったのである。反対に、日本の各地を日本人の同伴者なく旅行している外国人が、日本人からうけた親切の多くの例を聞かされたのだった」

「日本人は国家的利益について過敏であるかもしれないが、彼らは自由世界に対する責任を考慮し、その枠のなかで判断して行動している。そして、この枠内で政策を決定するについて、西方世界にある彼らの友人の理解を期待するばかりでなく、必要としているのである」

「これはまったく健全なことである。もし日本が西方の民主主義盟約の信頼しうる友国となり、アジアにおける東西の懸け橋となるとすれば、この国が自らの手で決定をくだし、自らの意志によって進路を定めなければならないだろう。新しい日本が将来へ向かって栄えるとすれば、日本国民自身が創造した国でなければならないのだ。もし、外部から新しい思考や行動様式を強要しようとすれば、おそらくかつての寂しい状態をよびもどすことになってしまうだろう。あの体制のもとでは、日本人自身が犠牲者であったのである」

もちろん、今日の日本は、私が三十年まえに知っていた国からは大きく変わっている。しかし、新日本がどのくらい〝新しいか〟とたずねられたとしたら、こう答えよう。もし、一般に信じられていることが正しいなら、日本は今年一九六五年で二千六百二十五年も古い国なのだ。そして、〝新しい面〟についていえば、日本人はだれの許しを得ることもなく、自らの道を選べるようになったのである。これこそ、他のあらゆる改革を可能にした、実に、すばらしいことなのである。

安保デモの危険な少数派

1

一九六〇年（昭和三十五年）五月十九日深夜から翌日早朝にかけて国会のなかで起こった暴行と混乱にひきつづき、国会の周囲で暴動が起こった。この暴動は二・二六事件以来、日本の法秩序に対するもっとも大きな挑戦ということができたが、私は、多くの日本人や、外国人記者の同僚たちとともに駆けまわって、暴動をこの目で見た。これはまた、平時にいて日本の首都が体験したもっとも不安な瞬間の一つだったのである。

私はこの間、自由にデモ隊や警官の人垣《ひとがき》の間を歩き、政府高官や、治安当局者とも話をした。そして、三つの事実を教えられたのである。

まず第一は、〝反乱〟はただ極左の組織勢力だけによるものではなく、マルクス主義者でも、職業的な〝反対主義者〟でもない多くの市民の熱心な支持をえていたということだ。この〝反乱〟には、岸信介《きしのぶすけ》首相が日米安全保障条約の改定についての議会における討議を強引に中途で打ち切ったうえ、新条約の批准《ひじゅん》を強行採決したことに対して怒った多くの市民が加わっていたのである。

第二に、警察官たちは状況が険悪きわまるものであり、デモ隊から強い挑発を受けたにもかかわらず、高く称賛されるべき自制力を発揮した。

第三点は、街頭を支配した怒りの嵐について、もっとも深く憂慮すべき面であった。それは反岸《きし》を叫ぶデモ隊がみせた整然たる規律である。これはデモ隊が事前に慎重に準備された計画に従って行動しており、背後に指令をだしている者がいて、命令が軍隊式の的確さをもって従われていることを示していたのである。この点こそは、少なからぬ人々の恐怖心をよびおこした。彼らはまだ、感情にかられ、統制を失った暴徒をみたほうが安心しただろう。軍国主義者たちが放逐《ほうちく》された現代の日本では、民主社会に対して脅威を与えうる唯一の組織力は左翼の〝活動家〟たちであるからである。

あの危険に満ちた夏の暴動や、デモは、けっして反米、または他の動機にかられたいわゆる暴徒によって起こされたものではなかった。デモ隊は整然と組織され、つねに統制を失わなかった。そして街頭を行進していた参加者たちは、なぜデモをしているか、また、司令がどこからきているか、よく知っていたのである。これは、私が自分の目でみたことだ。

そして、安保条約を阻止しようとする騒乱が終わり、政治的安定が回復した後に一つの教訓が残されたと思う。それは、極左勢力が十万人のデモ隊を動員し、これを自由に操縦することができたのだから、もし将来もう一度こういうデモを組織しようとすれば、できないことはないということである。

岸政権と安保条約に反対して街頭でスローガンを叫び、ジグザグとスネーク・ダンスをするデモ隊の行動がきびしく統制されていた証拠は多くあげられる。まず、デモ隊が警官隊と衝突した激しい乱闘の現場に、外国人記者やカメラマンがいあわせても、デモ隊から襲われることはまったくなかったということだ。

また、私は一度、ゼンガクレンの学生たちが国会構内に突入する直前に命令が伝えられるのを目撃したことがある。この時、学生たちは議事堂めがけて進んだが、誰一人として低い鉄柵《てっさく》を越えようとはしなかったのだ。低い柵の背後にはあまり警官隊が配置されていなかったのに、学生たちは警官が六列になって待機していた門に向かって殺到し、これを突破しようと試みたのである。そして結局、厚い警官の線は破れず、頭や手足を負傷した学生たちは後退した。この学生の攻撃が整然と指揮されていたのは、あきらかであった。学生たちはよく組織され、組織のなかで高い規律を保っていることを示していたのである。

当時、ゼンガクレンは「世界でもっとも極左の団体」とよばれていたが、諸派に分裂していた。しかし、学生たちはどの派に属していたにせよ、つねに外国人記者に対して礼儀正しかったし、質問によろこんで答え、さらにすすんでいろいろな情報を教えてくれた。学生たちのデモをみていた外国人は、彼らに罵《ののし》られることはまったくなかったし、なにも恐れることはなかった。そのうえ、学生たちはデモを終えるまえに外国人がいれば、よろこんでスネーク・ダンスをしてみせてくれた。当時、外国人観光客たちはスネーク・ダンスを新しい名物だと考えており、帰国したら隣人に自慢できるものの一つだとして珍しがっていたのである。

一言にしていえば、一部では学生たちを〝暴徒〟だと考えていたが、もしそうであったとしても、これは世界でもっとも規律正しい、愛嬌《あいきょう》のある暴徒だったろう。もっとも、このような説には、彼らに悩まされた警官たちは賛成しまい。

とにかく、岸首相と安保条約に対する騒動は、最後の段階では、これまで共産党によっておこされたいかなる騒乱よりも、はるかに大きな意義をもつにいたった。太平洋戦争が終わって以来、これほど多くの日本国民の間に、これほど高い政治意識を芽生えさせたことはなかったのである。反条約、反岸運動には、共産主義者でも、共産主義の同調者でもない幅広い、多くの団体や市民が参加し、熱心に活動したのだった。

2

ところで、事態をあれほど大規模な対決をもたらすまで悪化させてしまい、少数の決意の固い親共分子《しんきょうぶんし》の術策《じゅつさく》に陥《おちい》り、極左指導者が運動を支配するにまかせたおもな責任は誰にあったのだろうか?

私は当時、打電した記事のなかで責任を五つに分けたのである。まず岸内閣が、すでに多くの国民の政治的な激情が危険なまでに高まった最後の時間まで、新聞、ラジオ、テレビその他の手段をもって国民に新しい条約の必要性について説明する努力を怠《おこた》った。これが第一の責任である。

つぎにこの国の一部の報道機関が、選挙によって、国権の最高機関となっている議会を威《い》嚇《かく》することを目的とした院外のいわゆる〝大衆行動〟を、消極的であったにせよ容認したことである。

第三に、この国のインテリの一部に存在していた思考態度と軟弱な道徳的基準が責められなければならない。彼らは議会制度が危機にひんしていたことに気付かなかったのである。

第四の責任は、財界、実業界にある。財界や実業界は、国家の安定に対する脅威がつのりつつあったにもかかわらず、これを明確に非難することや、あの危機を乗り切るために必要であった国民の団結心を高めようとする努力を怠ったのであった。

そして第五に、責任ある立場にあったはずである多くの政治指導者や、国会議員が、国民の長期的な利益をかえりみず、政治情勢や、騒乱を利用しようとして機会主義《オポチュニズム》に溺《おぼ》れたことである。

日本が安定し、信頼しうる国だというそれまで海外でいだかれていた日本のイメージは、この〝暴動〟で、いちじるしく傷つけられたが、これは主として日本の政治機構におけるこのような弱点が生んだものであった。そして、日本の民主主義は、反対派を容認しない少数派、しかもよく組織された少数派による大きな脅威に直面していたのである。

私はまた別の記事のなかで、次のように書いた。「事態を正しい目でながめようとするならば、岸政府が衆議院の四百六十七議席のうち二百八十六議席を代表していることを忘れてはならない。野党である社会党は都市生活者の一部からなる少数派しか代表していないし、共産党に投票する者はほぼ千人当たり一人しかいない。そしてもっとも騒ぎたて、大部分のニュースをつくっている労働組合員や、学生たちは、彼ら自身しか代表していないのだ」「ほんとうの日本——何千万人という保守的な伝統主義者、農民、漁民、中小企業主や従業員たち——は、主として傍観者でしかなかった。彼らこそ日本の政治的バックボーンであり、日本の政治様式を決定するのである。さらに活動的なデモ隊をみても、主力となっているのは青年たちである。東京の街路を行進している者の大多数は、三十歳以下にみえた。多くの年長の労組員は、デモ隊の列によって車を止められた時に私に話しかけてきた中年のタクシー運転手と同じような意見をもっているのかもしれない。彼は〝こんなことやったって、よくはなりませんよ〟といったのだった。それでも、年長の熟練した労働者が多いデモ隊も見かけることはある。ただしそういう場合、彼らは主として岸氏個人に反対するために行進しているようにみえるのだ。反米主義はデモが日を重ねるにつれて強まっていくようにみえたが、それでも、いまだに指導者、共産主義者、学生、また中立を要求するインテリの間にとどめられている。そして、もっとも職業的な〝反対主義者〟でさえ、もし明日総選挙が行なわれるとしたら、与党である自由民主党がかなり楽に過半数を獲得して政権をふたたび担当する、というのである」

実際に、その年の十月に池田勇人《いけだはやと》首相が国会を解散すると、このとおりになったのである。

東京の市民の大部分の態度は、この騒動を迷惑なものとしてみているようにみえた。デモ行進や、乱闘騒ぎはしばしば夕方のラッシュ・アワーの交通を停滞させ、夕食のために家路を急ぐ市民の帰宅時間を遅らせたからである。

私は日比谷《ひびや》や、国会周辺や、新宿で道行く人々をとめてインタビューしたが、東京の何百万人の市民は、国会の門を倒したり、首相官邸に乱入したり、岸氏の枕もとの窓の下でスローガンを叫び続けて彼を一晩中起こしておくことには、まったく興味をもっていないようだった。それよりも彼らは、会社で忙しい一日を終えて家路につく時に、交通が停滞することを望んではいなかったのである。

3

この政治的混乱は新聞や、雑誌、テレビ、ラジオのうえで激しい論争をひきおこした。そして、このうちいくつかは、もし英国で同じような事態が起こったら、英国議会がどうするだろうかという疑問をもちだしていた。

そこで、私はもし〝世界の議会の母〟とよばれる英国の下院が、一九六〇年（昭和三十五年）五月十九日に清瀬《きよせ》一郎《いちろう》衆議院議長と過半数を占める自由民主党がおかれたのと同じ状況に直面したら、どうするだろうか調べてみたのである。その日、議事堂のなかでは収拾のつかない混乱が起こり、議事を停止し、改定された日米安全保障条約の批准を阻止しようとする野党の暴力行為によって議長が議長室に監禁されたのであった。

私が第一に発見した日本と英国の議会手続きの大きな違いは、議長が警官を院内によびいれる権限をめぐるものであった。

日本では議長が警官隊をよびいれたことに対して社会党がこれを強く非難したが、英国であったらこのようなことは起こらなかったのである。警官は英国の議会が開催されるウエストミンスター宮殿のなかを、つねに巡回している。もっとも、いかなる場合にも下院の本会議場のなかにはいることは許されていない。しかし、もし通常配置されている警官だけでは扱いきれないような混乱が発生したとすれば、警官の指揮者が秩序を保つという任務において、議長にも、首相にも、だれの裁可《さいか》をえることもなく、自らの判断で応援をよぶ権限を与えられているのである。

したがって、もし議長が議長室に監禁されるか、野党が会議場にはいろうとする与党議員をすわり込み戦術をもって阻《はば》もうとしたならば、警官は一般任務の一部として野党議員を排除してしまうだろう。さらにこのような議員に対しては、議事の進行を阻止し、あるいは議会にふさわしくないふるまいをしたというかどで動議が提出され、適当だと思われる一定期間登院《とういん》を禁止されるのである。このような登院停止は、長い場合には会期いっぱいにわたることもある。

一九六〇年（昭和三十五年）に日本の国会の周辺でくりかえされた大衆デモが英国議会のまわりで行なわれたら、どうなるだろうか？　やはり英国でも同様に公共秩序の維持に関する一般法のもとで、混乱を避けるために警官隊が出動するだろう。しかし、もし英国でデモ隊が、当時多くの日本の学生たちがふるまったように行動し、警官が公務の執行にあたるのを妨害したとすれば、たちまち逮捕されて、拘留されることになろう。

しかしここで、あの五月二十日早朝に岸首相が衆議院における新安保条約についての討議を打ちきった直後に、事前に野党に通告することなく条約批准を一方的に本会議で強行採決したことを考えてみよう。この場合では、おそらく英国の政治評論家たちは社会党の言い分が正当であると認めただろう。もし、英国政府が同じような状況に直面したとすれば、岸氏が突然審議を打ち切ったように討議を終わらせ、自らギロチンの綱《つな》をひくようなことは絶対にしないはずである。慎重に、もっと十分な時間を討議にかけたはずである。

もっとも、こういうと、ではいったいどのくらい時間をかければ〝十分〟であるといえるかという問題が起こってくるであろう。新日米安全保障条約には、衆議院での審議に通算すれば百七時間がついやされたが、政府はあきらかに野党が条約についてもちだした疑問に答えるのには十分であったと考えたのであった。ところが社会党は批准の採決が行なわれるまえに、条約についてもっと討議されるべきだと主張していたのである。

このような状況のもとでは、英国下院であったなら審議の一方的な打ち切りは大部分の議員によっていまわしいことだと考えられ、少数派の願望にそうためにもっと時間がかけられることになるだろう。そして、論争は議会の壁のなかのみにとどめられ、議事手続きをふんで慎重に行なわれたはずである。これこそ、一九六〇年（昭和三十五年）に東京で起こった騒動が残したもっとも大きな問題点なのである。

もし、この国で起こったような騒動が発生しようとしたら、あるいは街頭で暴力に訴えようとして、労働組合員や学生がホワイトホール（ロンドンの官庁街）で、スネーク・ダンスをくりひろげ、またはダウニング街十番地（首相官邸）に首相を監禁しようと試みたら、警官は他の無秩序な集会とまったく区別することなく、ただちに解散させてしまうだろう。公共の安寧と秩序を守ることは、警察の任務なのである。

さらに、もしこのような〝大衆行動〟を奨励するような議員がいたとしたら、彼は同僚によって懲罰され、当分は登院することができなくなるだろう。

そこで、要約していえば、もし英国のように議事が進められていたとしたら、岸氏が国会でさらに混乱が起きるのを避けるために、五月二十日の早朝に詭計《きけい》をもって条約を強行採決する必要はなかったのである。警官は一般的な任務の一部として、あのような混乱を防ぐことができたのである。そして、議会における審議は静かに、秩序正しい雰囲気《ふんいき》のなかで、問題点が十分に審議され、全員が満足して投票が行なわれるまで続けられただろう。

したがって、結論としていえば、条約を衆議院で強行採決した岸首相の戦術も、それを阻止しようとした野党の戦術も、非民主的であったのである。

4

デモ隊の足音と怒号《どごう》が消えさり、池田首相がいわゆる〝低姿勢〟政策によって高まっていた国内の政治的感情をしずめるのに成功すると、日本は反省と再考の時期を迎えた。そして国民の大多数が〝感情による支配〟よりは、秩序ある民主政治を行なうことが正しい道であると自覚するようになったのである。

このような政治方式こそ、世界の主要工業国にふさわしいものであるのだ。さらに日本は、日本が信頼できる民主主義国家であり、国民と選挙された代表の意思と法律によって治められていることを世界に示さなければならなかったのである。

国会周辺の騒乱が、海外において日本への不信感を生んだことは、まことに残念なことであり、また、忘れてはならないことでもある。もちろん、東京に駐在していた外国人記者たちは、デモ隊がたんに自分たちだけの不満をはらしており、国民の三分の二が平然としていつもと変わりなく日常生活を送っていることを、よく知っていた。しかし、海外の多くの新聞のヘッドラインは、日本が現実よりはるかに大きな危機に見舞われていることを叫んでいたのである。

あきらかにデモに参加した人々は、彼らの行き過ぎた行動が、日本と西方世界の絆にどのような影響を与えることになろうか考えていなかったのである。しかし現実は、日本は西方世界との絆によって繁栄していることを示しているのである。この絆がなかったとしたら、日本はまだ経済的に困窮《こんきゅう》し、経済的に自立しようと戦っていたことだろう。

私は〝危機〟がさり、東京が静けさをとり戻してから、しめくくるように次のような記事を書いた。

「政治的には日本は三つのグループから構成されている。左右の過激主義者が小さな二つのグループをつくっており、政治的混乱の瞬間を利用して国家の主導権を握ろうと狙っている。これに対して、暴力と混乱に反対し、議会政治を強化し、確立しようとねがっている有権者の圧倒的大多数からなるグループがある。たしかに左右の狂言的な〝両端〟は街頭で騒乱をおこすことによって新聞の大見出しをつくるが、実際に日本の進路を決定するのは選挙の時にしか声がきかれない穏健な国民大衆である。もちろん、街頭でデモをする習慣は一夜のうちではなおらないだろう。しかし、日本における議会制度は、大きな脅威にさらされてから、さらに強化され、国民の熱心な支持は増大したのである」

二年後の一九六二年（昭和三十七年）十月に、池田首相は私の質問に答えて、彼が首相に就任する直前に終わったあの騒動について、次のように語った。

「私が首相になった時に、わが国の精神状態がどんなものだったか、ご存じでしょう。そして、あれからどれだけ事態が改善されたか、よくご存じだと思います。国内における激しい対決は、いちじるしく緩和されました。今日の日本では、安定感が増大しています。そして、私は日本国民がこのような進歩をよろこんでいると信じています。外交、国内問題とも平静です。私の低姿勢政策は成功しました」

戦後の〝愛国心〟を訪ねて

1

私は初めてこの国へきてから今日まで、政府の方針や、閣僚、政治家、軍幹部、民間有力者の見解だけにとどまらず、社会のあらゆる層の日本人の意見を知ることを仕事としてきた。

一年ほどまえであるが、私は典型的な日本人の生活態度と価値観念を知るために、数週間をついやしてあらゆる職業と年齢の日本人に会って話をきいたことがある。この私の〝一人世論調査〟の対象は高級官僚、大学総長、評論家から、主婦、労働者、学生までにわたったが、私はとくに民主時代に育った新しい世代の意見を知りたいと思っていたのである。

この結果、私は現在の日本人がどのような考えを持っているかについて、外国人の間にいだかれている通念の大部分が誤っていることを発見したが、これは驚くにはあたらなかった。戦前、海外における日本のイメージもこうだったのである。

たとえば、占領時代に日本人がマッカーサー元帥を神だと思い、米国人が永久に日本にいてくれるとよいとねがっていたというような通説である。もっとも、このようなイメージはあの時代に占領軍総司令部を取りまいていた熱心な改革主義者たちが好んでひろめたものであった。

しかし、事実は、日本人のほとんどが自分のほんとうの意見や希望を、占領軍命令がたっすることのできない心の奥深く隠し、占領が一日も早く終わり、独立を回復し、自尊心をとり戻したいと願っていたのである。日本について初歩的な知識をもっていれば、だれでもこのくらいのことはわかっているべきであった。

ところで、日本人の考え方について今日、ひろく信じられている通説のなかには、戦後の新しい世代が愛国心や、国家、民族への誇りを失ったという見方がある。また、日本の社会全体が物質的な欲望だけにみたされ、伝統的な価値体系を放棄したといわれている。

だが、このような見方も誤っているのだ。今日でも青年たちは戦前と同じように愛国的な歌をうたうが、ただ、上から命ぜられるから歌うのではなく、歌いたくなった時に歌うのである。たしかに今日では愛国心に訴えるような発言や、愛国主義的な催し物は少なくなった。

これは、内外ともにさし迫った脅威がなく、国家が安定し、個人個人が充足した生活を送っているという日本の幸運な状態を反映しているのである。日本国民は自分たちの国の将来について憂える必要がないという贅沢《ぜいたく》を楽しむことができるのである。発展しつつある経済と拡大しつつある繁栄は、国民へ物質的な充実を与え、余暇を楽しむ時間がふえているのである。この国はつい近年まで、ごくわずかな人々を除いて国民の大多数がきびしい耐乏《たいぼう》生活を送っていたが、はじめて豊かな生活への希望をもつことができるようになったのである。

要約すれば、日本は軍国主義の圧迫と、巨大な軍事費の重荷と画一主義から解放されて、自由な生活を享楽《きようらく》しているのだ。これは、戦時中、物資が不足して苦しい生活を送った西ヨーロッパの人々が平和を楽しんでいるのと同じことなのである。

このうえで、私は世論の動向をよく知っている日本人をたずね、このような結論に同意してくれるかどうかを、質問してみた。私はこの調査を行なっているうちに、三十年まえと比べて一つの大きな変化がおこったことを教えられたのである。それは、愛国心が明治生まれの世代のみに限られ、放棄されてしまったどころか、今日でも若い世代によって熱心に討論され、真剣に考えられているということだ。愛国心という言葉は古びた響きをもっていようが、けっして無視されてなどいないのだ。

反対に、愛国心は戦前よりももっと幅広い市民の層によって、もっと深い認識をもって議論されているのである。私がこの国へきた時にはこのような自由は許されていなかったし、もし、このような主題について議論したとしたら、たちまち検束されてしまっただろう。さらに今日では愛国心の表現が個人的なものとなり、個人の国家に対する愛情にもとづいており、祖国の〝栄光〟について誤った考えをともなっていないのである。

「私の意見は陛下のご意見であります」といったような国家主義の考え方は、「日本人であることの誇り」によってとってかわられたのである。

私が会った文部省の高官は、今日の日本人の思潮《しちょう》をつぎのようにまとめて話してくれた。

「日本の一般国民が物質的な安楽を求めているほかに、どのような信念をもっているか、まだはっきりしていません。しかし、人々は次第に何かしっかりとした人生の意義を求めるようになってきています。とくに、何かを成し遂げることを願っています。人々は家庭、学校、団体に対して強い忠誠心をもっています。そして、やがて価値観がもっと明確化され、団体に対する忠誠心が幅を広げ、愛国心に成長するでしょう」

この発言に対して、東京のある有名大学の総長はつぎのようにつけ加えた。

「今日の青年たちは国家を思うよりも、物質的な安楽を求める傾向にあります。そして、その上の世代は、戦争への憎悪と、一九四〇年代（戦争中と直後）の記憶にさいなまれていま す。現在の日本に確立した価値体系というようなものは存在していないし、精神的な安定感も失われています。もちろん、物質的な風潮は、わが国へさし迫った脅威もなく、生活が安定して深刻な不安がないというよい時代を反映したものです。しかし、日本人はもともと物質的なものだけを求める国民ではありません。日本は過去において、つねに精神的価値を尊んできました。歴史をみても、この国において過激な革命がおこったことはありません。私は太平洋戦争後に日本国民によって示された激しい反動は、緩《ゆる》みつつあると思います」

2

私は多くの諸国で、それぞれの国民がどのような社会観をもっているかを取材してきたが、長い経験によって一つのことを教えられた。それは、ある国民が考えていると主張されていること、あるいは時流にのっている意見と、国民の大多数が胸の奥でほんとうに考えていることの間に、しばしば大きなへだたりがあることである。今日の日本にも、このような深いへだたりがあるのだ。

これは、国民が〝過去への復帰〟とみなすあらゆる動きに対して示す敵意や、あまりにも急いで行なわれた民主化によってひきおこされた精神的混乱の結果として、国民の思潮だといわれているいろいろな意見と、もしこの国の安全と尊厳と、また社会の安定と福利が深刻な脅威にさらされた場合に日本国民がおそらく示すと思われる反応の間に存在しているのである。

だれでも、またどこの国でも、日本が今日、政治的な主張を衝突させる自由を享受しており、さらにあきらかに国家に対する思慮に欠けているとしても、それだからといって、もし日本をたやすく服従させることができると考えたら、高い代価を払わなければならないだろう。

日本はまだ精神的に混乱した状態にあり、人々は決断力に欠けている。そして国民の大多数は不慣れな、また、まだあまり水準が高いとはいえない個人的な安楽にひたり、はじめて生活に満足しているのである。彼らは国家の安全と利益のために上から命じられて倹約することもないし、制服をまとうこともないのである。

しかし、同時に愛国心の幅がひろがり、多くの主張がいりみだれてはいるものの、若い世代は、一般的にいって、父親や祖父たちに劣らず民族的伝統に誇りをもっているのである。もちろん、彼らは戦前の軍国主義と画一主義と戦争によって裏づけられた愛国心を完全に排斥《はいせき》している。

一言でいえば、愛国心はいまだに民族的性格を形づくっている基本的な信念の一つとなっているが、その内容が大きく変わったのである。今日では国家への愛情のほかに、この言葉には多くの意味が含められるようになった。このなかには国土の開発や、工業の発展、技術の進歩や、また、平和な繁栄している国家としての威信《いしん》の高揚《こうよう》への願いがこめられているのである。

今日の日本の国民感情は、過去の体験によって形成されている。軍閥によって圧迫された時代、長かった耐乏生活、戦争、そして外国による占領をへて、この国には強い平和主義と反戦思潮がおこり、人々の心を捉《とら》えた。愛国心に対する関心は、従来の価値体系に再検討が加えられる間、後退した。

しかし、人々は新しく生まれた自由な社会の必要と願望にかなう新しい価値体系をつくる間に、愛国心を捨てたわけではなかった。日本国民の大多数が年齢や、政治的信念にかかわらず、たとえ個人的な犠牲をともなっても、愛国心をたやしてはならないと信じているのである。

結論として、愛国心と国民的団結力という言葉は、もし日本が脅威にさらされた時に、国民の大多数が上から命令されるからではなく、自ら正しいかどうか判断して国家の防衛のために立ちあがることを意味しているのである。そして実際に日本がこのような試練に直面するとすれば、日本の戦後の世代は他の世代とおそらく同じように行動するだろう。

3

最近、総理府が行なった世論調査は、新しい価値観のなかに、愛国心が存在することをよく示している。新しい愛国心は戦前のように上から強要されるかわりに、日本の伝統と業績に対する自発的な誇りにもとづいているのだ。

調査の結果をあげよう。被調査者の七十九パーセントが日章旗を持っており、六十九パーセントが国旗が日本国民の真の感情をあらわしていると答えている。また、七十一パーセントが国歌へ敬意をあらわし、「もっと頻繁に歌われるべきだ」と主張しているのである。

国民感情は一時的に、そして表面的に変わった。このような変化は、また、起こることもあろう。しかし、私の意見ではこのような変化が国民の性格や、信念を根本からあらためるものではない。どの国でも深い信念や、国家的な誇りや、願望はそれほど安易に変わるものではないのだ。そして、日本は国民の性格、耐久力、能力が苛酷《かこく》な試練にさらされたが、日本固有の素質を失わなかったのである。今日、日本国民はさらに大きな自信をもってこの国の将来を築こうとしているのだ。

愛国心と国家への態度について論じることは、古い社会から大きく変化した新しい社会を築こうとする過程において要求されている価値観の再検討の一面にしかすぎない。このような新しい価値観が生まれるのにあたって、他国の傾向や、行動範囲が模範とされ、または反映されることはあきらかである。しかし、新しい価値体系が完成される時に、この優れた日本文化をつくりあげた古来の伝統と習慣がどこまで残されるかは、今後の問題となるだろう。

過去二十年間に日本の社会におこった変化は、この国に明治維新以後もっとも大きな改革をもたらしたのである。

変化がもたらした明るい面をみよう。国民はふたたび自由に意見を発表し、自分たちで判断し、健全で活発な世論が存在している。日本はもはや戦前しばしばいわれていたように「世界のなかに存在するが、世界の一員ではない」という状態ではないのだ。この国は今日では世界の進歩の主流を歩んでいるのである。これは工業や、技術の分野だけではなく、芸術、ファッション、スポーツ、家庭生活、余暇活動においてもいえるのである。さらに、精神の徹底的な〝大掃除〟は封建時代からまだ生き残っていた頑固な社会的慣習や、禁制をぬぐいさったのだ。

今日の日本は真の近代社会である。恒久的な耐乏生活と、すべての者が自分に与えられた場所から動けなかった形式的な社会——たとえば女性は夫や兄弟の三歩あとからついてこなければならなかった——は、歴史のなかに閉じこめられてしまっているのである。

しかし反面、厳格な規律のうえにたっていた社会が大きな変化をとげる時には、弊害が避けられないものである。私の印象では、現在の日本にはかつて強かった共同体への思慮が欠けてしまったようにみえる。私がはじめて日本へきた時には、日本人は個人としては非力であるが、集団としては結合力が強く、力を発揮するといわれていた。しかし、今日では個人を一つに統合することは不可能である。人々はあまりにも多くの分離した分子に似ているのだ。

そして、この溝《みぞ》は思想的な対立によってさらにひろげられている。このような社会のなかの対立は政治の分野、労使関係、あるいは教育の分野においてみられるのである。この結果として、今日の日本には協調よりも批判が多いのである。したがってかつて強固に統一されていた日本の社会は、さらに細分化されてしまうのである。これは五十歳以上の〝伝統主義者〟と、戦後の〝改革主義者〟の対立であるともいえるのだ。

〝近代化〟（あるいは西方化といってもよい）の波と日本の伝統的な生活様式との衝突は避けがたいものであった。これは、すでに語り古されたテーマであるが、世代間の対立もここから生まれるのである。いうまでもなく日本は固有の文化に誇りをいだき、近代的な、進歩した西方的社会を築きながらも、古い文化と〝雰囲気〟をもちつづけるということに見事に成功した国である。このような偉業は他の国々では、ほとんどみられないのだ。

しかし、この国の〝二重性格〟をめぐる葛藤《かっとう》は、いまだに解決されていない。強く根をはっている昨日と、活力がみなぎっている今日の間の対立は、戦前から日本社会の特色となっており、一九三〇年代（昭和五年から昭和十五年まで）にもこの矛盾について外国人特派員たちによって多くの記事が書かれた。

しかし、もし日本社会が〝成長の苦しみ〟を体験しており、国民がかつての高度に形式化された社会に住んでいたときよりも、自分自身について、あるいは自分たちが進む道について自信をもてないとしても、悲観することはないだろう。たとえ、政治の分野においてどのようにいわれていようが、日本国民は戦後の世代の願望にもとづく社会を築くのにあたって、大きな成果をあげているのである。このような社会では、彼や彼女が自分が自由に選ぶ生活を楽しみ、もはや過去の伝統が一方的に個人の行動様式を決定することがないのである。

国民の人生の目的観と、価値体系の内容こそ、もっとも大きな影響力をもち、この国の進路を決定するのである。このような観念は自主的につくりあげられ、尊重されるものである。ここには市民の国家、共同体、また、隣人への責任の概念も含まれるのだ。

私は三十年間にわたってこの国と国民を観察してきたが、つぎのようなことがいえると思う。今日の発展しつつある日本社会は、民主社会が活動するのにあたって不可避な論争や、混乱や、騒動にもかかわらず、この変化の嵐が起こるまえよりも、はるかに健全であり、希望に満ちているのである。

二十年目の戒《いまし》めと祝福

1

日本がポツダム宣言を受諾し、太平洋における戦争が終わったというニュースが世界をかけまわった時に、私はワシントンにいた。私はニュースをきくとすぐに宿舎をでて、ホワイト・ハウスへ向かった。あらゆる街路が、熱狂し、歓喜する群衆で埋まっていた。彼らにとって——そして日本人にとっても、長い悪夢のような戦争が終わったのだった。

その夜、私はコネチカット街に住む友人の英国人特派員に食事に招かれていた。私のところから彼のアパートまでは千五百メートルほどしかなかったが、歩くのに一時間もかかったのである。ワシントン中の市民が、街頭にでて祝っているようだった。私はこれほど大勢の群衆が歓呼しているのを見たのは、一九一八年（大正七年）十一月十一日に第一次世界大戦が終わった時以来であった。その時のロンドンも、約五十万人の市民がバッキンガム宮殿を囲んで、国王と王族へ歓呼をおくったのである。

しかし、私の心はけっして明るくはなかった。私は戦争が終わったことを喜んではいたものの、戦争によって傷つけられた日本列島に住んでいる友人たちの身の上に思いをはせていたのである。私はすぐに日本へ帰ることになっていたが、それまで六つの戦争に従軍し、その惨禍をみていたから、東京がいかにひどく荒廃し、人々が困難な生活を送っているか、よく想像することができた。

私は六年前にナチ・ドイツのポーランド侵略によって第二次世界大戦が始まってから故国へ戻っていなかったので、まず英国へよることにした。二、三週間後に、米国や、太平洋方面に派遣されていた英軍兵士を満載したクイーン・メリー号に乗った。私たちがサザンプトンに着いたのは、日曜日であり、雨が降っていた。しかし、どうしたことか、埠頭には人影はまばらだったのである。私はデッキに並んで立っていた司令官に、凱旋する英雄たちを迎える旗の波や、軍楽隊や、映画スターがどうしてでていないのかと尋ねた。

「彼らは、旗やバンドには興味をもっていません。ただ、家へ帰るのがうれしいのです」

それから十八カ月間、私は、満州、シンガポール、さらに旧オランダ領東インド諸島など、アジア各地で故国へ帰還してゆく日本人たちを取材した。送還される日本人が収容所や、船上でおかれた環境は、しばしば極度に悪かったが、それでもだれも不平をいわなかった。日本人も、英国人や、また米国人と同じように、ただ故郷へ帰ってなつかしい景色をみ、音を聞き、香りをかぐことができるのがうれしかったのである。

平和が回復した直後の東京の光景は、戦前、この都市を知っていた者にとっては、心が強く痛むありさまだった。外交官や、新聞記者をはじめとする私の日本の友人のほとんどが生きていたが、なかには巣鴨拘置所に拘留され、尋問を待っている者がいたし、半分以上が爆撃で家を失っていた。多くの者は家族とともに、幸運にも焼かれずに残ったわずかな家の一部屋を借りて生活していたのである。日本の鉄道は定員の五倍から六倍の乗客を満載して走っていたので、東京から神戸まで、あるいはもっと遠くまで行こうとすれば、人間の耐久力の限界を試すことになった。

また、東京ではギャングが廃墟を横行し、夜間出歩くことは危険だった。そこで、日本人の友人たちは私が家までジープで送ってゆくと約束しないかぎり、夜食に招待しても、記者宿舎までこなかったものである。しかし、たとえ彼らをジープで送っていっても、爆撃によって目印となるほとんどの建物が消え失せていたので、どの道路を運転しても同じようにみえた。私はある夜、加藤シヅエ夫人を家まで送ってから、帰る途中で完全に迷ってしまったことがある。私は、かつて東京に五年も住んでいたのに、そうだったのである。

東京では必需品をふくめて、あらゆる物資が欠乏していた。そこで、私は同僚の記者たちが私の友人である日本の外交官に会いたいというと、紹介するから、そのかわりに十分な食糧や飲み物をもってゆくようにいったものである。ところが、私はある日、今日では大使となっている外交官をこのことで怒らせてしまった。彼は生活保護は受けたくないといったのである！

しかし、家を焼かれなかったわずかな幸運な者は、私たちを歓待してくれた。私が日本へ帰ってきてからすぐに真珠湾攻撃当時の駐米大使だった野村吉三郎《のむらきちさぶろう》提督の田園調布の自宅を訪ねると、私のお土産に戦前からとってあったオールド・パーを一本もたせてくれたのであった。

当時、占領軍当局が日本人のことを〝原住民〟と呼んでいたことは前にも書いたが、ほとんどの米国兵はもっと悪いいい方をした。〝グック〟（日本人、朝鮮人、フィリピン人に対する蔑称《べっしょう》）というのである。もちろん、ほとんどの民族にはニックネームがつけられている。米国兵たちはドイツ人を〝クラウツ〟と呼んだし、イタリア人は〝ウォップ〟であり、英国人は〝ライミー〟であった。だが、この〝グック〟という呼び名はさらに軽蔑的に聞こえ、日本人のなかには〝グック〟と呼ばれるのを嫌った者があり、ある日、東京近郊の大きなベースで部隊が集合を命ぜられ、原住民を〝グック〟と呼んではならないと訓示されたことがあったほどだ。

しかし私がこの話を日本人の友人にすると、彼はこういった。「いや、どっちでもいいですよ。彼らは私たちを何と呼ぼうが、どっちみち胸のなかでは〝グック〟だとつねに思っているでしょうから」

また、平和が回復してから数年間は、物資の窮乏も緩和されなかった。私は一九四八年（昭和二十三年）に戦後はじめてニューヨークとロンドンに帰ったが、その時私は、日本の元大使の令夫人から旅館の主人の娘にいたるまで、日本の友人たちからもらった長いショッピング・リストを持っていったものである。

2

ところで、交通事情が窮迫していたといえば、私にはこういう思い出がよみがえってくる。天皇誕生日には元侍従や元女官をふくめる宮廷の関係者が集まって、両陛下に拝謁《はいえつ》してお祝いを述べることになっているが、私の知人のなかに、以前、皇后の女官として勤めていた婦人があった。

一九四八年（昭和二十三年）の天皇誕生日の数日前に、彼女は遠慮がちに、礼装をしていては混雑した電車やバスに乗れないので、もし皇居までジープで送ってもらえるとたいへんありがたいのだが、と頼んできたのである。しかし、当時、皇居は米軍部隊によって警護され、特別のパスをもっていないかぎり、占領軍人や、占領軍関係者といえども、構内にはいることはできなかった。私は皇居の中まではいれるかどうかわからなかったが、彼女の頼みを引き受け、その日の朝に大田区にある彼女の家まで迎えにいった。

ジープが皇居の大門のところまでくると、私たちは予想したとおり米軍の武装兵によって止められ、これ以上進めないといわれた。しかし、その日は雨が降っていた。そして背後の座席にすわっていた婦人は、高価なキモノを着ていたのである。私はこのＧＩに、もし婦人が歩かなければならないならば、ひどく濡れてしまうだろうと彼の厚意に訴えてみた。「ちょっとそこまではいって、この婦人をおろしたらすぐ出てくることを約束するから頼むよ」と、私はいった。

するとまことに立派な人物であった。彼は長い間、この正装した婦人をみつめると、頭を縦にふってから、つけ加えた。「だけど、すぐに消え失せるんだぞ。さもないと俺たち二人ともとても困ることになるからな」

なかにはいると、また門があり、日本の警官が立っていたが、今度は婦人が説明して通った。

ところが、祝賀パーティが催されることになっていた建物へ近づくと、米軍の制服を着たガイジンが運転する汚れたジープが疾走してくるのを見て、玄関に客を迎えるために立っていた宮内庁の高官や、警察幹部や、役人たちの表情が憤怒《ふんぬ》のために変わるのがみえた。私が車寄《くるまよ》せをまわって玄関へつけようとすると、雨のなかを数人が走りでて、車をおさえようとした。ジープは、玄関のまえで止まった。

ここで、彼らははじめて無礼者の車のなかに高貴な婦人が乗っていることに気がついたのである。驚く彼らのまえで、私は元女官だった婦人が車から降りるのを助けた。彼女は玄関に立つと、悪びれずに私に威厳のあるメイジ式のお辞儀をして、微笑すると奥へはいっていった。私はクラッチを踏むと、全速力で走り去った。

私のジープが飛びだすと、玄関に並んだ宮内庁の役人や警察官が、雨のしぶきによごれずにきれいなままのゾウリをはいた婦人客をつれてきた見知らぬ外国人へ向かって深くお辞儀したのであった。あの婦人がどうやって皇居へきたかという話が、あきらかに宮廷の上層部へ伝わったらしい。数日後に、私は婦人からパーティであずかってきたという菊の紋章入りのタバコを一箱、皇居の玄関破りの褒美《ほうび》としてもらったのである！

3

戦後の日本の幸運《グッド・ラック》な二十年間の初期は、このような状態にあったのだ。再建期にあったこの時代は、もはや、歴史のなかに消え失せてしまったが、それでも日本を大きく変えたのである。

そして、砲声がやんでから十年後の一九五五年（昭和三十年）には、日本は世界を驚かしためざましい経済的〝大躍進〟を開始していた。〝ジンム・ブーム〟がおこると、日本の経済成長率は一九五三年（昭和二十八年）から一九六二年（昭和三十七年）までを平均して年間九パーセントに達するようになった。これは明治時代から太平洋戦争までの経済成長率の二倍以上にあたったのである。また、一九五五年（昭和三十年）には、輸出がほぼ輸入と等しく、肩を並べるようになり、都市勤労者家庭の一人当たりの消費高は、毎年五パーセントずつ増加したのである。

今日、一九六五年（昭和四十年）は十年単位に考えて平和の第二の時代が終わったといえるが、この十年間はブームにつつまれた経済情勢と上昇する生活水準によって特徴づけられたのであった。同時にこの時代には、戦争直後の極度な悲観と失意に対して、逆に過大な楽観主義が社会に支配的となったのである。多くの日本人は、二十年間も続いた幸運《グッド・ラック》と良好な国際貿易情勢にささえられて、幸福な時代が恒久的に続くことを確信しているのである。

たしかに、この楽観は、いくつかの確固たる基礎のうえにたっているのである。しかしながら、日本経済はいまだに世界貿易情勢のわずかな変動に対してもきわめて敏感である。そして、海外の貿易情勢が将来においても、つねに近年のように良好であろうとはいえないだろう。そこで、十二パーセントの年間経済成長率が正常であり、七、八パーセントをもって不況の徴候だと考えるとすれば、貿易によって一億の人口を養わなければならない国民としては、この楽観主義は非現実的なものであり、危険である。

日本の過去二十年間における幸運は、目をみはるべきものであった。戦前においても、また、平和が回復してから初めの十年間においても、九千八百万人の国民がいかに勤勉であるにせよ、熟練労働者が不足するとともに、生活水準が上昇し、レジャー・ブームが到来するとはだれも考えられなかっただろう。日本はアジア風な社会から西方的な社会へ脱皮することに成功したのである。

今日の繁栄は、さらに拡大しつつある。戦前の日本人にはまったく信じられないような豊かな社会が出現しつつあるのだ。私がはじめて東京へきた時には、ミシンと自転車をもつことで満足していた家族は、テレビ、電気冷蔵庫、電気洗濯機をもち、さらに自動車を買う家庭さえ増えつつある。

私にいわせれば、日本人がテレビを買う前に、自分のうちの水洗便所を完備させるといったことをどうしてしないのかが不思議だが、それはともかく、観光旅行者は列車やバスにあふれ、軽井沢や、上高地や、伊豆《いず》のような温泉地や避暑地を東京の銀座のようにしてしまった。山や海の旅館やホテルは、十年前には一週間まえに予約すれば、簡単に部屋をとることができたが、今や、シーズンには多くの場合、一年まえから予約しなければならないのである。

この消費ブームは、接待費を自由に使うシャヨウゾクによってさらに派手なものになっている。私は最近、実業家である友人を三人日本料理屋で昼食に招いたが、ビールを一人一本ずつ飲んで、一万六千円の請求書をもらった。私がまた同じ料理屋へ行った時に、主人に食事が簡単であるにしてはだいぶエン（円）を払わなければならないというと、彼は「ご心配ないでしょう。あなたの会社が払うのでしょう?」と答えたのである。そこで私が自分で勘定を支払ったというと、「それではあなたは過去三年間に私の店で、自分で払って食事したわずかなお客さんの一人になりますよ」といったのである。

毎年、増えつつあるゴルフ・コースでも、まったく同じことが行なわれている。ゴルフは今日では社会的地位を示す行事となり、会社がいっさいの請求書を処理し、重役たちはまったくタダで遊んでいるのである。彼らは高額な入会金や、グリーン・フィーを会社が支払うのが当然だと思っているのである。

私は一九六三年（昭和三十八年）のクリスマス直前にロンドンへ戻ったが、滞在中にある日本大使館員と昼食を共にした。ちょうど、商店街はクリスマス・セール中で賑《にぎ》わっていた。彼も、私と同じようにロンドンへきてからまだ三週間しかたっていなかったのである。

私はロンドンが東京と比べてどうちがうか、質問してみた。「少しも変わりませんよ」と、彼はいった。「デパートでは歳末の群衆が酔っ払った水兵のように買い物しています。ただ、タクシーの空車をみつけるのはむずかしいです。同じように交通が麻痺《まひ》しています。ただ、ちがうといえば英国の物価のほうが日本よりはるかに安いということです」。私はこの間、東京のデパートでリンゴ二個を買って百六十円払った時に、彼との会話を思い出した。英国であれば五十円しかしなかったからである。

要約すれば、日本は二十年の幸運《ラッキー》な年をへて、消費経済とレジャー産業についていえば、世界でもっとも恵まれ、住み心地のよい国となったのである。しかし、同時に日本は世界でもっとも物価の高い国の一つとなったのである。そして、もし日本をとりまく諸情勢が有利でありつづけるならば、このよい時代が次の二十年間にわたってもつづき、〝黄金の一九六〇年代〟が〝黄金の七〇年代〟と八〇年代によってひきつがれることも可能である。

しかし、この繁栄がいっそう拡大されるだろうということはあくまでも可能性の問題であって、確実に約束はされていない。行く手にいろいろな障害がおこるかもしれないのだ。現在のベトナムにおける戦争がアジアと世界の勢力均衡にあたえる影響をのぞいても、多くの問題がおこりうるのである。経済専門家はいくつかのヨーロッパ諸国がインフレと生産過剰によって悩まされており、日本でも来年あたり、本格的な経済不況か、あるいは横ばい状態がおこるかもしれないと警告している。

この間にも、後進諸国は地上にとなりあわせて存在する極端な繁栄と極端な貧困の差をまえにして動揺をふかめており、米政府はドル流出に対処するために海外における投資や、米観光客による買い物に制限を加えている。このような観光客に対する措置はアジア各地のバザーにおいて、また、日本において観光客に依存しているアーケードや商店の売り上げを減じているのである。

しかし、このような問題が影響をあたえるとしても、まだ将来のことである。現在では、日本へくる外国観光客数は増加している。そして日本国民は戦前の耐乏時代と、戦争中の苦難と、戦後の〝タマネギ〟生活をへて、二十年間にわたった幸運からあふれでる祝福を喜ぶべきである。

平和が回復された直後の暗い時代に日本の多くの家庭は持ち物を売って食糧とかえなければならなかった。当時、私もある夜、かつて裕福だった日本の友人の訪問をうけ、ザブトンを四枚買ってほしいと頼まれたことがある。日本国民はこのような暗澹《あんたん》たる時代ののちに、まだ繁栄からとり残された人々があるとはいうものの、今日のきわめて快適な生活を築きあげたのだ。かつてこれほど多くの人々がこれほどよい生活を楽しんだことはないのである。

彼らこそは、今日の繁栄に値する人々なのである。

思い出の宰相たち

1

トウキョウ〝新聞街一番地《ナンバー・ワン・シンブン・アレイ》〟と外国人特派員たちが名づけていたプレス・クラブでは、総理大臣を招いて夜食会がひらかれようとしていた。占領時代のプレス・クラブは、宿泊設備があり、マッカーサー総司令部つきの多くの記者が住み込んでいたのである。

私はちょうどプレス・クラブの会長として、はじめての任期をつとめていた時で、その夜の主賓であった吉田茂氏の左側にすわっていた。食事がはじまると、吉田首相は私のほうをむいて、口を開いた。「あなたは演説させられるまえに、よく食べられますか？　私はダメですな」

そして、コーヒーとコニャックがだされると、私は立ちあがって〝ミスター・ジャパン〟を紹介した。もっとも、彼には紹介などはいらなかった。拍手が終わると、吉田首相は鋭い観察と優れた機知にあふれた演説を行なった。〝ワンマン・ヨシダ〟は機嫌がよければ、すばらしい演説を行なったのである。

あの夜食会は十五年前のことであったが、私はそれ以前から吉田氏を親しく知るようになっていた。以前、この本でもふれたことだが、私は彼の地方旅行に同行し、大磯《おおいそ》の自宅を訪問し、また、臨時に首相公舎となっていた迎賓館で吉田氏に何回もインタビューしていたのである。この間、私と首相の関係はある一時期を除いて、つねに親しいものであった。

吉田氏はある時、私が米国の新聞に彼の保守的な政治哲学を信奉していると書いた記事をみると、数週間、私へ冷たい顔を向けていたのである。彼は〝自由主義者〟であることを誇りとしていたので、このような呼び方を我慢できなかったのである。

この国の指導者のなかで、私がもっとも親しく知るようになり、また、もっとも深く敬愛するようになったのは吉田茂氏である。しかし、私が日本の首相の動向を報道するのを仕事とするようになったのは、もっと以前にさかのぼる。私が一九三〇年代（昭和五年からの十年間）に送った記事のなかには、岡田啓介《おかだけいすけ》首相と満州国の国璽尚書《こくじしょうしょ》であったユアン・チン・カイの間に戦われた珍妙な〝酒飲み〟合戦があった。この戦いでは、日本が負けたのである。

この事件は、次のようにして起こった。東京を訪れていた満州国の賓客のために、盛大な晩餐会《ばんさんかい》が催された。そして、この席上で岡田大将は東アジアにおけるダイ・ニッポンの偉大な役割について演説したのである。

すると、首相のあとをうけて立ち上がったユアン・チン・カイは少なくとも満州国人は一つの面において日本人よりも優れていると述べたのだ。彼は驚く客に、満州国人のほうが酒に強い、と宣言したのである。このような面白からぬ主張に対して、岡田首相ができることは一つしかなかった。そして、実行したのである。首相は満州国の政治家に対して、飲み競《くら》べを提案した。そして、決闘にはウイスキーがもちいられること、どちらかが負けを認めるまで飲み続けることが決められた。

日本の総理大臣と満州国の国璽尚書が、定められた時間に決闘の場所に選ばれた料亭の一室に姿を現わすと、集まっていた立会人や、新聞記者へ挨拶してから、次々とウイスキーのグラスをあけはじめた。やがて、岡田首相は眠いといって、姿を消した。この時に、満州国の政治家はまだ、まったく毅然《きぜん》としていた。彼は集まっていた人々にウイスキーを注《つ》いでまわると、銀座へ飲みなおしに出かけていったのである。

翌朝、この国威へ加えられた打撃に驚いた日本の新聞記者たちが、首相官邸で岡田提督に会見を申しいれた。首相が現われると、第一の質問が飛びだした。「総理、いったいどういうことだったのですか?」

すると、岡田首相は痛む額を押さえて、こう答えたというのだ。「なぜ負けたのか、さっぱりわからん。昨夜、あのまえに練習した時は、まったく大丈夫だったのにな」

私は二・二六事件の翌年に首相となった林銑十郎《はやしせんじゅうろう》大将に深く興味をもった。林首相は、国体を〝明らかに規定する〟ことを叫んでいた陸軍の要求にこたえて、歌をつくることを命じたのである。彼は超国家主義の思想家であった穂積八束《ほづみやつか》博士の弟子にふさわしく、天皇が国家そのものであり、したがってもし天皇が嗣子《しし》をのこさずに死んだ場合には、同じ列島がのこり、同じ国民が生活しているにせよ、もはや〝日本〟は存在しないと信じていたのである。戦前の神話とは、このようなものであった。

次に私が会った首相は、近衛文麿公爵であった。彼は昭和時代の主要な政治家の一人であったが、軍国主義者の進出を防ぐためには性格が弱すぎたのである。このために、中国〝事変〟がはじまる数カ月まえの決定的な時期に、軍服を着た政治家たちに押しまくられ、破局をもたらしたのであった。近衛公は温和で洗練された貴族であったが、在任中の激烈な政治情勢を乗り切るためには、もっと力強い指導者が必要だったのである。

2

太平洋戦争が終わってから、私がはじめてインタビューした日本の首相は幣原《しではら》喜重郎《きじゅうろう》男爵であった。彼は生粋《きっすい》の〝メイジ・マン〟であった。私は〝メイジ・マン〟こそは、日本が生んだもっとも優れた世代だと考えている。

幣原首相は私が首相官邸へゆくと、今日では古い時代に属してしまった礼儀をもって、丁重に迎えてくれた。そして、彼は熱心に、当時、起草され、国家へ上程されていた新しい

〃理想的〃な憲法と、そのなかの〃戦争禁止〃条項について説明してくれた。幣原首相の任期は短かったが、私は彼が官邸で迎えてくれた日のことをよく覚えている。

戦後の困難な時代に、日本のために率直に発言することをいささかも恐れなかった二人の指導者がいる。鳩山一郎氏と吉田茂氏である。

私は一九五二年（昭和二十七年）三月に米国上院が前年九月に署名されたサンフランシスコ講和条約を批准した直後に、鳩山氏に会った。当時、日本は北から南まで独立を回復する瞬間を待ちあぐねていたのである。この衆議院に十回当選し、二回閣僚をつとめたことのあるベテラン政治家は、独立を回復した後にどのような政府のもとにあれ、日本がとるべき政策について語ったのであった。

「日本は危険きわまる立場におかれています」。鳩山氏は、こう話しはじめた。「だれでも日本が直面する現実を真剣に検討してみれば、わが国が一人で立ってゆけないことがわかるでしょう。わが国は思慮ある理解と、援助を必要としています」

ここで鳩山氏は日本へ対する共産主義の脅威について述べたが、「もしいったん暴力革命が起これば、共産主義は永久にわが国を支配しようとして、日本における自由が葬《ほうむ》られる、このことを国民に教育する必要があります」といった。「国民がこの事実を認識すれば、日本における共産主義の伸長は容易に阻止されるでしょう」

「再軍備は、共産主義者に対抗するだけの力をもつことを目的として、この範囲内に限定されなければなりません」。鳩山氏は、続けた。「外部から日本が侵略を受けた場合には、十分な米軍か、国連軍が救援に到着するまで持ちこたえるだけの武力があればよいでしょう。再軍備問題は憲法の規定に照らして考えねばなりませんが、憲法は義務兵役制度を復活できる限度内で改正しなければなりません」

私は将来、日本が再び領土的野心をもつようなことがありうるか、尋ねてみた。「過去の歴史をみてください。旧帝国のプラス・マイナスを考えてみましょう。日本は領土を獲得しましたが、金を失いました。このような夢をもつよりも、日本の正当な目標は工業と貿易を振興することによって達成されます」

さらに鳩山氏は、健康が回復すれば、ただちに政界に復帰するつもりだと語ったのである。そして、当時、もし政界に戻れば健康がもたないだろうと忠告した友人たちに、彼はこういったと伝えられていた。「総理大臣になれば、そのくらいかまわないさ!」

彼はこの言葉どおり健康の危険をおして政界へ戻ったが、首相に就任した直後に私が自宅を訪ねると、意気がすこぶる高かった。しかし、首相の激務は病んでいた彼の肉体をさらにむしばんだのである。私が彼に最後に会った時には、話があまりにも首尾一貫《しゅびいっかん》せず、支離滅裂《しりめつれつ》であったので、記事にしないほうが彼に対する親切であると思われたのであった。

吉田氏については前にもくり返し書いてきた通りだが、彼は明治時代以来もっとも長く政権を担当し、日本を指導した。そして、彼こそは日本の過去三十年間にでたあらゆる指導者のなかでもっとも優れており、また、唯一人の世界的な政治家なのである。

彼が在任中に非難や、不人気を招いたとしても、日本の歴代首相はわずかな例外を除いて、政権にあって長く人気を保ったためしがないことを想起すべきである。この国は天候さえ含めてすべてを首相の責任にする傾向が多分にあるのだ！　今日までの日本の三十八人の歴代の首相の任期は平均して約二年四カ月である。与党のなかでは七つか八つの派閥が政権をめぐって争っているので、首相の施政が優れているか、悪いか、あるいはあまり変わりがないというような評価をすることなしに、指導者は最大限三年か、四年のうちに政権を明け渡すべきだと考えられているのである。

3

この国が生んだ唯一人の社会党の首相であった片山哲《かたやまてつ》氏は、柔和で、誠実な人道主義者であった。彼についてもっともよく覚えているのは、日本の首相としてはじめて街のレストランで昼食会をひらき、非公式な席上で政策を人々に説明したことであった。

岸信介《きしのぶすけ》氏は、才能と体験豊かな政治家であり、もっと好運に恵まれて然《しか》るべきだった。岸氏はＰＲが重要であることをよく認識していたので、歴代の首相のなかで外国人記者にもっとも頻繁に会ってくれた一人であるといえた。そして、政府の政策をきわめて巧《たく》みに、明確に説明してくれたのである。しかし、彼は与党が新日米安全保障条約を批准するのにあたってとった強行採決戦術が、どのような国民感情を招くかはかることができず、失墜《しっつい》を招いたのであった。

岸氏は首相になるまえには改進党の幹事長であったが、この時に弟の佐藤栄作《さとうえいさく》氏が吉田氏に率いられていた自由党の同じポストにあった。私は当時、佐藤氏をインタビューしたが、兄弟が敵対しあう二つの保守党で同じ地位についているのは、どちらかがかならずよい職についていられるためか、と質問したことがある。佐藤氏はよほどこの質問が気にいったらしく、後に日本の週刊誌とインタビューした時に、兄弟がどうしてライバルにわかれているのかを説明していた。

一九六〇年（昭和三十五年）夏に国会の周囲で一連の暴動があった直後に、池田勇人《いけだはやと》氏が日本の三十七代目の首相となった。池田氏は近代においてこの国が生んだもっとも有能な、熱意ある指導者の一人であると私は考える。

私は池田氏が在任中、十数回もインタビューした。私は同時に彼が片腕として信頼する側近たちからも話をきいた。池田氏の半生は、その時すでに有名だった。彼は奇病である皮膚病にかかって三年間床についていたが、四国の八十八の寺院を巡礼して祈願した後にようやくなおった。こうして健康をとりもどしてから、彼は強い性格と決意をもって困難を乗り切るようになったという。したがって、池田氏は人生を十分に理解し、誠実な性格を身につけていたのである。

当時、自民党の一部では、内外の懸案や党内問題に対して池田氏がとった〝低姿勢〟政策へ不満をあらわしたが、それでも国内の高まっていた政治的緊張を緩和し、票を獲得するのにおおいに役立ったのであった。一九六〇年(昭和三十五年)に第一次池田内閣が成立してから数カ月後に行なわれた総選挙では、与党は三百議席以上を占めたのである。これは日本の議会史上で、一つの政党が衆議院の議席数の三分の二ちかくまで獲得したものとして二度目であった。

一九六一年(昭和三十六年)に、池田首相は国内の政治情勢について、過去十年間に日本では偉大な、また、急速な経済的発展が成しとげられたが、「政治的には、この国はあまり進歩していない」と語った。

「われわれは現在、一九七〇年(昭和四十五年)までに国民総生産を倍増しようとする強力な財政、経済政策を推進しつつあります」と、池田氏はいった。「ここで、日本が直面しているもっとも大きな問題は、真の民主的基礎のうえになりたち、活動する政治機構を確立することです。このような問題が存在するのは、共産主義の手がいろいろな形と方法にかくれて、日本社会を脅《おびや》かしているからです」

「私は昨年の夏に政権を担当してから、寛容と忍耐の政治を行なってきました。そして、現在の状況は一年前と比べて、いちじるしく改善されました。しかし、日本において真の民主主義を育てるまでには、長い、困難な道が横たわっているとおもいます。おそらく、このもっとも大きな原因は、国会において野党勢力が弱すぎるからです……日本社会党は選挙で勝つことができず、したがって政権を担当することができません。したがって、社会党は議会では目的を達成することもできないのです。このために、社会党をはじめとする野党は、街頭にでてデモや、そのほかのいわゆる院外活動に訴えて、国会の建物の外で政治を行なおうとします」

「日本において民主主義と民主政治を確立するために、われわれは一方ではもっと穏健な政治、社会情勢をつくりだすために国民の生活水準を向上させなければなりませんが、同時に民主主義の真の意味について国民を教育しなければなりません」

「しかし、私はここで日本国民の大多数が平和を愛好し、民主主義の世の中を希望し、自由と民主主義の諸原則を支持していることを強調したいと思います。このために、国民は自民党を支持しているのです。それにもかかわらず、マスコミが興味本位の見出しや記事をつくるために、少数派の行動をそれほどの意義や重要性がないのに誇大に報道するのは、きわめて遺憾なことです」

私はここで、日本が生んだ一人の優れた政治家であったにもかかわらず、首相の座につけなかった人について書かなければならない。私はその政治家を長く、親しく知り、敬愛してきた。重光《しげみつ》葵《まもる》氏である。

重光氏は、一九三〇年代の暗い時期において外交官として中国へ使いして、中国人からも深い敬意をかちとった。また、彼は日本政府を代表してミズリー号艦上で降伏文書に署名する重荷《おもに》を担《にな》った。そして、彼は犯したことのなかった〝犯罪行為〟のために不当な裁判を受け、服役させられたのである。当時、連合国の高官でさえ、彼が裁かれるべきではなかったと認めていた。

しかし、彼は不運にくじけることがなかったし、一言の不平ももらさなかった。私は彼が巣鴨から釈放された直後に話したのをはじめ、何回となく会ったが、このような態度には感嘆せざるをえなかった。重光氏は試練の間を通じて、また、独立後の外務大臣として、つねに情愛をもって人々に接し、日本の卓越した代弁者であった。彼は日本民族のもつ最上の素質をすべてそなえていたのである。

私は、重光氏のいかにも彼らしいある小さなエピソードを懐しく思いだす。私はある日、重光氏が外務大臣であったころ、外務省の玄関をはいっていった。この時ちょうど、重光氏が国賓として来日していた外国の高官といっしょにでてきたのである。車寄せで見送ろうとしていたのだった。私がじゃまにならないように玄関のわきに身を寄せていると、重光氏は私に気がつき、すぐに歩みよってきて、手をさしのべた。私たちは、握手した。これは、小さなことである。しかし、あの人らしいことだった。〝メイジ・マン〟にふさわしい行ないだったのである。

アジアの隣人としての復活

1

一九四五年（昭和二十年）以来、日本は世界の歴史が――そして、とくにアジアの歴史がつくられている間じゅう、歴史の裏通りを徘徊《はいかい》していたといえる。そして、東京の政府は独立を回復してからも、アジアで再び指導的な役割をはたすべきだという声に対して、常にしりごみしてきた。

もちろん、このような低姿勢な政策は、十分な収獲をもたらしたことも事実である。かつて日本軍に占領された諸国の国民にとって、戦争中の不愉快な記憶が忘れられないとしても、薄らいでおり、今日では日本という名前とその威信は、一九二〇年代（大正末期から昭和初期）以来、アジアでもっとも期待され、高まっているからである。

いっぽう、日本のアジアへ対する親近感は、今日でも変わっていない次の二つの事実にもとづいている。一つは日本と周囲の諸国の間に千数百年以上も続いてきた近隣関係からくる感情的な連帯感と、〝アジアは一つ〟という直感的な一体感である。このうえに、日本にとってアジアが〝本来の市場〟であり、「日本はアジアとともに自己の繁栄を求めなければならない」という信念があるのだ。

一言でいえば、日本はアジアを必要とし、アジアは日本を必要としている。そして、アジアにおける政治情勢や、勢力分布の変転があっても、あるいは北京〔中共政府〕が激昂《げっこう》したとしても、この基本的な事実を変えることはできないのだ。時代は変わる。諸国の政権の興亡もある。しかし、日本のこの恒久的な立場は変わらないのである。

事実、戦前、日本が実現しようとした〝大東亜共栄圏〟、これは、アジア経済共同体とよんでもよいものだが、この思想は、基本的には正しいものであった。そして、やがて太平洋地域にある主要国間で、ＥＥＣ（ヨーロッパ経済共同体）のように、何らかの形において経済協力機構が生まれることになろう。

しかし、戦前の大東亜共栄圏――当時、外国人記者は、〝日本繁栄圏〟とよんでいた――に対する反対は、第一に帝国陸軍とアジア大陸にあった日本の諸権益機関が高圧的な態度をもってこの理念を実現しようとしたことからおこった。同時に西方諸国が、日本の真の目的は、アジアにおける西方諸国の〝門戸開放主義《オープン・ドア・ポリシー》〟を打破し、東アジアを日本の〝植民地〟にすることではないかと、懸念したことにもよるのだ。

ここで、もし、日本が真のパートナーシップを求めるアジアの深い願望を実現しようと誠実に努力したとしたら、あの理念はすでにパン・アジア主義に急速に目ざめつつあったアジア諸国にもっと強く訴えることができただろう。

しかし、太平洋戦争中に東京で占領地域の代表を集めて頂上会議（大東亜会議・昭和十八年）を開催して、この理念がようやく提唱された時には、すでに遅すぎたのであった。当時はすでに日本軍がアジアの全住民を敵に変えてしまっていたのである。日本軍人のアジアにおける行為は、日本が太平洋戦争中におかしたもっとも大きな過《あやま》ちであった。

日本は、この大失敗をおかすまえまでは、アジアや太平洋に面したほとんどの地域で尊敬され、人気があったが、これにはいくつかの理由があった。この国はアジアで外国からの援助なしに独立を維持してきた数少ない国の一つであっただけでなく、植民勢力の経済支配に対抗し、成功したために称賛されてきたのであった。多くのアジアの指導者や、軍人が日本で教育され、日本に愛着をもち、東京に指導を仰《あお》いでいたし、日本製の繊維や、他の製品が西方製品よりもはるかに安く、アジア人でも払える値段で町や村のマーケットにあふれていたのである。

日本とアジアの兄弟たちの関係が悪化しはじめたのは、関東軍が東京政府の政策と明らかな指示を破って、満州を占領し、事実上併合したのが契機となった。反日運動や、日本商品のボイコットは、幣原喜重郎外相によって推進されていた〝平和〟外交を失敗に終わらせることになったのであった。

そのころ、一九三七年（昭和十二年）七月に中国北部で大規模な戦争が始まるまでは、航空機時代以前のことで、多くのヨーロッパ人、米国人やアジア人が、日本郵船の客船を利用して、楽しく旅行していた。私もたびたび、東南アジアをまわり、太平洋を横断するのに、日本の客船に乗ったが、船上の雰囲気は、それぞれ国籍の違う船客が一家族のように愉快にやっていたのである。

私はある時、シンガポールから横浜まで、日本の〝フクシマ・マル〟に乗ったことがあるが、船はちょうど天皇誕生日にマレー沖を通っていた。船上ではテンチョウセツを祝うために特別の夜食会が開かれ、同乗していた日本の駐仏大使が乾杯の音頭《おんど》をとった。そして、私が東京に居住するただ一人の外国人であったことから、続く乾杯をリードしてほしいと頼まれたのである。私が、皇室と日本国民へ簡単な祝辞を述べ、乾杯がすむと、私は大使のテーブルへ招かれた。

しかし、テーブルにつくと、約五十人の日本人がすわるいとまもなく次から次へと日本のために乾杯を提唱したのである。私は華氏九十度の暑さのなかで、みんなの機嫌を損じないように、生まれてはじめて五十杯のサケを次々と胃の中へ流しこみ、一時間後にはデッキに倒れ、翌日の正午まで目がさめなかった。

当時私は、東京に住んで、アジアの各地を旅行したが、アジアの至るところに日本人の友人がいた。なかでも、外交官、新聞記者が多かったが、東アジアの情勢が緊迫した困難な時代に、とくに満州や中国でなにかにつけて私を助けてくれた外交官たちを忘れることができない。

また、中国にいた日本の新聞記者たちは、極端なまでに情報に精通していた。もちろん、当時は日本軍人が局面を支配していたからでもあるが、こんな極端な話もある。ある時、中国の地方高官が宿舎で暗殺されるという事件が起きたが、これを同盟通信の特派員がスクープした。完全に抜かれてしまったわれわれ外国人特派員は、どうしてこの記者が事件と同時に記事を流せたかを調べたが、何と同盟の記者は、暗殺の三時間前に東京へ第一報を打電していたのである。

しかし、これらの、外交官や新聞記者のほかにも、日本人はアジアの各地で発展していた。私が上海へ行くたびに〝シャンハイ・クラブ〟で私の頭を刈ってくれた床屋は日本人であったが、戦後、東京へ引き揚げ、占領時代もずっと私の頭を刈ってくれた。また、私が広東で知りあった〝中国人〟の商店主は、一九三八年（昭和十三年）に日本空軍の広東爆撃がはじまると、地上から信号を送って爆撃機を目標に誘導したという容疑で逮捕されたが、きびしい取り調べの結果、日本人であることがわかったのだ。彼は二十年以上も、日本人であると気づかれずに、広東に住んでいたのである。

しかし、アジアの各地に散らばって活躍していた一般の日本のビジネスマンたちは、他の外国人社会と交際せず自分たちだけで生活しており、法律をよく守ったし、きわめてふるまいが正しかった。私が聞いたこれらの日本人に対するたった一つの苦情は、彼らが西方諸国がどうしても競争できないような価格で日本製品を売るのにあたって、働きすぎるというものであった。西方諸国の商社員たちは、日本人たちが満州国をはじめとするアジアの各地域で〝開放された門戸《オープン・ドア》〟を彼らの面前でしめようとしているのではないかと、深く疑っていたのである。

私はある時に新京《しんきよう》の大和《やまと》ホテルに滞在したが、改修のために部屋の一方の壁がとり壊されてしまったことがあった。私が壁のあったところにカンバスしかかかっていないので寒くてしかたがないと、日本大使館にいたハーバード大学出身の外交官に文句をいうと、彼はニッコリと笑っていった。「しかし、少なくともあなたはわれわれが、〝開放された門戸《オープン・ドア》〟だけでなく、壁すら開け放していることを認めなければならないでしょう！」

要約すれば、中国戦争が勃発するまでは、アジアにおいて日本人はふるまい正しく行動し、尊敬されていたのである。当時では、アジアにあった日本商人は多くの場合、零細な資金しかもっていなかった。とくに、安物のトランクや、茶色い油紙に見本を包んだ大阪のセールスマンには、アジアのどこへ行っても会ったものである。その他、私は十カ所以上の極東の港町で、日本船の乗組員や、乗客と楽しい夜をともにした。

しかしそういう時、満州か中国の日本租界の港だと、唯一つの不愉快なことは、巡回してくる警官かケンペイが、私が何者であり、いったいそこで何をしているのか、きくことであった。

2

太平洋戦争が終わるとともに、形勢は一変した。私が一九五〇年代（昭和二十五年からの十年間）にヨーロッパへ海路で向かった時に、日本の領事夫妻と娘が同乗していたことがある。やがて船がシンガポールへ入港すると、私は夫妻から十二歳になっていた娘をつれて上陸してくれないかと頼まれた。市街を見物し、アイスクリームが食べたいというのである。しかし、私は当時ではまだ中国人市民の間に戦争中の記憶が生々しく、反日感情も強かったので、責任をもって日本のヤングレディをエスコートすることができず、この頼みを断わらなければならなかったのである。

私は戦後も、アジアをひろく旅行した。私は満州や、中国を共産主義者が制圧するまえに訪れ、ベトナムや、フィリピン、マレーシアをまわった。一九四六年（昭和二十一年）には、戦後はじめて中国にゆき、奉天から南京、広東まで旅行した。そして、上海では、私は当時、新聞にはあまり報道されなかったいくつかの興味深い事実を発見したのである。

第一には、戦争中、日本の〝占領関係者〟がかならずしも、みな粗暴にふるまわなかったことである。私は上海で英国のある一流商社がもっていた家に客人として滞在したが、この家は四年間日本側に接収され、日本の官吏が住んでいた。しかし、一九四五年（昭和二十年）

に持ち主が戻ると、家のなかはチリ一つないまで磨《みが》きたてられ、ナイフや、フォークの一本一本まで輝いていた。家は一つの部屋にタタミが数枚積まれ、ショウギ盤が一台置いてあった点を除けば、持ち主がでていった時のままだったのである。

第二は、上海にあった捕虜収容所のことである。ここには十数人の私の親しい友人たちが戦争中、収容されていたのだが、所長があまりにも寛大だったので捕虜たちの多くが彼と親友になったのである。彼は後に日本の外交官として、マニラでもっとも人気のある――少なくともフィリピンの記者と外国人特派員の間では――人物の一人となった。現在では彼は駐ケニア大使として活躍しているが、キリマンジャロやタンガニーカの活火山であるレンガイをはじめとするアフリカの高山に登峰し、やはり、現地官憲や人々の間で高い人気をかちえていることだろう。

第三点は、ビリアードの台をめぐるものであった。ヨーロッパ人たちが上海へ戻って来て、もっとも憤慨《ふんがい》したことは、シャンハイ・クラブのビリアードの台の脚《あし》が〝占領軍〟の背の高さにあわせて、短く切り落とされていたことであった。これは、上海で何よりも戦勝国人を激昂させたことだったのである。外国人特派員たちは日本軍捕虜収容所における生活や、中国における日本軍将兵の行為について争って報道していたが、その忙しさにまぎれてだれも日本人が自分たちのサイズにあわせてビリアードの台の脚を切ったことは書かなかったのである！

私が戦後はじめて台湾を訪れた時には、鉄道や、道路や、工場において、日本式の能率的な仕事が生きていた。そして、日本式の親切さまで残っていたのだ。ここでは、台湾式の商店主やホテルの従業員たちは、東京からきたというと、とくに親しみをあらわしたのである。

シンガポールとフィリピンでは、戦争の記憶は生々しかった。しかし、戦争直後の当時でさえ、彼らは日本がふたたび、また、ほどなくして主要工業国となることを疑っていなかった。そして、もっともたびたびきかれた質問は、日本人がほんとうに心から平和主義に変わったのか、それとも「ほかにやりようがないから一時だけよくふるまっているのか」ということであった。

結論的にいえば、戦争直後の時代から今日までアジアにおいて日本が急速に名声を回復したのは、二つの要因によったのである。まず、植民地時代が終わるとともに、強い地域的な連帯感と、自己表現の意欲が高まったことがあげられる。そして、日本はこの間、南方の隣国と結ばれた賠償協定の義務を全《まっと》うしつつ、慎重に歩んできた。

一九四〇年代後期（終戦直後の時代）には、かつて日本軍の占領を体験したアジア諸国や地域の多くで、日本へ深い疑惑がいだかれており、もし日本の外交官や貿易商が戻ってきても、極度なまで慎重に行動しないかぎり、戦争中の不愉快な思い出と敵意がくすぶっており、爆発するかもしれないと警告されていたのだった。しかし、一九五五年（昭和三十年）

までには、日本は悲劇的な〝つまずき〟から内外ともに復興を完成していたといえた。

さらに、一九五九年（昭和三十四年）ごろまでには、日本の実業家や旅行者は暖かく迎えられ、日本の商品はふたたび各地の市場に浸透するようになったのである。そして、私が一九六三年（昭和三十八年）に東南アジアを取材旅行した時には、シンガポール、マラヤ、香港では東京を驚嘆《きようたん》の地とみており、人々は熱心に日本とその急速な経済発展について話していた。このような時に、彼らは日本がアジアに属していることに大きな誇りをいだいているのである。

3

今日、日本は平和を強く求め、国連憲章を高く掲げるとともに、東南アジアの新興諸国を完全に対等にあつかっている。このようにして日本は戦後の世界と、とくに興隆しつつあるアジアにおいて、戦前の行きかたを大きく転換し、新しい役割を演じているのである。そして、日本のアジアにおける大工場、よき隣人、また、アジア人が生活のために依存している原料の買い手としての評価は、かつて日本の軍部が東アジア進出を開始し、この地域を支配したいつの時代よりも、はるかに高まっているのである。

最近、あるマレーシアの高官は、私へ次のように語った。

「今日、私たちや、アジアの多くの知識人は、今まで二つの巨人国――中国とインドへ注意を払いすぎて、一億人の精神力で、進歩した日本人が明日のアジアを築くために果たす役割について十分に考えてこなかったことを認識するようになっています」

このようにして、アジアの情勢と――そしてこの地域における日本の評判は、一巡《いちじゅん》してもとへ戻ったのである。

一九三五年（昭和十年）には、日本は極東の歴史をつくっていた。しかし、多くの戦車や、軍艦や、航空機や、部隊をもっていたが、わずかな友人しかもっていなかった。

一九六五年（昭和四十年）では、中共とその同調者が歴史の進路を変えようと望んで、毎日の新聞のヘッド・ラインをつくりつつある。そして日本はかつてのように十分に武装してはいないが、多くの友人をもっており、善意にあふれ、だれをも脅かさない社会を築いたことによってえられる道徳的な発言力にささえられて、調停者の役割を演じようと努めているのである。今日では、もはや抗争する共産、自由陣営の決定的な対決の場所はヨーロッパにはなく、海一つ越えたアジアの一隅《いちぐう》にあるのだ。その嵐の目は、現在、ベトナムにある。

日本国民はすでに長年にわたる戦乱で傷つけられているこの国で続いている戦争について、深く憂慮しているが、これにはいくつかの理由がある。まず、人道的な立場から、南北ひとしくベトナムの一般民衆がうけている苦しみに対する同情がある。日本では、戦争に対する憎悪が、深く、ひろくしみわたっているのだ。日本人は、けっして左翼のみにとどまらず、米軍基地があるためにこの戦争にまきこまれるのではないかと、真剣に心配しているのである。

また、日本国民の多くは現在のベトナムにおける戦争が拡大し、中共と非共産アジア諸国との間の衝突にまで発展して、この国の進路を変えてしまうことを恐れているのだ。このような不安には、十分な根拠がある。

たしかに、ベトナム戦争に対する世論が、どのようにして形成されたにしろ、過去二十年間、アジアにおける出来事でベトナム情勢ほど日本国民の深い関心を招いたものはない。

しかし、日本の戦争に対する憎悪は、あまりにも深く、直感的である。そして、ここにこそ、危険があるのだ。なぜなら、日本は自由アジアの重要な一員であり、この事実を無視することは、自らを危地《きち》に落とし入れるほかないのである。私がみているところでは、日本の世論は、だれがベトナムで戦争を始め、続けているか、そしてさらにアジア、または太平洋で、自由に政策を決定できる諸国が、この流血の責任がどこにあるとしているか、考えようとしていないのである。

ベトナムにおける侵略は、共産主義者によって、国際条約下の厳粛な誓約を破り、米国、英連邦諸国をはじめとする各方面の平和への努力を無視して始められ、補給され、増援され、拡大されているのである。

そして、感謝されない仕事ではあるが、守護者としてこの地域における共産主義の進出を阻止しようとする米国の行動は、タイ、マレーシア、フィリピン、台湾、韓国、豪州、ニュージーランドによって支持されている。これらの諸国はみな日本と同じように平和を求めているが、ただ醜い国際政治の現実について、世論がもっと現実的だといえるのである。

ベトナム戦争の真実の姿は、SEATO《シアトー》（東南アジア条約機構）の事務総長であるジェサス・バルガス少将によって、正しく描かれている。最近、彼はバンコクでの演説で次のように述べている。

「今日、東南アジアが直面している重大な危機は、かつて一九四七年（昭和二十二年）にギリシャ、一九四八年（昭和二十三年）にベルリン、一九五〇年（昭和二十五年）に朝鮮、さらに他の時間に他の地域がさらされた危機とまったく同じものである。このような一連の危機は、侵略勢力が、脆弱《ぜいじやく》であると判断した地域をおかそうとしたことによってひきおこされたのである。近代科学が進歩したにもかかわらず、弱さが侵略を招き、防衛力が阻止するという古来の方式は変わっていないのだ」

ベトナム危機は、今年中か、二、三年うちか予測できないが、やがて終わるだろう。しかし、ベトナム戦争にあらわれた基本的な問題は、解決されずに残るのである。それは弱者に対する強者の侵略の脅威とともに、地域的な孤立主義が非現実的な理想でしかありえないということである。

そして、新しい世界と激動するアジアにおいて、戦前から変わらない二つの事実がある。

今日、日本はアジアの諸国民の助言者として正当な地位を回復しようと遠慮がちに第一歩をふみだしている。そして、この日本の役割は地理、戦略、政治、経済、また文化の分野において、アジアとその文明にとって不可欠なものである。また日本は、今日でもアジアについて世界のどの国よりも大きな知識の貯水池であり、その外交官と経済人はアジアでもっとも深い体験と大きな能力をもっているのである。

この基本的な事実は、私に戦前からずっと日本に対して深い敬意を払わせてきたが、この基本的な事実こそ、日本とアジアの明日の関係の形態を決定することになるだろう。

日本と私

1

私が日本へきてから、今年、一九六五年で九千日になる。この間、私は満州国の成立から、日中戦争開戦にともなう国家総動員、マッカーサー元帥の到着と帰国、日本の独立回復とその後の経済的〝奇跡〟といったような世界的な事件を報道してきた。

しかし、私の胸にもっとも強く焼きついているのは、歴史にのこることもない友人や、隣人についての個人的な思い出である。占領時代初期に御殿場《ごてんば》へ秩父宮《ちちぶのみや》ご夫妻とともにピクニックへいったこと。熱海《あたみ》と逗子《ずし》へ尾崎行雄《おざきゆきお》翁を訪ねたこと。戦後、初めてのクリスマスにだれもいない三越百貨店で重役からきれいなクリスマス・ツリーをみせられたこと。終戦直後の冬に暖房がまったくなく、凍るように寒かった東京の新聞社。私が占領時代後期に東京の郊外に借りて住んでいた家の隣は農家であったが、年老いた農夫が毎朝早く戸外へでると皇居の方角へ向かってお辞儀していたこと。そして、私が膝《ひざ》を交えて語ることを許してくれた忘れえぬメイジ・マンたちの友情。彼らのなかには吉田茂氏や、故重光葵氏、故芦田均《あしだひとし》氏、犬丸徹三《いぬまるてつぞう》氏（帝国ホテル社長）がいる。

日本人のすばらしい親切心。私は東京の帝国ホテルでは、二世代にわたる従業員を知ってきたが、今日では千七百人の従業員と親しくしているのだ。しかし、私は帝国ホテルについてのみいっているのではない。私は外国の観光客がこないような何百もの小さな旅館や、私を泊めてくれた日本の友人たちの家について語りたいのだ。

ある時、私が泊まった友人の家では、女中はオフロで私が背中を洗わせてくれないと苦情をのべたし、私が自分で靴のヒモを結ぶことが不満だったのである。また、私が浜松にある航空自衛隊基地を取材にいった時、小さな市内の旅館に泊まったが、西洋式の朝食を頼んだ。すると旅館では緊張してまえの晩からハム・エッグ、トーストとコーヒーを用意して冷蔵庫へいれておいたので、朝八時に朝食がだされると、冷たく凍っていたのである。もちろん、この冷たい朝食には好意があふれていたのだった。

もう一つ、思い出話をしても許されよう。これには北海道と二匹の鮭と台風がでてくる。占領時代であったが、外務省の私の友人たちを含めて日本中が、わずかで単調な配給食糧にあきあきしていたころのことである。私は、現在駐米大使をしており、当時札幌《さつぽろ》で日本政府の北海道対外連絡事務所長をしていた武内竜次《たけうちりゆうじ》氏をたずねた。

武内氏は、近くの川で鮭をとらえているところへ私を連れていってくれたが、私がドライ・アイスを手にいれることができるのを知ると、鮭を数本買って東京の外務省の友人たちへ持っていくことにきめたのである。しかし、北本州で私の乗っていた列車が台風でとまってしまい、私と米軍大佐が乗っていた車両は切り離され、三沢《みさわ》空軍基地までいった。ここで、米空軍が東京へゆく軍用機にすぐに同乗させてくれることになったが、場所がないので鮭は乗せられないといわれたのである。

私が、もし鮭を置いてゆかなければならないなら、鉄道が復旧するまで待つと抗議すると、魚をもって乗ることを許してくれた。しかし、飛行機が途中で仙台に降りると、私の座席は優先順位の高い米高級将校に譲らなければならなかった。そして、また、次の飛行機に便乗するまえに同じような議論がはじまった。米空軍は私を乗せてくれるが、鮭は運べないというのである。私はもう一度断固たる態度をとった。「魚がだめなら《ノー・フィッシュ》、ティルトマンもいかない《ノー・ティルトマン》」といった。

真夜中近くになると、米軍の担当士官は疲れはてて、陸軍の補給品を満載した輸送機に乗せてくれた。機上では乗客は、私と鮭だけであった。私は飛行機が早朝、立川《たちかわ》に着くと、鮭をだいて、宿舎になっていたプレス・クラブへ六時にたどりついた。そして、数時間後に外務省へゆき、魚を細かく切って配ったのである。このエピソードは、今日の日本の豊かな読者にはつまらないものにしか思えないかもしれないが、私がこの国へきてから、困難と戦ってえたもっとも大きな成功の一つであるのだ。

このエピソードからは十五年たっている。今日では、私はこの国にきているどの外国特派員よりも長く、日本国民とともに暮らし、彼らの問題をいっしょに考えてきた。私はさらに一九五九年（昭和三十四年）に日本政府からこの友好的な（しかし、時には激情にかられる）国民について海外の理解を深めようとする努力に対して勲四等瑞宝章《くんよんとうずいほうしょう》を授けられたが、現在では日本について少しは知っていると思っている。

しかし、私は〝専門家〟であるとは考えたくない。私はある時、日本に五十年もいるオーストラリア人から、こういわれた。

「私は日本に二十五年ぐらいしかいないのに、日本をよく知っているという顔をするヤツらには我慢できないね」

2

このような個人的な思い出からはなれれば、私が知ってきた三つの日本と、いっしょに体験することができた波乱や、勝利について、二つの感想をもっている。

第一に、東京から報道する仕事は、三十年まえのほうがやさしかった。当時の日本は高度に形式化された社会であり、指導者は――少なくとも軍服を着ていた指導者たちは――単純な思想をもち、何を、なぜ求めているか、明確にわかった。そして、日本国民も外国人と同じように東アジアで悪化してゆくドラマの観客にすぎなかったのである。

外部の世界はこの国と、この国がどう当時の東アジア情勢をみていたか、ほとんど知っていなかった。もし、知っていたとすれば、主として日本の政府筋からでたものであった。したがって、日本からでるニュースの大部分は、「日本外務省のスポークスマンによれば……」という書きだしによってはじめられ、東京の政府が世界へ知らせる必要があると考えたものだけが入っていたのである。

あの時代の大きなニュースは土肥原賢二《どいはらけんじ》大将の動向、中国北部における大密輸事件、満蒙《まんもう》国境、あるいはソ満国境における戦闘、日本の海軍拡張問題と何であろうが、説明者はつねに変わらなかった。日本政府のスポークスマンが外務省の一室で机に向かい、日本が世界諸国のなかでもっとも正当であり、忍耐強いことを、くりかえしくりかえし述べたのである。

あの時代はもう昔になったが、当時、私がもっとも知ろうとしていたことは、中国が日本の要求に屈服するか、抵抗し続けるか、また、ソ満国境において頻繁に起こる武力衝突が〝本物〟になるかどうか、ということであった。アジアにおいて大規模な戦争をもたらす危険があった事件は、あまりにも多かったのである。

第二の印象は急速な復興と、それに引き続く経済的〝奇跡〟によって、一億人近い国民が小さな島にひしめきあっているのに、戦前に予言されたような形では人口膨張による危機がおこらず、毎年、より多くの人々がより楽しい生活をおくっていること、そしてこれは、日本の工業能力とエネルギーが過去の巨大な軍隊と膨大な軍費による重荷や、誤った〝栄光〟

の追求から解放されたからであるということである。

私は独立が回復されてからこの国がとってきた態度は、次のように要約できると思う。日本国民は困難に直面しても、いたずらに悲運を嘆《なげ》いたり、くじけたりはしなかった。彼らは毅然《きぜん》として困難に立ち向かい、一つの口には二つの手があり、日本の将来がこの手にかかっていることをよく認識していた。そして彼らはつくりだした製品の市場を内外に確保するために全力をあげたのである。この結果として生まれた今日の日本は、活気と期待に溢《あふ》れているのだ。躍動し、意見が活発に戦わされ、よりよき明日を築くためにたゆまず前進しつづける社会をつくりだしたのである。

一九三五年（昭和十年）には、日本国民の茶碗を満たすためには、まず二つの条件が満たされなければならなかったのである。第一に日本にとって公正な国際市場がなければならなかった。そして国民に技術と器用な指と働く意欲が必要だったのである。この条件は、今日でも変わっていない。だが、一九六五年（昭和四十年）には、当時より約二千五百万個の茶碗が増えているのである！

そして、この三十年間のもっとも大きな違いをいえば、今日では日本は国際経済〝クラブ〟で十分に資格を認められ、尊敬されているメンバーであるのに対して、戦前には闖入者《ちんにゅうしゃ》として扱われていたということだろう。

3

私は、もちろん、この国から貧困や、社会不安が駆逐され、国民全体が豊かな生活を送れるようになるのが近い将来のこととは考えてはいない。そして、発展しつつある新しい社会はけっしてまだ、完全なものではないのである。たとえば農業余剰労働力といったかつての社会問題は、農村人口がたえまなく都市に移入し、工業労働力に吸収されることによって解決されようとしている。

しかし、今日、百万人以上が生活保護法のもとに政府から支給されるわずかな生活扶助金によって生計をたてているのである。そして、さらに一千万人が最低生活線上にあると推定されているのだ。これは、この国で八人に一人は繁栄にあずかれずに、〝日かげ〟の生活を送っているのである。

今日の日本におけるもう一つの暗い面をあげれば、経済界が雇用制度を高くなった平均寿命に適応させないことである。この国の能率主義や、適応性を考える時に、これは、驚くべきことである。

西方諸国では五十五歳といえば会社員や、熟練労働者の能力や体験が頂点にあると考えられているのに、日本ではあまりにもしばしばこの年齢で強制的に引退しなければならないのである。このためにこの国にとって重要な人的資源が浪費され、多くの〝潜在的失業者〟が生まれ、その家族が不必要に苦しまなければならないのだ。日本はいったいどの程度まで労働力不足が深刻化したら、他の国の工業社会のように引退年齢を六十五歳にするというのだろうか?

私が日本を三十年間報道してきて、さらに二つの事実が強く印象にのこっている。一つは日本国民の多くが人間らしい生活の最低基準と惨《みじ》めな生活の間に、あまりにも狭い線しか引いていないことである。人命は、まだ、もっとも安価なものとして考えられているし、災害が起こった時にも、多くの場合は救済に必要な十分な予算が支出されないのである。

さらに、多くの者が社会を、配慮に値するグループと、値しないグループとに分ける習慣をもっているのである。この社会的効果は、やはり残酷なものである。深い配慮は家族や、自分の属する団体のメンバーに対して、お辞儀やいろいろな礼儀作法をもちいてあらわされる。しかし、その他の者は無視され、押しのけられるのだ。実際、他人に対する配慮は驚くほど欠けている。

今日の日本ではたびたび人権とか、自由とか、〝人間の尊厳〟といったような言葉をきくが、急速に動いており、混雑した社会では、日常生活において戦前ほど人間の尊厳が貴《とうと》ばれていないようにみうけられるのである。

そして、社会には新しい人口問題からくる緊張が、あらゆる分野で増加している。教育、職業訓練から、都市計画、住宅、水道、医療、増加しつつある老人への対策など、多くの問題がひかえているのである。

しかし、多くの欠陥にもかかわらず、この国が今日まで達成した業績は感嘆すべきものである。もちろん、地上にはまだ完全な社会が実現されていないことはいうまでもない。歴史で日本国民ほどわずかな資源をもって、これほど急速に、これほど大きな進歩を成しとげた国民はいない。私が二十年前に東京へ帰ってきた時には、日本は悲運にうちひしがれ、荒廃していた。しかし、その後の二十年間で日本はあの国家的転落によってもたらされた経済的、社会的破産から完全に立ち直ったのである。海外から引き揚げてきた六百万人の帰還者は、困難なく吸収された。

そして、かつてGIの土産品として竹製のクマデを売っていた国は、今日では十万トン級のタンカーをつくり、世界で鉄鋼生産国として第四位を占め、年間四百万台以上のカメラを生産しているのである。二十年は、日本の長い歴史のなかでは一瞬にすぎない。しかし、何とすばらしい一瞬であることか！

4

日本は、私にとって何を意味するだろうか？　ここで、東京について語ろう。静かな昨日と躍動する今日が興味深くいりまじっている東京は、私が人生における職業生活の半分を過ごしてきた本拠である。

天皇の座所《ざしょ》のある東京は、活気に溢れたこの国とこの国民の生きた、偉大な金字塔である。混雑し、乱雑で、雑音に満ちた東京は、たしかに時には始末に負えず、ひどく醜くみえることもあるが、歴史そのものなのだ。それは石や鉄や木に書きこまれた発展の歴史である。

大多数の市民の生涯だけをふりかえってみても、一九二三年（大正十二年）に世界の近代史における最大の天災である関東大震災によって荒廃し、一九三六年（昭和十一年）に日本軍の反乱部隊によって〝占領〟され、一九四四年（昭和十九年）から一九四五年（昭和二十年）の間に爆撃によって半分以上を焼かれた。そして、平和が回復された初期には、市民は希望を失い、多くの者が住居もなく、寒さと飢えと戦った。それから東京は六年間、外国軍隊の占領下にあった。

隅田川《すみだ》の両岸にたっているこの不滅の都市は、大火や、疫病や、暗殺や、反乱や、その他の多くの苦難や、何世代にもわたって揺《ゆ》り籠《かご》から墓場までくりかえされた窮乏生活をみてきた。しかし、東京は危機がすぎさるたびに、立ち直り、平常の活動を続けてきたのである。

今日の東京は、この過去の歴史のために、深い敬意をもってながめられなければならない。このような敬意は、人間の信念と不屈の精神が築いた輝かしい業績に対して払われるものである。東京は人間がひしめきあっており、落ち着きがなく、多くの場所が醜くみえるが、江戸の七つの丘に都市を築いた民族の不敗の精神と意志を思わせるのだ。今日、この都市は、人類の歴史が始まって以来、もっとも大きな都市となっているのである。

私は波乱に満ちた時代の回想を終えるにあたって、一つ確信をもっていえることをつけ加えよう。それは、この国民は、ヤマト民族の特徴である統一性と、勤勉さと、才能をもちつづけるならば、はるかに明るい明日を約束されているということである。

解説

本書は一九六五年に、「週刊新潮」に三十六週にわたって連載された。

私が日本外国特派員協会（通称プレスクラブ）の会員となったのは、一九五九年で、二十二歳の時だった。アメリカのUPI通信社記者をつとめ、雑誌に寄稿するかたわら、東宝文芸部と契約を結んでシナリオを手伝い、NHK海外放送の番組を受け持っていた。

その日本外国特派員協会の会長を、著者のヘッセル・ティルトマン氏がつとめていた。プレスクラブは、丸《まる》の内《うち》の煉瓦《れんが》街にあった。私は多くの外国記者が屯《たむろ》するなかで、ティルトマン氏と誰よりも親しくなった。ティルトマン氏は行儀が悪い外国記者たちのなかで、イギリスの典型的な、折り目正しい紳士《ジエントルマン》で、異彩を放っていた。

私は忙しいなかでクラブに寄るたびに、仕事を離れて、ティルトマン氏から戦前の日本について、さまざまな逸話を聞くようになった。

反乱した陸軍部隊が首都の中心部を占拠し、日本全国に衝撃が走った二・二六事件の前年（一九三五年）に、ティルトマン氏はイギリスの有力新聞の特派員として、はじめて日本にやってきた。

ティルトマン氏は、日本に到着した最初の日から、日本人に独特な、おもてなしの心に感動した。これは、今日になっても、年間二千万人を超えるようになった、外国人観光客の多くが感じることである。ティルトマン氏が日本の地をはじめて踏んだのは、八十一年前のことであるが、日本はいまだに変わっていないのだ。

私はティルトマン氏から、多くのことを教えられた。私にとって知恵の泉となった。

イギリス人と日本人は海の民だから、アメリカ人や、ヨーロッパ人のように学歴を重んじることがない（イギリス人は、今でもイギリスがヨーロッパの一部ではないと思って、大陸を指して「ヨーロッパ《ユーロップ》」と呼んでいる）。アメリカや、フランス、ドイツでは、博士号を持っていると、箔《はく》がついているとみられるが、イギリスと日本では、理工系の他は、変人として扱われる。海の民は舟板一枚の下が海だから、もっと功利的なのだと、いった。

中国人と日本人が、まったく異なっているように、大陸の人々とイギリス人は違っていると、教えてくれた。大陸の人々は、ことさら理屈や、論理を好んで、傲慢《ごうまん》だ。イギリス人は日本人のように、相手の気持ちを忖度《そんたく》して、自分を卑下してみせるといって、愉快そうに笑った。

イギリスは大陸に捲《ま》き込まれるたびに、力を削《そ》がれてきた。イギリスの転落は、大陸との第一次、第二次両大戦によって、もたらされた。もっともイギリスは、フランスに持っていた領土を十六世紀にすべて失ってから、力をえるようになった。

イギリスと同様、日本も大陸（朝鮮半島を含む）に深入りすると、碌《ろく》なことがないことを、歴史が教えている。

ティルトマン氏と、英語について話題にした時に、英語はヨーロッパから多くのラテン語や、ギリシア語を語源とするヨーロッパ語を取り入れたが、今でもイギリス人の胸を打とうとしたら、これらの外来語が入ってくる前から使われてきた、古い英語で話さなければならないと、いった。

そうきいて、私は息を呑んだ。日本語とまったく変わらないのだ。今日の日本語は、古来用いられてきた「やまとことば」と、漢字が日本に入ってきた後に日本語に加わった「漢語」が混じって、成り立っている。「国家」「生命」「希望」「憧憬《しょうけい》」「失敗」「悔悟」などが漢語であるのに対して、「くに」「いのち」「のぞみ」「あこがれ」「しくじり」「くやみ」が、やまとことばだ。だが、真情《まごころ》を訴えようとしたら、漢語はいまだに心から遠いところにある。

イギリス人が、大陸の人々のように「何が正しく」「何が正しくないか」という、正邪《せいじゃ》による尺度をあてはめることなく、「フェア（公平）か」「アンフェア（不公平）か」で物事を計るのも、日本と共通していると思った。日本人は正邪によって分ける理屈を嫌って、何が美しいか、美しくないのか、清いか、穢《きたな》いのかということによって、評価する。

ティルトマン氏は日本の皇室を、尊《とうと》んでいた。そして、神道の神社がユダヤ・キリスト・イスラム教の教会と違って、今日でも太古の建築様式によって建てられることに、感心していた。口癖のように、「日本は二千年も、古い国ではない。《ジャパン・イズ・ノット・ツウサウザンド・イヤーズ・オールド》二千年も、新しい国だ《ジャパン・イズ・ツウサウザンド・イヤーズ・ニュー》」と、いった。伊勢《いせ》神宮や、出雲《いずも》大社や、京都の石清水八幡宮《いわしみずはちまんぐう》をはじめとする神社の遷宮《せんぐう》式をとっても、古代と現代のあいだに、境界線がない。日本では古いものこそが、新しいのだ。

私はティルトマン氏から、イギリスについてよりも、日本について多くを学ぶことができた。

ティルトマン氏は、近衛文麿《このえふみまろ》、広田弘毅《ひろたこうき》、岡田啓介《おかだけいすけ》、荒木貞夫《あらきさだお》、賀川豊彦《かがわとよひこ》、安部磯雄《あべいそお》をはじめとする、戦前の昭和を代表した多くの群像と、親交を結んでいた。天皇の側近者から、政治指導者、軍人、社会運動家、宗教者まで網羅していた。吉田茂《よしだしげる》首相のもっとも親しい外国人だった。

そうしているうちに、私はティルトマン氏が戦前から宿舎にしていた、日比谷《ひびや》の帝国ホテルに（といっても、戦時中は離日していた）、戦前からイギリスの新聞に送信して、掲載された記事の切り抜きや、当時の取材ノートを持っているということを、知った。私がそのことを新潮社に話すと、ティルトマン氏の回想録を「週刊新潮」に連載することが決まった。

戦前は、アメリカのルーズベルト政権が中国贔屓《びいき》で、蔣介石《しょうかいせき》政権に肩入れしたかたわら、蔣介石政権がアメリカ、ヨーロッパの世論を操作しようとして、湯水のように資金をバラ撒《ま》いて工作したために、イギリスも含めて、当時の欧米の新聞をはじめとするジャーナリズムは、反日に沸《わ》きたって、偏向していた。

これは、今日、蔣介石政権の中国が、中国共産党の中国に代わっただけで、中国がアメリカ、ヨーロッパのマスコミを金漬けにして、反日世論をつくるために操っているのと変わらない。

このような強い逆風のなかで、ティルトマン氏は戦前の日本を擁護する筆を振るった。ティルトマン氏は満州国を訪れて取材したが、欧米で満州国は「日本の傀儡《かいらい》国家にすぎない」ときめつけられていた（これが、今日の日本国民の大多数の見方である）のに対して、満州国を手離しで賞讃した。

本書から、ティルトマン氏の満州国報道の一部を引用したい。

「すべてが〝メード・イン・ジャパン〟であった。六年にわたって、何百万人という勤勉な日本人が休みなく働き、それまで日本が取り組んだもっとも大きな事業をすすめていた――未開地域のすみずみまで電気を引き、工業をおこし、法秩序を確立していったのである。

私は新京《しんきよう》からこのすばらしい発展を報道するにあたって、次のように書いた。『記者は、満州国が、すでに、定められた紋章をもっているかどうかしらない。しかし、もしこれからつくるところなら、忠告しようと思っている。彼らの紋章に刻まれるべき字句は〝我らの力を世界に示さん〟である』

もちろん、日本がこの満州国につぎ込んだのは、人的資源だけではなかった。集中的に建設をすすめるため、あまり豊かではなかった日本が、当時の交換レートで三億七千五百万ドルの金額を負担していたのである。しかしこのおかげで、満州国は文字どおり二十世紀に引き入れられたのであった。一九三一年以前の満州は、いくつかの眠ったような地方都市、日本の〝満鉄《まんてつ》付属地〟、東シナ鉄道を中心としたロシア権益地帯をのぞけば、あとは、広大な農地が果てしなく広がっているばかりだったのである。満州の名物は〝大豆と凍傷《とうしょう》と匪賊《ひぞく》〟ということができた。

満洲国が誕生しても、凍傷（もちろん、冬の間だが）と大豆が満州名物であることに変わりはなく、匪賊も依然として関東軍を悩ませていた。しかし、歴史の歩みとともに、文明の進歩をはばんでいた中国の軍閥、ロシア権益地帯、眠ったような中国の地方都市は、すべて姿を消していったのである。

そして、広大な原野は、測量器を手に情熱にあふれた精力的な小男たちによって、徐々にではあったが、着実につくり変えられつつあった。また、この土地にかつて知られなかった〝治安〟がもたらされた」（「素晴らしき新生国家」89ページ）

「満州国の第一次五カ年計画が成功裡に終結し、この新生国家の工業化をさらに進めようとする第二次五カ年計画がはじまろうとしている事実を、否定することはできなかった。新京政府のいだいていた一連の計画は、実に遠大なものであり、無限の将来を目ざしていたのである」（「素晴らしき新生国家」90ページ）

ティルトマン氏は「週刊新潮」の連載のなかで、次のように回想した。

「あれから三十年あまりたった現在、公平な観点からこの満州国を考えると、日本はこの地域に秩序をもたらし、称賛されるべき仕事をなしとげたといえる」

ティルトマン氏が、当時の欧米の常識に逆らって、満州国を自分の眼で見て、客観的に報道したのは、イギリス人のエリートとして、「公平《フェア》」であることを旨としていたからだった。同じイギリス人の「ファイナンシャル・タイムズ」「ロンドン・タイムズ」「ニューヨーク・タイムズ」東京特派員を歴任した、ヘンリー・スコット＝ストークス氏が、先の太平洋戦争をめぐる、今日の西洋諸国の常識に真正面から挑んで、見直している。

ストークス氏によれば、日本はアメリカによって強いられて、やむなく戦った戦争であったのであり、アジアの民を欧米の植民地支配から解放したと説いているが、同じ「公平さ《フェアネス》」を重んじているものである（ストークス氏の『連合国戦勝史観の虚妄』〈祥伝社新書〉を読まれたい）。

イギリスにおいても、いまだに日本が先の大戦中、アジアの占領地からほしいままに略奪し、捕虜を虐待したと、信じられている。だが、ティルトマン氏は本書のなかで、こう述べている。

「私は戦後も、アジアをひろく旅行した。（中略）一九四六年（昭和二十一年）には、戦後はじめて中国にゆき、奉天から南京《ナンキン》、広東《カントン》まで旅行した。（中略）私は上海《シャンハイ》で英国のある一流商社がもっていた家に客人として滞在したが、この家は四年間日本側に接収され、日本の官吏が住んでいた。しかし、一九四五年（昭和二十年）に持ち主が戻ると、家のなかはチリ一つないまで磨《みが》きたてられ、ナイフや、フォークの一本一本まで輝いていた。家は一つの部屋にタタミが数枚積まれ、ショウギ盤が一台置いてあった点を除けば、持ち主がでていった時のままだったのである」（「アジアの隣人としての復活」441ページ）

「第二は、上海にあった捕虜収容所のことである。ここには十数人の私の親しい友人たちが戦争中、収容されていたのだが、所長があまりにも寛大だったので捕虜たちの多くが彼と親友になったのである」（「アジアの隣人としての復活」442ページ）

ティルトマン氏は本書のなかで、日本がユーモアに溢《あふ》れていると、指摘している。

ところが、ほとんどの日本人が、日本人はユーモア感覚が乏しいと、信じていよう。私は日本人は世界のなかで、イギリス人と並ぶ、洗練された笑いの民だと思う。

アーサー・ケストラー（一九〇五年‐一九八三年）といえば、近代英文学の巨人の一人であるが、『エンサイクロペディア・ブリタニカ』（大英百科事典）のなかで、「ユーモアとウィット」という長い項目を、執筆している。

このなかで、ケストラーはいくつか西洋のジョークを取り上げて、笑いの精神について分析している。そして、西洋の外では、日本人がもっともユーモア精神に富んでいるといって、江戸時代の小咄《こばなし》を二つ紹介している。

私は『エンサイクロペディア・ブリタニカ』の最初の外国語版である『ブリタニカ国際大百科事典』（ＴＢＳブリタニカ社）の初代編集長をつとめた。残念なことに、日本、アジアについての項目を新たに加えなければならなかったために、このケストラーによる項目を省《はぶ》かねばならなかった。

日本神話によると、アマテラス大御神《おおみかみ》が天《あま》の岩戸《いわやと》に隠れて、全宇宙が闇にとざされると、若い女神が松明《たいまつ》のあかりのなかで、滑稽《こっけい》な裸踊りをして、八百万《やおよろず》の神々が爆笑したために、太陽神である大御神が姿を現して、燦々《さんさん》たる陽光が天地に満ちた。

笑いが、光を回復したのだ。日本人は原始の時代から、笑いの力に溢れていたのだ。

本書は日本の戦前から復興期にわたる、秀逸な記録となっている。

加瀬英明

切りとり線

★読者のみなさまにお願い

この本をお読みになって、どんな感想をお持ちでしょうか。祥伝社のホームページから書評をお送りいただけたら、ありがたく存じます。今後の企画の参考にさせていただきます。また、次ページの原稿用紙を切り取り、左記編集部まで郵送していただいても結構です。

お寄せいただいた「100字書評」は、ご了解のうえ新聞・雑誌などを通じて紹介させていただくこともあります。採用の場合は、特製図書カードを差しあげます。

なお、ご記入いただいたお名前、ご住所、ご連絡先等は、書評紹介の事前了解、謝礼のお届け以外の目的で利用することはありません。また、それらの情報を6カ月を超えて保管することもありません。

〒101―8701（お手紙は郵便番号だけで届きます）
祥伝社　書籍出版部　編集長　萩原貞臣
電話03（3265）1084
祥伝社ブックレビュー　http://www.shodensha.co.jp/bookreview/

◎本書の購買動機

＿＿＿＿新聞の広告を見て	＿＿＿＿誌の広告を見て	＿＿＿＿新聞の書評を見て	＿＿＿＿誌の書評を見て	書店で見かけて	知人のすすめで

◎今後、新刊情報等のメール配信を　　希望する　・　しない
（配信を希望される方は下欄にアドレスをご記入ください）

@

100字書評

伝説の英国人記者が見た 日本の戦争・占領・復興 1935-1965

住所
名前
年齢
職業

伝説《でんせつ》の英国人《えいこくじん》記者《きしや》が見《み》た
日本《にほん》の戦争《せんそう》・占領《せんりよう》・復興《ふつこう》
1935 - 1965

平成28年8月10日　初版第1刷発行

著　者　ヘッセル・ティルトマン
訳　者　加《か》瀬《せ》英《ひで》明《あき》
発行者　辻　浩明
発行所　祥《しよう》伝《でん》社《しや》

〒101-8701
東京都千代田区神田神保町3-3
☎03(3265)2081(販売部)
☎03(3265)1084(編集部)
☎03(3265)3622(業務部)

印　刷　堀内印刷
製　本　積信堂

ISBN978-4-396-61572-7 C0030　Printed in Japan
祥伝社のホームページ・http://www.shodensha.co.jp/

日本人は何を考えてきたのか

日本の思想1300年を読みなおす

齋藤《さいとう》　孝《たかし》

その言語観、宗教観、人生観……
歴史を学ぶことは、精神の流れを知ることである。

祥伝社